战略性新兴产业：
创新效能与成长模式

张冀新　著

中国财经出版传媒集团

经济科学出版社

Economic Science Press

图书在版编目（CIP）数据

战略性新兴产业：创新效能与成长模式/张冀新著.
--北京：经济科学出版社，2022.6
ISBN 978-7-5218-3484-0

Ⅰ.①战… Ⅱ.①张… Ⅲ.①新兴产业－产业发展－
研究－中国 Ⅳ.F269.2

中国版本图书馆 CIP 数据核字（2022）第 043313 号

责任编辑：刘 莎
责任校对：靳玉环
责任印制：王世伟

战略性新兴产业：创新效能与成长模式
ZHANLUEXING XINXING CHANYE：CHUANGXIN XIAONENG
YU CHENGZHANG MOSHI
张冀新 著
经济科学出版社出版、发行 新华书店经销
社址：北京市海淀区阜成路甲 28 号 邮编：100142
总编部电话：010－88191217 发行部电话：010－88191522
网址：www.esp.com.cn
电子邮箱：esp@esp.com.cn
天猫网店：经济科学出版社旗舰店
网址：http：//jjkxcbs.tmall.com
北京季蜂印刷有限公司印装
710×1000 16 开 18.75 印张 240000 字
2022 年 6 月第 1 版 2022 年 6 月第 1 次印刷
ISBN 978-7-5218-3484-0 定价：69.00 元
（图书出现印装问题，本社负责调换。电话：010－88191510）
（版权所有 侵权必究 打击盗版 举报热线：010－88191661
QQ：2242791300 营销中心电话：010－88191537
电子邮箱：dbts@esp.com.cn）

前言
PREFACE

　　战略性新兴产业以重大技术突破和重大发展需求为基础，是新兴科技与新兴产业的深度融合，成长潜力巨大，对经济社会全局和长远发展具有重大引领作用。《"十三五"国家战略性新兴产业发展规划》指出，2015年战略性新兴产业增加值占国内生产总值比重达8%左右，到2020年，战略性新兴产业增加值占国内生产总值比重达到15%，吸纳、带动就业能力显著提高。2018年10月，国家统计局《战略性新兴产业分类（2018）》，将战略性新兴产业由2012年的七大类调整为九大类，新增数字创意产业和相关服务业。《中华人民共和国国民经济和社会发展第十四个五年规划和2035年远景目标纲要》提出推动战略性新兴产业融合化、集群化、生态化发展，到2025年战略性新兴产业增加值占国内生产总值的比重超过17%，战略性新兴产业创新能力和竞争力亟待提升。

　　全面发展战略性新兴产业，需构建创新型产业集群与高新区等平台主导的战略性新兴产业增长引擎。高新区是培育战略性新兴产业的核心载体，创新型产业集群布局以高新区为区域重点，以战略性新兴产业为产业重点。战略性新兴产业跨越发展面临全球价值链控制力较弱、创新价值链驱动力较低、全要素生产率增长较慢等问题，强化战略性新兴产业创新主体对创新价值链的把控程度，研判创新型产业集群载体支撑均衡程度，有利于推动战略性新兴产业创新突破和增强适应能力，为提升战略性新兴产业创新能力和深入推进国家战略性新兴产业集群发展工程提供参考依据。

通过构建战略性新兴产业创新价值链框架，分析战略性新兴产业创新效能及成长模式。通过"战略性"导向创新能力评价，结合战略性新兴产业发展先导性和创新依赖性特征，基于"四三结构"创新体系，从研发创新、转化创新、产品创新、载体创新四个维度及创新价值链三个环节，构建战略性新兴产业创新能力评价指标体系。通过"新兴化"导向创新效率评价，研究战略性新兴产业创新价值链各环节效率链式关联性。以70个创新型产业集群为基础，运用三阶段DEA方法测度产业集群创新效率，以及战略性新兴产业技术效率行业差异。

通过建立创新价值链效能矩阵，以战略性新兴产业各行业为样本分类论证，揭示战略性新兴产业创新活动的脆弱环节。通过随机前沿和数据包络法测度创新型产业集群效率，运用基于突变级数法的三力模型评价创新型产业集群创新能力。集群效率存在空间分异，创新型产业集群自主创新力与国际竞争力同步发展，但是因各创新型产业集群行业异质性，效益贡献力与同步发展的其他两力非均衡异化。以创新型产业集群建设为准自然实验，运用双重差分法评估创新型产业集群对高新区创新效率的提升作用。通过在中西部地区扩大政策实施范围，提升整体区域产业创新能力。选取中国光伏企业为研究对象，分析企业成长风险，构建中国光伏企业全球价值链成长路径。通过链链协同，控制创新活动脆弱性扩散，实现创新价值链各环节功能的有效衔接和协同转换，推动战略性新兴产业全球价值链高端锁定和创新价值链效率提升。

本书得到国家自然科学基金青年项目"战略性新兴产业创新价值链脆弱性形成机理与超循环调控研究"（71703033）、湖北省软科学重点项目"湖北省创新型产业集群评价体系建设研究"（2022EDA028）、湖北省高校哲社科研重大项目"湖北省战略性新兴产业创新突破路径与集群培育政策优化研究"（21ZD057）和湖北工业大学绿色工业科技引领计划项目"太阳能创新价值链资源配置及路径研究"（ZZTS2016006）的资助，为项目阶段性的研究成果。感谢研究生胡维丽、李燕红、陈媛媛、洪永志等同学参与。感谢导师胡树华教授团队和佘廉教授团队倾心栽培和谆谆教诲。感谢刘莎编辑辛勤付出。

目录
CONTENTS

1

战略性新兴产业马太效应

1.1　基于中国 500 强的战略性新兴产业马太效应

中国于 2009 年 9 月提出战略性新兴产业，2010 年 9 月通过《国务院关于加快培育和发展战略性新兴产业的决定》，历经"十二五"和"十三五"国家战略性新兴产业发展规划，进一步指出，战略性新兴产业是引导未来经济社会发展的重要力量。战略性新兴产业在中国发展十余年，早期中国企业靠生产劳动密集型产品获得低端产业利润，21 世纪以来，中国经济高速发展，政府和企业开始探索能给中国带来高回报率的新兴产业。尤其 2008 年金融危机之后，各国都在寻找下一轮经济增长的动力，开始大力关注对国家安全和国民经济发展，并对有重大影响力的战略性新兴产业进行培育。党的十九大报告中指出，中国经济已由高速增长转向高质量发展阶段，意味着中国各产业结构必须调整，实现可持续发展。中国共产党第十九届中央委员会第五次全体会议（简称"党的十九届五中全会"）对"加快发展现代产业体系，推动经济体系优化升级"作出重要部署，并对战略性新兴产业发展提出了明确要求。2020 年适逢"十三五"（2016～2020 年）收官，2021 为"十四五"（2021～2025 年）开局之年，"十四五"时期，我国改革开放和社会主义现代化建设，进入高质量发展的新阶段，国内外环境的深刻变化带来一系列新的机遇和挑战，必须继续抓住战略机遇期。

中国 500 强的研究丰富了战略性新兴产业的理论研究。国内外关于战略性新兴产业、中国 500 强及区域平衡的单独研究虽然相对较多，但是对于三者结合的研究较少，因此本书将基于中国 500 强数据，对制造业和战略性新兴产业进行相关的极化、溢出和集散效应分析，丰富战略性新兴产业研究的视角。

表 1－1 马太效应相关研究

效应	代表人物	主要观点
极化效应	洪兴建	区域极化上升速度超过了地区差距
	张肃	经济极化先增后减，创新极化逐渐下降
	白俊红	"极化效应"占据主导地位
	张建中	综保区"极化效应"和"涓滴效应"易受国际经贸形势影响
	吴海民	广东区域发展协调度呈现先升后降的倒 V 型走势
溢出效应	李荣	省域空间溢出效应呈 N 型波动特征
	卢小平	核心地区对边缘地区出现选择性虹吸
集散效应	李荣	国家高新区集散效应沿东部—中部—西部—东北逐渐增强
	张喆	中心城市带动效应不明显，周边发展区域呈现向中心集聚现象
马太效应	张梁	"马太效应"通过对人力要素和金融要素的虹吸效应实现
	费尔南德斯·维拉维德·杰斯	搜索互补性与单一性力量的结合，诱发了强烈的"马太效应"

1.1.1　战略性新兴产业行业及区域极化效应

1.1.1.1　极化效应测量方法

在区域经济研究领域中，区域不均衡直接测量方法大致可以分为两种：第一种是常规测量方法，以变异系数、基尼（Gini）系数、泰尔（Theil）指数为代表，主要是从区域成员偏离全局均值的角度分析；第二种是极化指数，以伊斯特班·雷指数（Esteban – Ray，ER 指数）、崔 – 王指数（Tsui – Wang，TW 指数）、坎贝尔·张指数（Kanbur – Zhang，KZ 指数）为代表，主要强调区域类成员围绕样本局部均值呈聚类式分布（王松、胡树华，2012）。从收集统计数据来看，中国 500 强企业各省区市分布不均匀，各行业地区营业收入差距明显。崔启源和王有庆在沃尔夫森（Wolfson）指数的基础上，利用增加的两极化与增加的扩散两个部分排序公理推导出一组新的极化测量指数，被称为 Tsui – Wang 指数（简称"TW指数"）。本书选取 TW 计划指数测量中国 500 强分区域和行业的极化水平，如式（1 – 1）所示。

$$TW = (\theta/P) \sum \pi_i |(X_i - m^r)/m|　　　　(1-1)$$

式（1 – 1）中，X_i 为企业的强弱指标，表示四大区域（东部[①]、西部、中部和东北地区）、行业和省市企业的营业收入；P 指所有企业数；π_i 指各行业、区域、省区市的中国 500 强企业数；θ 值为 0.05。TW 指数值大小即为实力较强的中国 500 强企业、制造业企业、战略性新兴产业企业往强类组集聚，实力较弱的中国 500 强企业、制造业企业、战略性新兴产业企业往弱类组集聚的趋势大小。

―――――――――――

① 本书中的东部地区不包含港澳台地区。

1.1.1.2 极化效应指标选取及数据来源

在本章节中，通过对 2016～2020 年中国 500 强企业进行梳理，按照《国民经济行业分类》（GB/T 4754—2017）和《战略性新兴产业分类（2018）》对每年中国 500 强企业进行行业、总部地区和营业收入梳理统计，得到 2016～2020 年中国 500 强企业、中国 500 强制造业和中国 500 强制造业中战略性新兴企业分行业、区域、省区市的入围数量和营业收入（如表 1－2 至表 1－7 所示和相关附表）。

（1）四大区域中部、西部地区数量略有波动。

通过对 2016～2020 年中国 500 强数据进行行业和省市分类（如表 1－2 所示），得到制造业和战略性新兴产业四大区域的企业数量和营业收入。数据显示 5 年来制造业东部地区入围企业数和营业收入均为第一，中部地区次之，西部地区再次之，东北地区最少。

表 1－2　　　　2016～2020 年制造业企业分布于四大区域的数量和营业收入

区域	企业数量（个）					营业收入（千万元）				
	2020 年	2019 年	2018 年	2017 年	2016 年	2020 年	2019 年	2018 年	2017 年	2016 年
东部地区	148	153	156	146	156	208.67	191.58	182.65	151.32	149.19
中部地区	23	25	25	25	27	24.21	25.26	23.76	21.58	21.80
西部地区	32	31	30	30	30	22.72	21.46	16.77	16.00	16.60
东北地区	5	5	5	6	7	11.78	12.07	9.31	12.62	11.62

战略性新兴产业东部地区入围企业数和营业收入均为第一，中部、西部地区数量略有波动，东北地区最少（如表 1－3 所示）。

（2）一般有色行业企业数量和营业收入位居首位。

战略性新兴产业中一般有色行业入围数量和营业收入位居第一（如表 1－4 所示）。

表 1 – 3   2016～2020 年战略性新兴产业企业分布于

四大区域的数量和营业收入

区域	企业数量（个）					营业收入（千万元）				
	2020 年	2019 年	2018 年	2017 年	2016 年	2020 年	2019 年	2018 年	2017 年	2016 年
东部地区	79	83	80	74	72	113.21	101.82	90.80	80.78	73.23
中部地区	12	11	10	10	11	11.486	9.41	7.99	8.06	8.31
西部地区	16	15	12	13	12	11.698	10.67	17.55	8.57	7.99
东北地区	0	0	1	1	1	0	0	0.36	0.33	0.28

表 1 – 4   2016～2020 年战略性新兴产业 20 个行业企业数量和营业收入

战略性新兴产业	企业数量（个）					营业收入（千万元）				
	2020 年	2019 年	2018 年	2017 年	2016 年	2020 年	2019 年	2018 年	2017 年	2016 年
一般有色	21	19	21	18	18	28.78	24.96	25.03	20.82	20.09
电力电气设备制造	15	18	20	20	17	12.52	13.06	12.93	13.71	12.07
化学品制造	12	13	11	11	11	11.12	10.93	9.10	8.22	7.58
化学纤维制造	9	8	6	6	5	14.62	9.78	7.18	5.82	4.97
家用电器制造	7	9	9	10	11	12.34	12.54	11.13	10.91	10.31
药品制造	7	7	7	5	5	5.94	5.26	4.69	3.19	2.81
水泥及玻璃制造	6	6	6	6	6	8.90	7.63	6.32	5.32	4.33
动力装备制造	4	4	4	4	4	4.86	4.23	3.83	2.60	2.38
通信设备制造	4	3	3	2	2	3.93	2.67	1.89	0.66	0.67
风能设备制造	3	2	1	1	1	1.96	1.60	1.19	1.07	0.80

战略性新兴产业	企业数量（个）					营业收入（千万元）				
	2020 年	2019 年	2018 年	2017 年	2016 年	2020 年	2019 年	2018 年	2017 年	2016 年
计算机及办公设备	3	2	1	1	1	4.79	3.81	3.03	3.07	3.10
轮胎及橡胶制品	3	2	1	1	1	2.15	0.79	0.43	0.39	0.45
半导体制造	2	3	2	1	1	1.92	1.80	1.42	0.33	0.29
兵器制造	2	2	2	2	2	6.76	6.79	7.39	8.80	8.28
工程机械及零部件	3	2	2	3	3	2.19	1.29	0.89	1.81	1.89
电线电缆制造	2	2	2	2	1	1.70	1.56	1.23	0.93	0.48
船舶制造	1	2	2	1	2	0.45	1.43	1.38	0.72	0.85
通信设备制造	1	2	2	3	3	8.59	8.55	7.08	7.05	5.76
医疗设备制造	1	1	1	1	1	0.50	0.45	0.38	0.34	0.29
高端装备制造	1	2	2	1	1	2.40	2.81	2.55	2.30	2.44

　　制造业中黑色冶金和一般有色入围企业数位居前列，然而营业收入却是汽车和零配件制造位居第一（如表1-5所示）。

表1-5　　**2016~2020 年制造业 31 个行业企业数量和营业收入**

制造业行业	企业数量（个）					营业收入（千万元）				
	2020 年	2019 年	2018 年	2017 年	2016 年	2020 年	2019 年	2018 年	2017 年	2016 年
黑色冶金	39	41	44	42	44	45.43	42.52	38.66	31.34	30.69

制造业行业	企业数量（个）					营业收入（千万元）				
	2020 年	2019 年	2018 年	2017 年	2016 年	2020 年	2019 年	2018 年	2017 年	2016 年
一般有色	21	19	21	18	18	28.78	24.96	25.03	20.82	20.09
汽车及零配件制造	19	20	20	19	20	44.25	44.38	42.11	36.45	32.21
电力电气设备制造	15	18	20	20	17	12.52	13.06	12.93	13.71	12.07
化学品制造	12	13	11	11	11	11.12	10.93	9.10	8.22	7.58
综合制造业	10	14	17	20	26	13.70	18.24	18.41	20.42	23.72
化学纤维制造	9	8	6	6	5	14.62	9.78	7.18	5.82	4.97
金属制品加工	9	7	7	7	5	6.67	5.43	8.51	7.02	5.56
家用电器制造	7	9	9	10	11	12.34	12.54	11.13	10.91	10.31
药品制造	7	7	7	5	5	5.94	5.26	4.69	3.19	2.81
水泥玻璃制造	6	6	6	6	6	8.90	7.63	6.32	5.32	4.33
服装及其他纺织品	5	5	6	7	7	3.97	3.55	3.42	3.54	3.17
纺织印染	4	6	6	6	7	4.18	4.84	5.56	5.52	5.46
动力装备制造	4	4	4	4	4	4.86	4.23	3.83	2.60	2.38
酒类	4	3	3	3	3	3.02	2.23	1.93	1.65	1.45
食品	4	4	3	3	3	5.37	4.92	3.68	3.58	3.33
通信设备制造	4	3	3	2	2	3.93	2.67	1.89	0.66	0.67

续表

制造业行业	企业数量（个）					营业收入（千万元）				
	2020 年	2019 年	2018 年	2017 年	2016 年	2020 年	2019 年	2018 年	2017 年	2016 年
造纸及包装	4	3	3	3	3	2.61	1.64	1.92	1.70	1.42
风能设备制造	3	2	1	1	1	1.96	1.60	1.19	1.07	0.80
计算机及办公设备	3	2	1	1	1	4.79	3.81	3.03	3.07	3.10
轮胎及橡胶制品	3	2	1	1	1	2.15	0.79	0.43	0.39	0.45
半导体制造	2	3	2	1	1	1.92	1.80	1.42	0.33	0.29
兵器制造	2	2	2	2	2	6.76	6.79	7.39	8.80	8.28
工程机械及零部件	3	2	2	3	3	2.19	1.29	0.89	1.81	1.89
电线电缆制造	2	2	2	2	1	1.70	1.56	1.23	0.93	0.48
饮料	2	2	3	3	4	1.29	1.16	1.49	1.39	1.68
船舶制造	1	2	2	1	2	0.45	1.43	1.38	0.72	0.85
摩托车制造	1	1	1	2	2	0.50	0.56	0.52	0.75	0.70
通信设备制造	1	2	2	3	3	8.59	8.55	7.08	7.05	5.76
医疗设备制造	1	1	1	1	1	0.50	0.45	0.38	0.34	0.29
高端装备制造	1	2	2	1	1	2.40	2.81	2.55	2.30	2.44

（3）战略性新兴产业营业收入北京市排名第一。

制造业和战略性新兴产业 31 个省区市分布企业数，数据显示北京市、广东省、山东省、江苏省战略性新兴产业企业数依次排名前四位，北京市战略性新兴产业营业收入排名第一（如表 1-6 所示）。

表 1-6　2016～2020 年战略性新兴产业 31 个省区市企业数量分布和营业收入

省域	企业数量（个）					营业收入（千万元）				
	2020 年	2019 年	2018 年	2017 年	2016 年	2020 年	2019 年	2018 年	2017 年	2016 年
北京市	13	14	14	14	14	35.50	34.13	32.23	32.83	30.87
广东省	11	13	13	12	13	25.30	22.13	19.82	15.87	14.13
山东省	11	14	13	12	12	11.28	11.86	10.68	7.88	7.26
江苏省	15	15	14	12	11	16.23	13.21	10.80	8.49	7.05
浙江省	20	18	20	17	16	18.33	14.60	13.19	10.04	8.69
上海市	4	5	4	4	3	4.40	4.22	3.31	3.22	2.63
河北省	1	2	2	1	1	0.37	0.87	0.76	0.33	0.29
福建省	4	2	0	0	0	1.80	0.80	0.00	0.00	0.00
四川省	2	3	3	4	3	1.78	1.96	0.00	2.22	1.81
重庆市	2	2	1	1	1	0.82	0.80	0.42	0.38	0.33
湖北省	2	2	2	3	3	0.93	0.89	0.98	1.89	2.10
安徽省	3	3	3	3	3	4.73	4.09	3.26	2.79	2.64
河南省	4	4	3	2	3	1.96	1.50	1.14	0.65	0.85
山西省	0	0	0	0	0	0.00	0.00	0.00	0.00	0.00
陕西省	1	1	1	1	1	1.37	1.36	1.26	1.24	1.16
广西壮族自治区	1	1	1	1	1	0.41	0.36	0.36	0.31	0.34
辽宁省	0	0	0	0	0	0.00	0.00	0.00	0.00	0.00
湖南省	2	1	1	1	1	1.31	0.64	0.45	0.64	0.75
江西省	1	1	1	1	1	2.56	2.31	2.16	2.10	1.98
云南省	2	2	1	1	1	1.45	1.30	0.55	0.47	0.42

续表

省域	企业数量（个）					营业收入（千万元）				
	2020 年	2019 年	2018 年	2017 年	2016 年	2020 年	2019 年	2018 年	2017 年	2016 年
天津市	0	0	0	2	2	0.00	0.00	0.00	2.12	2.32
甘肃省	2	2	2	2	2	2.95	2.83	2.74	2.49	2.75
内蒙古自治区	0	0	0	0	0	0.00	0.00	0.00	0.00	0.00
新疆维吾尔自治区	3	2	1	1	1	1.29	0.90	0.53	0.50	0.48
贵州省	1	0	0	0	0	0.64	0.00	0.00	0.00	0.00
吉林省	0	0	0	0	0	0.00	0.00	0.00	0.00	0.00
宁夏回族自治区	1	1	1	1	1	0.59	0.79	0.74	0.60	0.37
青海省	1	1	1	1	1	0.39	0.38	0.36	0.36	0.33
黑龙江省	0	0	1	1	1	0.00	0.00	0.36	0.33	0.28
海南省	0	0	0	0	0	0.00	0.00	0.00	0.00	0.00
西藏自治区	0	0	0	0	0	0.00	0.00	0.00	0.00	0.00

北京市、广东省、山东省、江苏省和浙江省入围中国 500 强制造业数量位居前列，北京市的制造业营业收入均排名第一（如表 1 - 7 所示）。

表 1 - 7　　2016～2020 年制造业 31 个省区市企业数量分布和营业收入

省域	企业数量（个）					营业收入（千万元）				
	2020 年	2019 年	2018 年	2017 年	2016 年	2020 年	2019 年	2018 年	2017 年	2016 年
北京市	19	22	22	22	24	52.64	54.50	52.52	47.28	45.06
广东省	19	19	17	16	18	35.06	29.56	25.60	20.77	18.57
山东省	24	27	27	24	28	23.84	23.05	22.97	15.95	20.67
江苏省	28	30	31	29	28	28.15	24.90	22.16	18.62	16.57

续表

省域	企业数量（个）					营业收入（千万元）				
	2020 年	2019 年	2018 年	2017 年	2016 年	2020 年	2019 年	2018 年	2017 年	2016 年
浙江省	29	26	29	24	24	30.10	24.39	22.52	16.33	14.52
上海市	8	9	9	10	8	21.34	20.30	19.06	17.03	14.11
河北省	13	15	16	15	15	13.38	12.29	11.34	10.00	9.11
福建省	6	3	1	1	3	2.94	1.37	0.51	0.30	0.80
四川省	6	6	6	7	6	4.43	3.88	1.93	3.68	3.20
重庆市	6	7	7	6	6	2.74	3.14	3.03	2.14	1.93
湖北省	4	4	4	5	6	7.28	7.43	7.80	8.12	8.75
安徽省	5	6	6	6	6	5.97	6.21	5.25	4.19	3.89
河南省	6	7	6	5	7	2.85	3.94	3.41	2.82	3.22
山西省	1	1	1	1	1	0.80	0.79	0.81	0.71	0.91
陕西省	2	2	2	2	2	2.11	2.01	1.88	1.61	1.46
广西壮族自治区	3	2	3	3	3	1.78	1.25	1.35	1.08	1.04
辽宁省	4	4	3	3	4	5.60	6.13	4.25	3.92	3.94
湖南省	4	3	4	5	4	3.15	2.33	2.44	2.67	2.24
江西省	3	4	4	3	3	4.16	4.55	4.05	3.07	2.78
云南省	3	3	4	3	4	2.09	1.87	2.21	1.30	2.74
天津市	2	2	4	5	8	1.24	1.22	5.97	5.05	9.77
甘肃省	3	3	3	3	3	3.99	3.79	3.61	3.30	3.76
内蒙古自治区	2	2	0	2	2	1.78	1.67	0.00	0.99	0.93
新疆维吾尔自治区	3	3	2	1	1	1.29	1.90	1.04	0.50	0.48
贵州省	2	1	1	1	1	1.52	0.77	0.61	0.44	0.36
吉林省	1	1	1	2	2	6.18	5.94	4.70	8.36	7.40
宁夏回族自治区	1	1	1	1	1	0.59	0.79	0.74	0.60	0.37

省域	企业数量（个）					营业收入（千万元）				
	2020 年	2019 年	2018 年	2017 年	2016 年	2020 年	2019 年	2018 年	2017 年	2016 年
青海省	1	1	1	1	1	0.39	0.38	0.36	0.36	0.33
黑龙江省	0	0	1	1	1	0.00	0.00	0.36	0.33	0.28
海南省	0	0	0	0	0	0.00	0.00	0.00	0.00	0.00
西藏自治区	0	0	0	0	0	0.00	0.00	0.00	0.00	0.00

1.1.1.3 2016~2020 年行业极化效应分析

中国 500 强企业 2016~2020 年强弱极化水平通过式（1-1）进行计算。鉴于中国 500 强样本数据较大，将数据梳理得到的样本值输入表格进行逐步计算，得到中国 500 强企业极化趋势，并将中国 500 强企业分为 12 个行业、制造业 31 个行业和战略性新兴产业 20 个行业三大板块。

（1）中国 500 强企业 12 个行业呈现反 "Z" 型。

2016~2020 年中国 500 强企业行业极化程度整体呈上升趋势，形如反 "Z" 型，TW 指数从 2016 年的 0.27 下降到 2018 年的 0.26，然后逐步上升到 2019 年的 0.34，最后下降到 2020 年的 0.31（如图 1-1 所示）。从 12 个行业极化程度来看，2016~2017 年极化程度下降，2017~2019 年极化程度上升趋势明显，而 2019~2020 年再次下降，表 1-8 又进一步证实了中国 500 强企业分行业极化的反 "Z" 型趋势，5 年的四个时间区间里，中国 500 强企业极化总体增速为正，极化程度增速为正的时间区间集中在 2017~2018 年区间和 2018~2019 年区间，极化程度增速为负的时间区间集中在 2016~2017 年区间和 2019~2020 年区间，区间和幅度非常对称，构成标准反 "Z" 型波动趋势。中国 500 强企业分行业的反 "Z" 型极化特征反映了 2016 年以来我国 12 个行业一直处于稳定的波动状态，2020 年的聚集水平又回到了 2016 年水平。

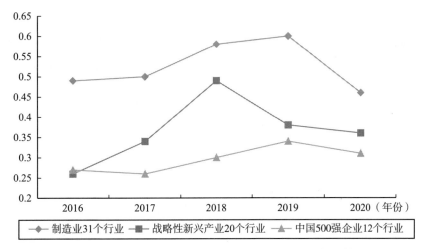

图 1 – 1   2016～2020 年中国 500 强企业行业极化趋势

表 1 – 8   2016～2020 年中国 500 强企业极化变化速度

指标	总体区间	分段区间			
	2016～2020 年	2016～2017 年	2017～2018 年	2018～2019 年	2019～2020 年
制造业 31 个行业 TW 指标	– 0.03	0.01	0.08	0.02	– 0.14
战略性新兴产业 20 个行业 TW 指数	0.10	0.08	0.15	– 0.11	– 0.02
中国 500 强企业 12 个行业 TW 指数	0.04	– 0.01	0.04	0.04	– 0.03

（2）制造业 31 个行业呈现倒"L"型。

2016～2020 年我国制造业企业行业极化程度整体呈下降趋势，形如倒"L"型，TW 指数从 2016 年的 0.49 上升到 2019 年的 0.60，然后下降到 2020 年的 0.46（如图 1 – 1 所示）。从 12 个行业极化程度来看，2016～2019 年极化程度呈明显上升趋势，2019～2020 年极化程度明显下降，5 年间行业极化水平降低了 6.1%。表 1 – 8 又进一步证实了我国制造业分行业极化的倒"L"型趋势，5 年的四个时间区间里，中国 500 强企业极化总体增速为正，极化程度增速为正的时间区间集中在 2016～2017 年、2017～2018 年区间和 2018～2019 年区间，极化程度增速为负的时间区间集中在 2019～2020 年区间，区间和幅度非常对称，构成标准倒"L"型波动趋势。制造业分行业的倒"L"型极化特征反映了 2016 年以来我国制造业行业一直处于波动状态。

（3）战略性新兴产业 20 个行业呈现倒"V"型。

2016～2020 年我国战略性新兴产业企业行业强弱极化程度整体呈上升趋势，形如倒"V"型，TW 指数从 2016 年的 0.26 上升到 2018 年的 0.49，然后下降到 2020 年的 0.36（如图 1－1 所示）。从 12 个行业极化程度来看，2016～2018 年极化程度呈明显上升趋势，2018～2020 年极化程度明显下降，5 年间行业极化水平上升了 38.5%。在表 1－8 中进一步证实了我国制造业分行业极化的倒"V"型趋势，5 年的四个时间区间里，中国 500 强企业极化总体增速为正，极化程度增速为正的时间区间集中在 2016～2017 年和 2017～2018 年区间，极化程度增速为负的时间区间集中在 2018～2019 年和 2019～2020 年区间，区间和幅度非常对称，构成标准倒"V"型波动趋势。战略性新兴产业分行业的倒"V"型极化特征反映了 2016 年以来我国战略性新兴产业行业一直处于波动状态。

对 2016～2020 年中国 500 强企业、制造业和战略性新兴产业的 TW 指数求平均值得到如表 1－9 各行业平均 TW 指数，表明各行业极化效应：制造业＞战略性新兴产业＞中国 500 强企业各行业，由此可见各制造业极化程度最为强烈。

表 1－9　　　　　2016～2020 年各行业平均 TW 指数

指标	制造业 31 个行业	战略性新兴产业 20 个行业	中国 500 强企业 12 个行业
TW 指数平均值	0.526	0.366	0.295

1.1.1.4　2016～2020 年区域极化效应分析

国家统计局将 31 省区市划分为四大区域，其中包括东部地区（浙江省、山东省、广东省、江苏省、河北省、北京市、天津市、上海市、福建省、海南省），中部地区（河南省、安徽省、湖南省、湖北省、江西省、山西省），西部地区（重庆市、四川省、云南省、陕西省、广西壮族自治区、内蒙古自治区、贵州省、新疆维吾尔自治区、西藏自治区、青海省、甘肃省、宁夏回族自治区），东北地区（辽宁省、吉林省、黑龙江省），将统计数据代入式（1-1）得到图 1-2 区域极化强弱趋势。

（1）四大区域极化呈现波动式上升。

2016～2020 年中国 500 强企业四大区域强弱极化程度整体平稳呈上升趋势，2016～2020 年极化水平增加了 42.4%（如图 1-2 所示）。表 1-9 又进一步证实了强弱极化程度的上升趋势，5 年时间里，极化总体增速为 0.14，每年增速均为正，其中 2019～2020 年的增速明显放缓。从图 1-2 来看，2016～2020 年我国制造业企业四大区域强弱极化程度整体平稳呈上升趋势，2016～2020 年极化水平增加了 45.9%。

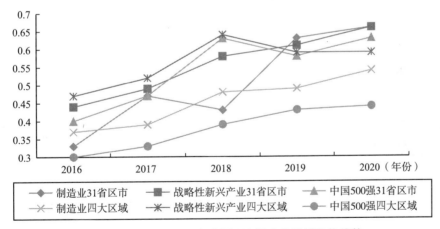

图 1-2　2016～2020 年中国 500 强企业区域极化趋势

表 1-10 又进一步证实了强弱极化程度的上升趋势，5 年时间里，极化总体增速为 0.17，每年增速均为正，其中 2018～2019 年的增速明显放缓。从图 1-2 来看，2016～2020 年我国战略性新兴产业企业四大区域强弱极化程度整体平稳呈倒 "V" 型，2016～2020 年极化水平增加了 25.5%。表 1-10 又进一步证实强弱极化程度的倒 "V" 型波动趋势，5 年时间里，极化总体增速为 0.12，除 2018～2019 年区间增速为负，其余年份区间均为正。

表 1-10　　　　　　2016～2020 年中国 500 强企业极化变化速度

指标	总体区间	分段区间			
	2016～2020 年	2016～2017 年	2017～2018 年	2018～2019 年	2019～2020 年
中国 500 强四大区域 TW 指数	0.14	0.03	0.06	0.04	0.01
制造业四大区域 TW 指数	0.17	0.02	0.09	0.01	0.05
战略性新兴产业四大区域 TW 指数	0.12	0.05	0.12	-0.05	0.00
中国 500 强 31 省市 TW 指数	0.23	0.07	0.16	-0.05	0.05
制造业 31 省市 TW 指数	0.33	0.14	-0.04	0.20	0.03
战略性新兴产业 31 省市 TW 指数	0.22	0.05	0.09	0.03	0.05

表 1-11 的平均 TW 指数进一步说明了四大区域极化趋势：中国 500 强企业整体极化＜制造业极化＜制造业中战略性新兴产业极化。企业区域极化强弱程度呈明显上升趋势反映了 2016 年来我国四大区域极化效应明

显，即四大区域发展不平衡现象依然存在，且明显增强，因此迫切需要行之有效的解决方法。

表 1-11　　　　　**2016~2020 年中国 500 强企业平均 TW 指数**

指标	四大区域			31 个省市		
	中国 500 强	制造业	战略性新兴产业	中国 500 强	制造业	战略性新兴产业
TW 指数平均值	0.378	0.454	0.562	0.542	0.504	0.556

（2）31 省市中国 500 强企业极化呈斜"W"型。

中国 500 强企业 TW 指数从 2016 年的 0.40 上升到 2018 年的 0.63，然后下降到 2019 年的 0.58，最后上升到 2020 年的 0.63，2016~2020 年中国 500 强 31 省市企业强弱极化总体呈上升趋势，形如斜"W"型（如图 1-2 所示）。从 31 省市极化强弱程度来看，2016~2018 年强弱极化程度呈明显上升趋势，2018~2019 年强弱极化程度明显下降，而 2019~2020 年再次缓慢上升，5 年间行业极化水平增强了 57.5%。表 1-10 又进一步证实了 31 省市强弱极化的斜"W"型特征，5 年的四个时间区间里中国 500 强企业极化总体增速为 0.23，增速为负的区间为 2018~2019 年区间，增速为正的区间为 2016~2017 年、2017~2018 年和 2019~2020 年三个区域，总体上构成斜"W"型波动趋势。31 省市的五百强强弱极化效应除个别年份有所下降，一直处于稳定的上升波动状态。

（3）31 省市制造业企业极化呈"M"型。

制造业企业 TW 指数从 2016 年的 0.33 上升到 2017 年的 0.47，然后下降到 2019 年的 0.43，最后上升到 2020 年的 0.66，2016~2020 年制造业 31 省市企业强弱极化总体呈上升趋势，形如字母"M"（如图 1-2 所示）。从 31 省市极化强弱程度来看，2016~2017 年强弱极化程度呈明显上升趋势，2017~2018 年强弱极化程度稍有下降，而 2018~2020 年再次上升。表1-10又进一步证实了31省市强弱极化的"M"型特征，5年的四个时间区间里中国500强企业极化总体增速为0.33，增速为负的区间为2017~2018年区间，增速为正的区间为2016~2017年、2018~2019年和2019~2020年三个区域，总体上构成"M"型波动趋势。

（4）31省市战略性新兴产业企业极化由弱到强。

战略性新兴产业企业TW指数从2016年的0.44上升到2020年的0.66，2016~2020年制造业31省市企业强弱极化总体呈上升趋势，5年间行业极化水平增强了50.0%（如图1-2所示）。表1-10又进一步证实了31省市强弱极化指数逐渐上升，5年的四个时间区间里中国500强极化总体增速为0.22。

表1-11的平均TW指数进一步说明了31省市极化趋势：制造业极化<中国500强整体极化<制造业中战略性新兴产业极化。由此可见，31省市战略性新兴产业极化效应尤其强烈。极化效应是由于区域经济发展过程中，增长极具有先进产业而对生产要素产生强大吸引力，促使生产要素向增长极进一步集中，增长极的发展速度进一步强化的现象，而增长极进一步强化则进一步加大了区域经济发展过程中的不均衡问题（孟祥林，2020）。以上数据分析表明，我国企业的发展已进入较为明显的不均衡状态，地区发展的不平衡尤为明显，并且东部、中部、西部和东北四大区域极化趋势丝毫没有减缓趋势，因此促进各区域行业平衡发展迫在眉睫。

1.1.2 战略性新兴产业对制造业区域溢出效应

1.1.2.1 溢出效应测量方法

弗森伯格对于知识溢出的研究是通过研究区域间技术追赶问题开始的。他在两区域模型中，假定区域 j 为技术先进区域，区域 i 为技术落后地区。为研究区域间的技术追赶问题，假设两区域的知识存量差距等价于两区域的知识存量比值后取对数，上述假设保证了当区域知识存量差距为零时，两区域的知识存量水平相等。参考公式如式（1-2）所示。

$$S = \alpha \times G \times e^{(-G/\theta)} \qquad (1-2)$$

式（1-2）中，S 为区域间实际知识溢出；$\alpha \times G$ 为区域间潜在知识溢出；θ 为区域的固有学习能力；$e^{(-G/\theta)}$ 为区域的学习能力；$0 < \alpha < 1$。

为探究战略性新兴产业 j 对制造业 i 的溢出效应，对表达式进行修正，用式（1-3）测量战略性新兴产业 j 和制造业 i 的溢出效应。

$$S_{ij} = \alpha \times G_{ij} \times e^{[-G_{ij}/(100 \times \theta_{ij})]} \qquad (1-3)$$

式（1-3）中，S_{ij} 为中国 500 强企业中战略性新兴产业企业 i 对制造业企业 j 的溢出效应指数；G_{ij} 为中国 500 强企业战略性新兴产业企业 i 的营业收入指标 K_i 与同期制造业企业 j 的营业收入 K_j 的比值再取对数，即 $G_{ij} = \ln\left(\dfrac{K_i}{K_j}\right)$；$\theta_{ij}$ 为战略性新兴产业企业 i 相对于制造业企业 j 的增长能力，可用战略性新兴产业企业 i 与制造业企业 j 在第 t 年的营业收入的增速差来衡量，即 $\theta_{ij} = \dfrac{K_{it}}{K_{i(t-1)}} - \dfrac{K_{jt}}{K_{j(t-1)}}$；$\alpha$ 表示每项指标在溢出效应中的相对重要性，取值范围为 $[0, 1]$，本书取 $\alpha = 0.5$。

1.1.2.2 溢出效应指标选择

（1）制造业企业数量波动下降。

本书对 2016~2020 年中国 500 强企业进行梳理，按照《国民经济行业分类》（GB/T 4754—2017）和《战略性新兴产业分类（2018）》对每年中国 500 强企业进行行业、总部地区和营业收入梳理统计，汇总得到 2016~2020 年制造业和战略性新兴产业企业的营业收入指标作为本书测量指标（如表 1-12 所示）。制造业数量由 2016 年的 220 下降到 2017 年的 214，然后上升至 2018 年的 219，最后下降为 2020 年的 208，呈波动下降趋势。

表 1-12　　　　　　　2016～2020 年制造业和制造业中战略性

新兴产业企业数量和营业收入

指标		战略性新兴产业 i	制造业 j
企业数量（个）	2016 年	96	220
	2017 年	99	214
	2018 年	106	219
	2019 年	110	216
	2020 年	107	208
营业收入（千万元）	2016 年	89.82	199.20
	2017 年	98.05	211.40
	2018 年	109.08	235.29
	2019 年	121.92	251.40
	2020 年	136.39	267.37

（2）战略性新兴产业营业收入占制造业营业收入比例上升。

随着国家对于战略性新兴产业的扶持，战略性新兴产业对制造业乃至中国 500 强企业的影响日益显著，以制造业企业和制造业中战略性新兴产业企业数量为例，2016 年战略性新兴产业企业占制造业企业比例为 43.6%，到 2020 年比例上升为 51.4%，同时营业收入比例也由 45% 上升为 51%（如表 1-12 所示）。

（3）指标总体特征。

根据梳理的制造业和战略性新兴产业数据，得到 2016～2020 年的平均企业规模，逐年的营业收入增速和 2016～2020 年营业收入均值、标准差和变异系数（如表 1-13 所示）。结果显示，制造业 2016～2020 年 5 年平均企业规模为 1.08，战略性新兴产业 2016～2020 年 5 年平均企业规模为 1.07；制造业 2016～2020 年营业收入增速为 0.34，小于战略性新兴产业营业收入增速 0.52，表明战略性新兴产业营业收入创造力强；战略性新兴产业变异系数为 0.17，大于制造业变异系数 0.12，表明战略性新兴产业离散程度大于制造业。

表 1-13　　　　2016～2020 年制造业和制造业中战略性新兴产业相关指标

指标		战略性新兴产业 i	制造业 j
平均企业规模	2016～2020 年	1.07	1.08
营业收入增速（%）	2016～2017 年	0.09	0.06
	2017～2018 年	0.11	0.11
	2018～2019 年	0.12	0.07
	2019～2020 年	0.12	0.06
	2016～2020 年	0.52	0.34
均值		111.05	232.93
标准差		18.60	27.99
变异系数		0.17	0.12

1.1.2.3　溢出效应值由 -0.49 上升至 -0.38

通过对制造业和战略性新兴产业各企业营业收入数据进行整理，结合对弗森伯格表达式修改后的表达式，得出如图 1-3 溢出效应结果。根据上述营业收入得出制造业企业 i 与战略性新兴产业企业 j 在第 t 年的营业收入的增速差由 3.04 上升至 5.51，说明战略性新兴产业对制造业影响效应增加。通过溢出效应结果可以看出，2016～2020 年战略性新兴产业对制造业溢出效应为负，且逐年上升，由 -0.49 上升至 -0.38。溢出效应为负值，表明战略性新兴产业对制造业的极化效应强于扩散效应。

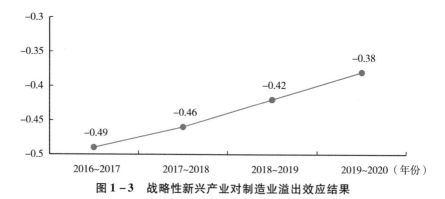

图 1－3　战略性新兴产业对制造业溢出效应结果

1.1.3　战略性新兴产业分行业集散效应

1.1.3.1　集散效应测量方法

（1）集散效应理论基础。

美国经济学家威廉姆逊根据 24 个国家的国际横截面数据和 10 个国家的时间序列数据的资料，对区域经济的增长趋势进行了系统的实证分析，提出了著名的倒"U"型理论。他认为区域经济发展的重要规律是先极化再扩散最后实现均衡，威廉姆逊的倒"U"理论就是对不同发展阶段区域差异程度的诠释。

这些理论在一定程度上给我们提供了进一步研究区域经济发展的理论依据：空间集聚与扩散是一国经济发展的普遍规律。当然，无论是集聚还是扩散，都必须通过政府主导和市场调节来调节区域经济平衡。

（2）集散效应模型构建。

本书依据库兹涅茨曲线基于面板数据分析的计量模型，选取中国 500 强中的制造业和制造业中战略性新兴产业企业共有的指标来进行集散效应的维度分析，模型如式（1－4）所示。

$$HE_{ity} = \theta + \alpha_1 \times HZ_{ity} + \alpha_2 \times HZ_{ity}^2 + \alpha_3 \times HZ_{ity}^3 + \beta \times NE_{it} + \mu_{it} \quad （1-4）$$

式（1－4）中，HE_{ity} 表示第 t 年第 i 个省份战略性新兴产业企业某 y

项指标值；θ 为不随个体变化的固定数值，即截距；HZ_{ity} 表示第 t 年第 i 个省份制造业企业某 y 项指标值汇总值；NE_{it} 表示第 t 年第 i 个省份内全部制造业的企业数量占中国 500 强制造业企业数量的比重；对式（1-4）进行简化得到式（1-5）。

$$Y_{it} = \theta + \alpha_1 \times V_{1it} + \alpha_2 \times V_{1it}^2 + \alpha_3 \times V_{1it}^3 + \beta \times V_{2it} + \mu_{it} \qquad (1-5)$$

式（1-5）中，Y_{it} 表示第 t 年第 i 个省份战略性新兴产业企业营业收入汇总值；V_{1it} 表示第 t 年第 i 个省份制造业企业营业收入汇总值；V_{2it} 表示第 t 年第 i 个省份内全部制造业的企业数量占中国 500 强制造业企业数量的比重；α_i 符号取值不同时，制造业和制造业中战略性新兴产业所呈现的集散效应具有不同形式：当 α_i 都不为零时，集散效应曲线呈现"N"型特征；α_3 取零，α_1 不为零，$\alpha_2 > 0$ 时，集散效应曲线呈现"U"型特征；当 $\alpha_3 = 0$，α_1 不为 0，$\alpha_2 < 0$ 时，集散效应曲线呈现倒"U"型特征。

$$Y_{it} = \theta + \alpha_1 \times X_{1it} + \alpha_2 \times X_{2it} + \alpha_3 \times X_{3it} + \alpha_4 \times X_{4it} + \alpha_5 \times X_{5it} + \alpha_6 \times X_{6it} + \mu_{it}$$
$$(1-6)$$

$$Y_{it} = \theta + \alpha_1 \times X_{1it} + \alpha_2 \times X_{2it} + \alpha_3 \times X_{3it} + \alpha_4 \times X_{4it} + \alpha_5 \times X_{5it} + \alpha_6 \times X_{6it}$$
$$+ \alpha_7 \times X_{1it} \times X_{2it} + \alpha_8 \times X_{1it} \times X_{3it} + \alpha_9 \times X_{1it} \times X_{4it} + \alpha_{10} \times X_{1it} \times X_{5it}$$
$$+ \alpha_{11} \times X_{1it} \times X_{6it} + \mu_{it} \qquad (1-7)$$

$$Y_{it} = \theta + \alpha_{17} \times X_{1it}^2 + \alpha_{12} \times X_{2it}^2 + \alpha_{13} \times X_{3it}^2 + \alpha_{14} \times X_{4it}^2 + \alpha_{15} \times X_{5it}^2 + \alpha_{16} \times X_{6it}^2$$
$$+ \alpha_7 \times X_{1it} \times X_{2it} + \alpha_8 \times X_{1it} \times X_{3it} + \alpha_9 \times X_{1it} \times X_{4it}$$
$$+ \alpha_{10} \times X_{1it} \times X_{5it} + \alpha_{11} \times X_{1it} \times X_{6it} + \mu_{it} \qquad (1-8)$$

式（1-6）、式（1-7）和式（1-8）中，Y_{it} 表示第 t 年第 i 个省份制造业企业营业收入汇总值；$X_{1it} - X_{6it}$ 表示第 t 年第 i 个省份新一代信息技术、高端装备制造、新材料产业、生物产业、新能源和数字创意产业的营业收入汇总值；α_i 符号取值不同时，制造业和制造业中战略性新兴产业所呈现的集散效应具有不同形式。

1.1.3.2 集散效应指标选择

（1）指标选择依据。

随着中国经济发展，国家对于制造业和战略性新兴产业发展日益重视，战略性新兴产业对于中国经济发展和结构转型也有其举足轻重的作用。2016 年至 2020 年上半年，中国战略性新兴产业规模以上工业增加值增速始终高于全国工业总体增速。2020 年上半年，中国战略性新兴产业规上工业增加值同比增长 2.9%，高出全国工业增加值增速 4.2 个百分点。对 2016~2020 年中国 500 强企业进行梳理，统计 31 省市的制造业企业和制造业中战略性新兴产业企业的营业收入和入围数量发现，制造业中战略性新兴产业占比越来越高，从 2016 年的 43.6% 占比上升到 2020 年的 51.4%，因此选取制造业和战略性新兴产业营业收入和入围企业数量作为分析指标。

（2）制造业和战略性新兴产业相关性较强。

通过 SPSS 软件计算两者的皮尔逊相关性，衡量制造业和战略性新兴产业在同类指标上的相似程度（如表 1-14 所示）。可以看出，制造业和战略性新兴产业在同类指标上的相关性显著，其指标营业收入和入围企业数量在 0.01 级别（双尾）上相关性显著，并且相关性指数总体呈上升趋势。

表 1-14　　　　　制造业和战略性新兴产业在同类指标相关性

同指标相关性	营业收入	入围企业数量
2016 年	0.933	0.915
2017 年	0.942	0.916
2018 年	0.943	0.935
2019 年	0.956	0.952
2020 年	0.953	0.947

1.1.3.3 分行业集散效应和协同效应分析

（1）制造业和战略性新兴产业整体集散呈现"U"型特征。

为了全面考察中国 500 强制造业企业和制造业中战略性新兴产业企业集散维度，基于 2016～2020 年制造业和战略性新兴产业企业的面板数据，运用 Stata 16.0 软件对计量式（1-5）进行回归检测，指标为各企业营业收入汇总值和入围企业数量汇总值。对面板数据计量模型，本书选用随机效应（RE）模型估计法和固定效应（FE）模型估计法进行回归检测。考虑到面板数据覆盖区间仅有 5 年，若进行 N 型测度结果可能不显著，因此取 $\alpha_3 = 0$，运用 Stata 16.0 软件运行结果如表 1-15 所示。

表 1-15   制造业和战略性新兴产业集散回归结果的"U"型转换（FE）

变量	V_1	V_1^2	V_2	CONS	Within - R^2	F（3，28）	Prob. > F
系数 （t）	0.385 *** (3.21)	1.71 * (0.08)	-20.37 ** (-1.35)	890.25 ** (1.39)	0.6653	18.15	0.0000

注：括号内的数值为各指标估计系数的 t 统计值，＊、＊＊、＊＊＊分别表示在 10%、5%、1% 的统计水平上显著。

从表 1-15 中可以看出，固定效应的平方项系数 V_1^2 均大于零，且一次项系数不为零，维度转换呈现出"U"型结构特征。F（3，28）值为 18.15，其用于线性关系的判定，结合 Prob. 值对线性关系的显著性进行判断，即弃真概率。"弃真概率"即为模型为假的概率，显然 Prob. > F 值越小，置信度越高。Prob. > F = 0.0000 < 0.0001，故置信度达到 99.99% 以上。Within - R^2 值为 0.6653，拟合度较高。首先用 P 值来用于说明回归系数的显著性，一般来说 p 值 < 0.1（＊）表明 10% 显著水平显著，P 值 < 0.05（＊＊）表明 5% 显著水平显著，P 值 < 0.01（＊＊＊）表示 1% 显著水平显著。如表 1-15 所示，括号内为判断显著性的指标，10% 的显著性

对应 1.65，5% 的显著性对应 1.96，1% 的显著性对应 2.58。结果表明，V_1 的回归系数在 1% 水平上显著，V_2 和 CONS 的回归系数在 5% 水平上显著，V_1^2 的回归系数在 10% 水平上显著。制造业和战略性新兴产业固定效应较为显著。

（2）制造业和战略性新兴产业 6 个行业集散效应较为显著。

为了全面考察中国 500 强制造业企业和制造业中战略性新兴六大产业企业集散维度，基于 2016~2020 年制造业和战略性新兴六大产业企业的面板数据，运用 Stata 16.0 软件对计量式（1-6）、式（1-7）和式（1-8）进行回归检测，指标为各企业营业收入汇总值和入围企业数量汇总值。对面板数据计量模型，选用固定效应（FE）模型估计法来进行回归检测，软件运行结果如表 1-16 所示。

表 1-16　　　　制造业和战略性新兴六个产业集散回归结果（FE）

变量	模型 1	模型 2	模型 3
X_1	2.10 *** (6.80)	1.81 ** (1.98)	
X_2	1.11 *** (2.34)	2.02 *** (2.91)	
X_3	1.17 *** (6.40)	1.46 *** (7.25)	
X_4	1.65 *** (3.80)	1.34 *** (2.67)	
X_5	2.20 *** (4.65)	2.56 *** (5.00)	
X_6	0.49 * (1.07)	0.52 * (0.55)	
$X_1 \times X_2$		8.96 *** (2.94)	12.7 ** (2.26)

续表

变量	模型 1	模型 2	模型 3
$X_1 \times X_3$		-1.68 ** (-2.27)	-1.92 ** (-2.07)
$X_1 \times X_4$		-5.72 *** (-2.61)	-6.30 ** (-2.08)
$X_1 \times X_5$		-3.45 * (-1.47)	-9.24 *** (-3.44)
$X_1 \times X_6$		2.55 ** (1.65)	0.66 * (0.24)
X_1^2			1.81 ** (1.69)
X_2^2			3.47 * (1.53)
X_3^2			1.03 *** (4.94)
X_4^2			8.50 *** (4.03)
X_5^2			4.08 *** (4.28)
X_6^2			2.86 * (1.58)
CONS	2 529.99 *** (7.86)	1 203.56 ** (2.32)	3 076.40 ** (2.18)
Within $-$ R^2	0.8311	0.8535	0.7970

注：（1）战略性新兴六大产业指新一代信息技术、高端装备制造、新材料产业、生物产业、新能源和数字创意产业。

（2）括号内的数值为各指标估计系数的 t 统计值，*、**、*** 分别表示在 10%、5%、1% 的统计水平上显著。

对于本例，Prob. ＞F＝0.0000＜0.0001，故置信度达到99.99％以上。如表1-16所示，括号内 t 值为判断显著性的指标，10％的显著性对应1.65，5％的显著性对于1.96，1％的显著性对应2.58。

对于模型1，运用 Stata 16.0 软件对计量式（1-5）进行回归，结果表明 Within-R^2 值为0.8311，拟合度极高。X_1、X_2、X_3、X_4、X_5 和 CONS 的回归系数在1％水平上显著，X_6 回归系数在10％水平上显著，表明制造业和新一代信息技术、高端装备制造、新材料产业、生物产业、新能源产业固定效应极其显著。

对于模型3，运用 Stata 16.0 软件对计量式（1-7）进行回归，结果表明 Within-R^2 值为0.7970，拟合度较高。$X_1 \times X_5$、X_3^2、X_4^2 和 X_4^2 的回归系数在1％水平上显著，$X_1 \times X_2$、$X_1 \times X_3$、$X_1 \times X_4$ 和 CONS 的回归系数在5％水平上显著。

（3）新一代信息技术和高端装备制造业协同效应最为明显。

对于模型2，运用 Stata 16.0 软件对计量式（1-6）进行回归，结果表明 Within-R^2 值为0.8535，拟合度极高。$X_1 \times X_2$ 和 $X_1 \times X_4$ 的回归系数在1％水平上显著，表明新一代信息技术和高端装备制造产业的协同效应极为显著，新一代信息技术和生物产业的协同效应较为显著，则可考虑将新一代信息技术和高端装备制造产业、新一代信息技术和生物产业进行融合发展，可以达到"1+1＞2"的效果。

1.2 基于专利数量的战略性新兴产业马太效应

战略性新兴产业是发展潜力巨大，对社会经济起着全局带动和重大引领作用的未来支柱型产业。"十二五"（2011～2015年）末期，我国节能环保、新一代信息技术、生物、高端装备制造、新能源、新材料和新能源汽车七大战略性新兴产业占国内生产总值比重不到10%，而2020年七大战略性新兴产业占国内生产总值的比重也才达到15%，产业创新能力和竞争力亟待提升。增强创新能力是培育和发展战略性新兴产业的重要环节，也是世界各国竞相追逐的重点，各个国家纷纷加快创新步伐。战略性新兴产业发明专利相关数据可以直接反映技术创新能力，对其进行测算和分析，可以清晰地衡量产业创新发展的态势，探讨创新过程中存在的不足，并寻找改善措施，为相关政策制定和实施提供参考依据，促进战略性新兴产业的快速发展。

1.2.1　战略性新兴产业创新转化效率的测量

与数据包络分析（Data Envelopment Analysis，DEA）相比，随机前沿方法（Stochastic Frontier Approach，SFA）利用生产函数来构造生产前沿面，并采用技术无效率项的条件期望作为技术效率，测算的结果可靠性、稳定性较好。因此，本书选择随机前沿分析方法（SFA），以"十二五"（2011～2015年）期间我国战略性新兴产业的研发数据为样本，对七大产业的创新转化效率进行分析。

随机前沿模型表示为：$y_{it} = f(x_{it}, t)\exp(v_{it} - u_{it})$，通过最大似然估计方法来进行估计，$\beta$ 是未知参数的矢量组合，$\lambda = s_u / s_v$，$s^2 = s_u^2 + s_v^2$。v 服从 $N(0, s_v^2)$ 随机误差的正态分布，u 服从半正态分布 $N(0, s_u^2)$。v_i 和 u_i 之间是相互独立的，与自变量没有关系。对数形式的柯布 - 道格拉斯生产函数的随机前沿模型如式（1 - 9）所示，其中 x_{it} 表示战略性新兴产业 i 在第 t 年的投入变量；y_{it} 是对应的产出变量；β 是投入变量的回归系数。

$$\ln y_{it} = \beta_0 + \sum_n \beta_n \ln x_{it} + v_{it} - u_{it} \qquad (1-9)$$

战略性新兴产业 i 的技术效率可以通过其实际产出期望与随机前沿产出期望的比值来确定，如式（1-10）所示，其中 TE_{it} 表示第 i 个产业在第 t 年的技术效率。TE_{it} 的值在 $0\sim1$，越接近于 1 就表明技术效率越高；越接近于 0 则表示技术效率越低。

$$TE_{it} = \frac{E[f(x)\exp(v-u)]}{E[f(x)\exp(v-u)]\mid u=0} = E[\exp(-u_{it})\mid \varepsilon_{it}] = e^{-u_{it}}$$

$$(1-10)$$

1.2.2 战略性新兴产业极化效应的测量

我国区域发展的不均衡加剧了战略性新兴产业发展不均衡的状况，为了更好地反映战略性新兴产业创新的极化效应，在数据的可获得性和有效性的前提下，采用泰尔指数、基尼系数测度创新极化效应，采用 α 收敛、β 收敛分析其变动趋势。

（1）泰尔指数（Theil-L）。泰尔指数是用来衡量个人之间或者地区之间收入差距或者不平等程度的指标。应用泰尔指数方法，如式（1-11）所示。

$$T = \sum_{i=1}^{n} \frac{1}{N} \ln\left(\frac{u}{x_k}\right) \qquad (1-11)$$

这个指数将区域差异分解为区域内差异和区域间差异，分别如式（1-12）和式（1-13）所示。

$$T_w = \sum_{k=1}^{m} w_k T(x_k) = \sum_{k=1}^{m} \frac{n_k}{n} T(x_k) \qquad (1-12)$$

$$T_b = T - T_w = T - \sum_{k=1}^{m} w_k T(x_k) = \sum_{k=1}^{m} \frac{n_k}{n} \ln \frac{u}{u_k} \qquad (1-13)$$

式（1-12）、式（1-13）中，T 是泰尔指数，表示创新的差异；x_k

为第 k 个省份的专利申请量和专利授权量；n 是省份个数；u 为所有省份相应专利数的平均值；w_k 为第 k 组地区内省份个数占所有省份数量的比值；$T(x_k)$ 为第 k 组的泰尔指数；u_k 为第 k 组省份的平均值；T_w 和 T_b 分别表示区域内和区域间差距。泰尔指数值越大，表明差距越大；反之差距越小，发展越均衡。

（2）基尼系数。基尼系数是根据洛伦兹曲线所定义的判断收入分配公平程度的指标，它是一个比例数值。应用基尼系数，可以有效分析我国战略性新兴产业创新的差距程度。基尼系数的实际数值在 $0 \sim 1$，基尼系数越大就表示差距越大，反之数值越小表示差距越小、越平均。借鉴克鲁格曼（Krugman）的研究，选用式（1 - 14）来进行基尼系数的计算。UI_i 和 UI_j 表示 i 和 j 区域内战略性新兴产业专利数量的总数；$\overline{UI}$ 表示所有战略性新兴产业专利数的平均值；p_i 和 p_j 表示 i 和 j 区域内战略性新兴产业占全国战略性新产业专利数量的比重。

$$G = \frac{\left[\sum_{i=1}^{n} \sum_{j=1}^{n} \mid UI_i - UI_j \times p_i \times p_j \right]}{2 \overline{UI}} \qquad (1 - 14)$$

（3）α 收敛、β 收敛。α 收敛反映了各省域间的战略性新兴产业创新能力的离差随时间的推移而不断变化的趋势。如果离差数值趋于下降，就表明战略性新兴产业创新能力存在 α 收敛，反之就是不存在（周欣星，李荣，2015）。α 系数的计算公式如式（1 - 15）所示，其中 UI_{ij} 表示在 i 省域在 t 时期的创新能力强弱指数，$\ln \overline{UI}_t$ 表示 t 时期各省域战略性新兴产业创新对数的均值，n 表示样本省（区、市）的数量。

$$\alpha = \sqrt{\frac{\left[\sum_i (\ln UI_{i,t} - \ln \overline{UI}_t)^2 \right]}{n}} \qquad (1 - 15)$$

β 收敛反映了不同省域战略性新兴产业研发创新的增长率随时间的推移而不断变化的趋势。本书参照 Salai-martin 的研究，采用了 β 系数计算公式如式（1-16）所示，其中 T 表示时间间隔，表示 $\left(\dfrac{UI_{i,t+T}}{UI_{i,t}}\right)$ 从时期 t 到 $t+T$ 的专利数量增长率；$\ln UI_{i,t}$ 表示第 i 个地区在 t 时期内的专利数量的对数值；α 是常数项，β 是估计系数，ε 是误差项。本书将 T 的值设为 1。

$$\ln\frac{\left(\dfrac{UI_{i,t+T}}{UI_{i,t}}\right)}{T} = \alpha + \beta\ln UI_{i,t} + \varepsilon_{i,t} \qquad (1-16)$$

选取研发经费和研发人员作为战略性新兴产业创新的投入指标、专利申请量和专利授权量作为创新产出指标。由于 2011 年规模以上工业企业的统计起点标准由主营业务收入 500 万元提高到 2 000 万元，2016 年相关统计数据还未公布，考虑到数据连贯性和有效性，本书选取 2011 ~ 2015 年战略性新兴产业创新发展的相关数据，所有原始数据来源于《中国统计年鉴》《中国科技统计年鉴》及《战略性新兴产业发明专利统计分析报告》。

1.2.3 专利导向的战略性新兴产业创新转化效率差异

运用 Frontier 4.1 软件，利用极大似然估计方法对样本进行显著性检验，测算结果如表 1-17 所示。以战略性新兴产业研发经费和研发人员作为投入变量，分别以专利申请量和专利授权量作为产出变量（董明放、韩先锋，2016）。检验结果显示：

表 1-17　　战略性新兴产业创新能力的随机前沿模型测算结果

以专利申请量作为产出变量			以专利授权量作为产出变量		
参数	系数	T 值	参数	系数	T 值
β_n	-0.740	-0.466	β_n	4.386 **	2.571
β_k	0.540 ***	4.523	β_k	0.327 **	2.267

续表

以专利申请量作为产出变量			以专利授权量作为产出变量		
参数	系数	T 值	参数	系数	T 值
β_l	0.324 ***	3.859	β_l	0.071	0.916
σ^2	0.466	0.948	σ^2	4.377	0.680
γ	0.974 ***	35.541	γ	0.996 ***	174.124
对数似然值	11.730		对数似然值	6.974	

注：***、**、* 分别表示在 1%、5%、10% 的统计水平上显著。

（1）以专利申请量和专利授权量作为产出变量，γ 在 1% 的显著性水平上通过 t 检验，系数分别为 0.974 和 0.996，大于 0.5，且 LR 统计量也通过 1% 显著性检验，说明战略性新兴产业研发经费和研发人员投入存在显著的非效率。因此，采用随机前沿模型测算战略性新兴产业的创新转化效率是适合的，模型设定是合理的。

（2）以专利申请量作为产出变量，战略性新兴产业研发经费和研发人员投入要素的产出弹性分别为 0.540、0.324，两个数值的和是 0.864，表明战略性新兴产业的创新转化效率具有规模效应。研发经费投入弹性大于研发人员的投入弹性，表明专利申请量导向的战略性新兴产业的创新投入是资金密集型的，研发经费投入对专利申请量有着更高的贡献率。

（3）以专利授权量作为产出变量，战略性新兴产业研发经费投入要素的产出弹性为 0.327，而研发人员投入的产出弹性为 0.071，两者之和为 0.398，表明战略性新兴产业创新转化效率仍处于较低水平，还有很大的提升空间。研发人员投入的弹性仅为 0.071，没有通过显著性检验。专利授权导向下的战略性新兴产业创新转化效率呈现出资金密集型的特征，研发经费的投入对专利授权量影响更大。战略性新兴产业专利申请量的产出弹性为 0.864，而专利授权量的产出弹性为 0.398，这说明以专利申请量作为产出变量的创新转化效率明显高于以授权量作为产出变量的创新转化效率，专利申请和专利授权之间没有实现同步发展。

1.2.4 战略性新兴产业多维度极化效应

极化效应是指一个地区的经济发展到一定水平就具有自我发展能力，能够不断吸收各种有利因素为自身进一步发展创造条件，发达地区越来越富裕，不发达地区越来越落后，形成两极分化的局面（李东霖，2016）。各省域经济发展水平有高有低，支撑战略性新兴产业创新发展的生产要素等条件也有差别，因此各省域的战略性新兴产业发展不均衡，其创新能力也呈现出非均衡的状况。

1.2.4.1 区域极化效应显著，区域内差异高于区域间差异

通过泰尔指数式（1-11）测度以专利申请量和专利授权量来衡量区域战略性新兴产业创新能力的极化效应；根据式（1-14）对全国战略性新兴产业创新的基尼系数进行测算，如图1-4所示。

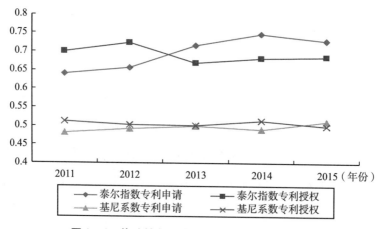

图1-4 战略性新兴产业极化效应的区域差异

从图1－4可以看出，2011～2015年我国战略性新兴产业专利申请量的泰尔指数显示区域差异变动呈现倒"U"型；专利授权量的泰尔指数显示区域差异变动呈现"Z"型。这5年间，专利申请量的泰尔指数平均值为0.6984，专利授权量的泰尔指数平均值为0.6923，反映出战略性新兴产业创新的区域差距显著。还可以看到，2011～2015年以专利申请量表征的创新产出的基尼系数分布在［0.482，0.512］区间内，平均值为0.495，曲线呈现波动式的上升趋势，这表明我国战略性新兴产业创新的区域差异显著，而且差距逐渐扩大；以专利授权量表征的创新产出的基尼系数分布在［0.499，0.513］区间内，平均值为0.506，曲线呈现出波动的变化趋势，但是到2015年基尼系数有所下降，这反映出区域之间战略性新兴产业的创新能力悬殊，但是区域之间的差距在慢慢缩小。

通过式（1－12）、式（1－13）测度战略性新兴产业区域内差异和区域间差异，结果如表1－18所示。根据表1－17可以计算得到，以专利申请量和专利授权量衡量的战略性新兴产业创新能力的区域内差距对总的泰尔指数值的贡献率分别为53.5%、52.9%，可见战略性新兴产业创新研发能力的差异主要来自区域内的差距。

表1－18　　　　2011～2015年战略性新兴产业创新能力差异分解

年份	专利申请量			专利授权量		
	区域内	区域间	泰尔指数	区域内	区域间	泰尔指数
2011	0.357	0.283	0.641	0.368	0.333	0.701
2012	0.358	0.299	0.657	0.378	0.345	0.723
2013	0.374	0.343	0.717	0.358	0.312	0.670
2014	0.388	0.361	0.748	0.363	0.319	0.682
2015	0.390	0.339	0.730	0.367	0.319	0.686
平均值	0.374	0.325	0.699	0.366	0.326	0.692

从表1-19可以看出，以专利申请量和专利授权量衡量四大区域战略性新兴产业创新能力的差异很大，西部地区的差距最大，东部地区次之，中部地区再次之，东北地区的差距最小。东北地区受政策扶持及老工业基地传统产业结构的影响，战略性新兴产业创新发展的差距小于其他3个区域，保持在相对较低水平，发展比较均衡；中部地区整体发展均衡，创新差距较小（李宝庆、陈琳，2014）；东部地区近几年战略性新兴产业整体发展较快，但是研发创新的差距比较大，这主要是东部各省域的创新发展水平差异较大导致的；西部地区的创新差异最大，处于较高的水平，但是从西部地区各省份的专利申请量和专利授权量来看，尽管同属于西部地区，但是四川省、重庆市和陕西省相对于其他几个省份来说高校资源充足，有着较强的创新基础。

表1-19　　　　　　2011~2015年四大区域创新能力的泰尔指数

年份	专利申请量				专利授权量			
	东部地区	中部地区	西部地区	东北地区	东部地区	中部地区	西部地区	东北地区
2011	0.336	0.134	0.578	0.067	0.339	0.135	0.605	0.057
2012	0.341	0.133	0.574	0.070	0.343	0.137	0.627	0.067
2013	0.366	0.144	0.588	0.077	0.345	0.123	0.578	0.063
2014	0.378	0.164	0.603	0.080	0.366	0.121	0.571	0.075
2015	0.389	0.159	0.605	0.068	0.376	0.130	0.567	0.074
平均值	0.362	0.147	0.590	0.072	0.354	0.129	0.59	0.067

1.2.4.2　七大产业发展态势分化，新能源汽车创新极化指数较高

通过式（1-11）测度七大战略性新兴产业的泰尔指数，分别如图1-5和图1-6所示。从图1-5和图1-6可以看出，2011~2015年以专利申请量和专利授权量分别衡量七大战略性新兴产业创新能力的变化曲线几乎一致，故不再分别赘述。新能源汽车产业的泰尔指数值保持着较

高的水平，创新发展不均衡，但是到 2015 年有所下降，表明差距在缩小；新材料产业的泰尔指数一直比较低，创新发展较均衡；其他 5 个产业如节能环保产业、新一代信息产业、生物产业、高端装备制造、新能源产业的创新发展则相对均衡。

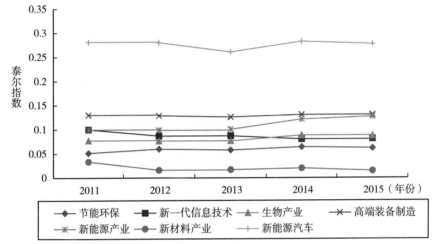

图 1－5　专利申请量的泰尔指数

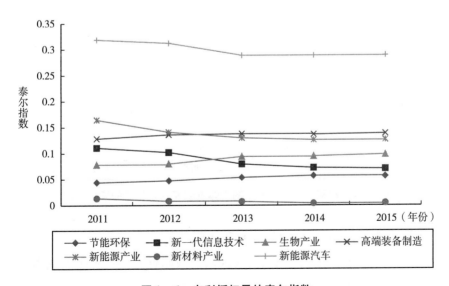

图 1－6　专利授权量的泰尔指数

1.2.4.3 不同创新主体间创新差距较大，高校和科研单位极化效应减弱

考虑到数据的可获得性，利用泰尔指数对 2011～2015 年战略性新兴产业不同主体的发明专利授权量进行相关分析（如图 1-7 所示）。从图 1-7 可以看出，2011～2015 年不同主体间的创新发展差距较大。企业有着较强的创新能力，积极进行创新活动，一直占据着创新的主体地位。科研单位的创新发展差距比其他 3 个类型申请人的差距要大，泰尔指数呈现下降的趋势，表明创新发展不均衡的状况有所改善。企业与个人的差距相差不大，企业泰尔指数比较平稳，个人和其他这类申请人的泰尔指数呈现上升的趋势，表明创新发展不均衡的状况有所扩大。高校的创新差距较小，展现了较强的科研实力，泰尔指数曲线呈现下降的趋势，表明创新的差距正在缩小。

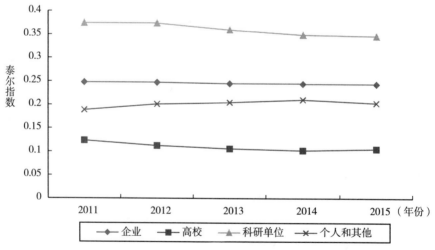

图 1-7 战略性新兴产业不同主体发明专利授权量的泰尔指数

1.2.4.4 四大区域创新能力存在 α 收敛

根据式（1-15）对全国和四大区域的战略性新兴产业创新能力变动趋势进行了 α 系数的计算，结果如图 1-8 所示。从图 1-8 中可以看出，

2011～2015 年全国战略性新兴产业创新能力的 α 系数呈现波动下降的趋势，说明我国战略性新兴产业区域间创新能力的差距随着时间的推移而减少，存在 α 收敛。从四大区域来看，东部、中部、东北地区的 α 系数变化总体呈现下降的趋势，反映出战略性新兴产业创新能力的差距逐渐缩小，存在 α 收敛；而西部地区的 α 系数呈现出缓慢上升的趋势，不存在 α 收敛，反映了西部地区战略性新兴产业创新能力的差异随着时间的推移而扩大。

利用式（1 – 16）对战略性新兴产业创新能力的 β 系数进行测算（如表 1 – 20 所示）。回归结果表明，2011～2015 年全国及四大区域专利数量的 β 系数不显著，总体上比较发散，不存在 β 收敛。其中，东中西部地区的 β 值为负值，呈现出发散的特征；而东北地区的 β 系数大于 0，说明东北地区战略性新兴产业研发创新能力相对来说比较稳定，表现出微弱收敛态势。

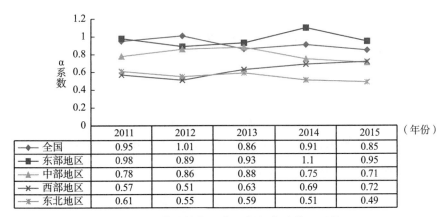

（年份）	2011	2012	2013	2014	2015
全国	0.95	1.01	0.86	0.91	0.85
东部地区	0.98	0.89	0.93	1.1	0.95
中部地区	0.78	0.86	0.88	0.75	0.71
西部地区	0.57	0.51	0.63	0.69	0.72
东北地区	0.61	0.55	0.59	0.51	0.49

图 1 – 8　战略性新兴产业创新变动的 α 系数

表 1 – 20　　　　　战略性新兴产业创新能力变动的 β 收敛

指标	全国	东部地区	中部地区	西部地区	东北地区
常数项	3.451	3.378	3.516	2.043	3.243
$\ln UI$	– 0.329	– 0.351	– 0.318	– 0.321	0.091
R^2	0.168	0.196	0.163	0.179	0.185

2

新兴数字产业政策研究——以京粤贵区块链为例

2.1 政策文本分析方法和政策选取

自 2008 年比特币白皮书发布以来，区块链一直深受人们的关注。区块链集成分布式数据存储、点对点传输、共识机制和加密算法等多项计算机技术，按照时间顺序将数据区块相连的链式结构，本质是一种去中心化数据库。它以密码学方式保证其自身携带信息的不可篡改性和不可伪造性。

从 2016 年起，为引导区块链发展，政府陆续出台一系列区块链政策。2016 年 10 月，中国区块链技术和产业发展论坛编写了第一个官方指导文件《中国区块链技术和应用发展白皮书（2016）》。2016 年 12 月，国务院印发的《"十三五"国家信息化规划》中明确提出强化战略性前沿技术的超前布局，加强区块链等新技术基础研发和前沿布局。至此各省市逐步开始布局区块链产业发展，区块链产业方兴未艾。

2018 年 7 月，工业和信息化部与发展改革委联合发布的《扩大和升级信息消费三年行动计划（2018～2020 年）》中提出应积极开展区块链技术的应用试点。2019 年 1 月，国家互联网信息办公室发布《区块链信息服务管理规定》，对区块链活动进行了明确规范。2019 年 10 月中共中央政治局进行区块链技术发展现状和趋势的集中学习，提出区块链技术的集成应用在技术革新和产业变革中起重要作用，要把区块链作为核心技术自主创新的重要突破口，加大投入力度，明确主攻方向，着力攻克一批关键核心技术，加快推动区块链技术和产业创新发展。

2020 年 4 月工业和信息化部成立全国区块链和分布式记账技术标准化技术委员会，进一步规范区块链技术标准。2020 年 4 月，国家发展改革委和中央网信办发布《关于推进"上云用数赋智"行动培育新经济发展实施方案》明确支持在具备条件的行业领域和企业范围内探索区块链技术应用和集成创新，充分发挥区块链技术创新和赋能作用来抗击新冠肺炎疫情的影响。2021 年 3 月，《国民经济和社会发展第十四个五年规划和2035 年远景目标纲要》中明确提出打造数字经济新优势，加快推动数字产业化，壮大区块链等新兴数字产业。

政府多年来陆续颁布区块链政策，在"十三五""十四五"规划中也相继提到区块链技术研发和创新应用，可见中国政府对区块链技术应用的重视程度。区块链的蓬勃发展离不开各相关政策的制定。量化分析区块链政策文本有助于提高区块链政策制定的科学性和系统性，为各省市政府后续制定区块链政策提供参考。

2.1.1　政策文本分析方法

本书将政策文本从政策工具、政策目标、政策目标主体、政策力度四个维度进行量化分析。北京市、广东省、贵州省（简称"京粤贵"）区块链政策文本分析维度和具体内容如表 2-1 所示。

表 2-1 京粤贵区块链政策文本分析维度和内容

分析维度	具体类别	分析内容
政策工具	①供给类；②环境类；③需求类	不同年份使用不同政策工具数量
政策目标	①融合应用；②产业发展；③产业集聚；④支持平台；⑤技术攻关；⑥发展环境	政府制定区块链政策时政策目标侧重点
政策目标主体	①政府；②企业；③事业单位；④综合	区块链政策目标主体的差异性
政策力度	①政策文本类型；②政策发文主体；③政策力度测量	区块链政策的不同主体、不同文种对政策力度的影响

2.1.1.1 政策工具维度

首先将京粤贵区块链政策工具进行分类，具体如表 2-2 所示。参考相关文献，并结合罗斯韦尔（Rothwell，1981）和泽格维尔德（Zegveld，1981）思想，将政策工具分为三种类型，分别是供给型政策工具、环境型政策工具和需求型政策工具。其中，对区块链产业起推动作用的是供给型政策工具，政府直接作用于区块链的生产要素，提供资金、基础设施等支持。环境型政策工具起间接影响作用，打造有利于区块链产业发展的社会环境和投资环境。需求型政策工具起拉动作用，政府购买区块链服务或将区块链技术运用到其他领域，直接拉动区块链产业发展。本书将政策工具划分为供给型、环境型、需求型 3 个大类，细分为 14 小类。供给型包括资金投入、基础设施、公共服务、人才培养、技术支持 5 类；环境型包括目标规划、金融支持、税收优惠、监督管制、技术标准、策略性措施 6 类；需求型包括技术赋能、公私合作、社会参与 3 类。

表 2 - 2   京粤贵区块链政策工具细分表

政策工具类型	工具名称	注释
供给型	资金投入	政府为区块链企业提供资金支持，给予区块链企业专项资金和补贴奖励等
	基础设施	政府为区块链企业和行业发展提供配套的基础设施
	公共服务	政府为区块链企业提供公共服务，提供有关信息等
	人才培养	政府为区块链行业发展提供人才支持，培养区块链人才等
	技术支持	政府为区块链理论技术创新提供支持，鼓励核心技术研发
环境型	目标规划	政府制定区块链行业发展目标，对区块链发展前景规划等
	金融支持	政府为区块链企业提供融资帮助，给予贷款优惠等
	税收优惠	政府为区块链企业出台相关税收优惠政策
	监督管制	政府加强对区块链行业的监督与管制
	技术标准	政府与社会各界组织机构共同完善区块链行业的技术标准
	策略性措施	政府采取各种策略性措施推动区块链发展，如设置专门机构，加强区块链活动的推广与宣传等
需求型	技术赋能	将区块链技术赋能给其他行业，推动其他行业革新
	公私合作	公共部门与企业在公用事业项目中合作，包括政府向企业购买区块链服务，进行服务外包等
	社会参与	政府鼓励高校研究所等单位共同进行区块链的相关研究，开展产学研合作等

2.1.1.2　政策目标维度

试将区块链政策目标分为融合应用、产业发展、产业集聚、支持平台、技术攻关、发展环境6类。技术方面主要有技术攻关，包括区块链的理论研究和技术研发。产业方面主要有产业发展、产业集聚、支持平台及融合应用。其中产业发展是指区块链项目孵化等；产业集聚是指培育区块链企业集群，推动区块链产业联盟建设；支持平台是指完善区块链发展支持平台；融合应用是指推动区块链技术应用在其他领域，比如"区块链+

金融""区块链＋政务""区块链＋医疗"等。环境方面主要有发展环境，政府向区块链企业提供资金支持、培育区块链人才、建设区块链公共服务体系等。

2.1.1.3　政策目标主体维度

区块链产业的主体是制定相关政策中必须要考虑的因素。鼓励、制约和规范这些主体在区块链产业发展中的行为是政府制定区块链政策的重要目的。因此，本书将区块链产业政策的目标主体作为政策分析的一个维度。将区块链产业政策目标主体分为政府、企业和事业单位3类。此外，考虑到政策样本中存在多个政策目标主体的分析单元，因而增加了综合类。

2.1.1.4　政策力度维度

借鉴张国兴（2014）等、吕明洁（2016）等学者的政策力度量化思路，本书分别对区块链的政策文本类型和政策发文主体进行评分。政策力度根据政策文本类型、政策发文主体、政策数量量化评分得出。

2.1.2　政策选取和政策文本单元编码

2.1.2.1　政策样本选取原因

北京市区块链信息服务备案主体最多，广东省是中国区块链专利规模最大的地区也是区块链企业数量最多的地区，贵州省是中国率先制定区块链发展战略规划、发展区块链产业的地区之一。选取京粤贵三省市颁布的区块链政策作为研究样本，在一定程度上具有代表性和典型性。

2.1.2.2　政策样本选取标准

本书收集的区块链政策文本均来源于公开的数据资料。在京粤贵的政府部门网站以"区块链"为关键词进行检索，通过阅读文献和对搜集到的政策文本回溯检索进行查漏补缺。为使区块链政策样本全面且具有代表性，按照以下标准进行政策选取：第一，政策发布时间以2016年10月18日中国区块链技术和产业发展论坛编写了第一个官方指导文件《中国区块链技术和应用发展白皮书（2016）》为始点，截至2020年12月31日；第二，政策制定主体主要为省级和市级层面人民政府及各职能部门，不包括行业标准一类非政府层面文件；第三，政策须为现行有效的法律、规定、条例等文件，不计入批复、函等非正式文件；第四，政策内容必须与区块链发展紧密相关。最终遴选出228个政策文件，共计391个区块链政策文本单元。

2.1.2.3 政策文本单元编码

本书采用政策文本量化分析方法，按照表2-1的分析维度，对京粤贵的391项区块链政策文本单元进行编码统计。按照"政策文件编号-条款序列号"对政策内容进行编码，最终形成京粤贵区块链政策文本单元编码表（如表2-3所示）。

表2-3 　　　　　　　　京粤贵区块链政策文本单元编码表

编号	政策名称	政策文本分析单元	编码	政策工具	政策目标	政策目标主体	文本类型	发文主体
1	北京市关于加强医疗卫生机构研究创新功能的实施方案（2020~2022年）	支持国家实验室建设和区块链等产业发展，同时为提高医疗卫生服务可及性和疾病防治水平赋能	1-3-12	技术赋能	产业发展/融合应用	事业单位	方案	省级
……	……	……	……	……	……	……	……	……
79	广州人工智能与数字经济试验区建设总体方案	研究出台区块链行业标准并设立区块链产业基金	79-2-2	技术标准/金融支持	产业发展	政府	方案	市级

编号	政策名称	政策文本分析单元	编码	政策工具	政策目标	政策目标主体	文本类型	发文主体
……	……	……	……	……	……	……	……	……
228	关于成立贵阳区块链发展和应用推进工作指挥部的通知	市人民政府决定成立贵阳区块链发展和应用推进工作指挥部	228 - 1 - 1	策略性措施	发展环境	政府	通知	市级

2.2 区块链政策文本四维分析

2.2.1 京粤贵区块链政策工具维度分析

根据京粤贵区块链政策文本单元编码表对京粤贵2016～2020年度的区块链政策工具分布情况进行统计。统计结果表明，北京市连续四年使用技术赋能政策工具，广东省使用三项政策工具具有延续性，贵州省使用政策工具的年度集中于2017年和2020年。总体而言，京粤贵区块链政策工具使用呈现非均衡现象。

2.2.1.1 北京市连续四年使用技术赋能政策工具

北京市的环境型政策工具（10条）低于供给型政策工具（28条），且与需求型政策工具（75条）数量相差较大（如图2-1所示）。说明目前北京市的政策工具应用仍不均衡，环境型和供给型政策工具较少，尤其是环境型政策工具。除此之外，北京市政府在技术赋能这项需求型政策工具的使用上具有延续性，运用区块链技术提升政务服务的质量，打造智慧政务服务的体系，将北京市 60 个部门的职责、目录和数据联结在一起，建立"目录区块链"。北京市政府逐步将区块链技术扩展至金融服务、知识产权、电商交易、信用监管等多领域，并且随着时间的推移运用了越来越丰富的政策工具，引导不同的区块链政策工具共同作用于区块链产业发展。

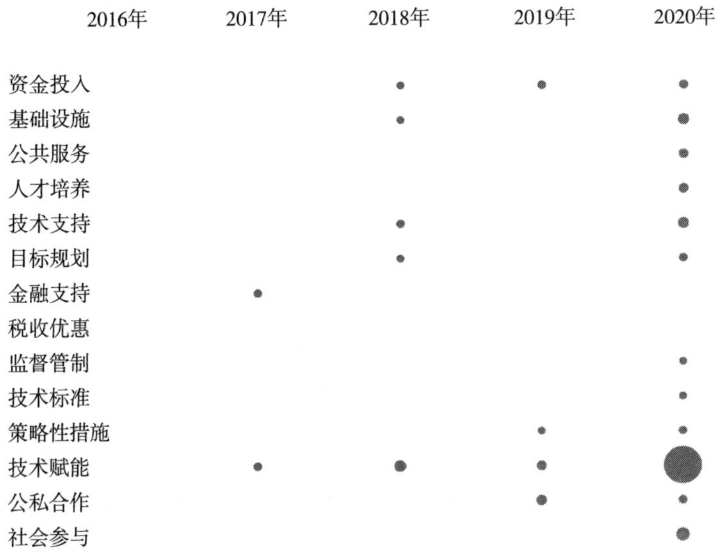

图 2-1　2016～2020 年度北京市政策工具分布

2.2.1.2　广东省三项政策工具使用具有明显延续性

广东省的环境型政策工具（50 条）略少于供给型政策工具（57 条），需求型政策工具（124 条）占比相对较高（如图 2-2 所示）。反映广东的政策工具应用不均衡，环境型和供给型政策工具相对较少。广东省政府在资金投入、技术支持、技术赋能这三项政策工具的使用上具有延续性。例如深圳市连续三年开展金融创新奖和金融科技专项奖申报工作，奖励基于区块链技术的金融创新应用和金融科技优秀项目。广东省始终坚持推动区块链核心技术的攻关突破，推动区块链技术及其产品、服务与解决方案广泛运用到各个领域。广东省是最早颁布区块链政策的区域之一，并且区块链相关政策数量位居全国前列。

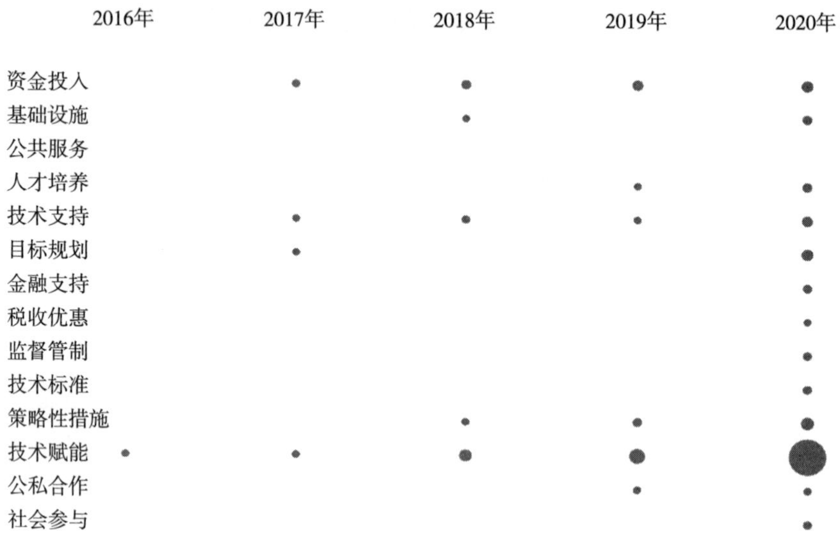

图 2 - 2　2016～2020 年度广东省政策工具分布

2.2.1.3　贵州省政策工具使用集中于 2017 年和 2020 年

从总体数量而言，贵州省的供给型政策工具（20 条）、环境型政策工具（27 条）、需求型政策工具（40 条）数量占比相对均衡（如图 2 - 3 所示）。贵州省的政策颁布年度集中于 2017 年和 2020 年。2016 年贵州省政府将贵州省大数据产业发展领导小组更名为贵州省大数据发展领导小组，同时加挂国家大数据（贵州）综合试验区建设领导小组牌子。贵州省获批"国家大数据（贵州）综合试验区"后，贵州省的省会城市贵阳市率先推出了大数据理论研究成果《块数据 2.0》，并在 2016 年 12 月发布了《贵阳区块链发展和应用》白皮书。2017 年贵州省尤其是贵阳市人民政府颁布大量区块链政策，支持区块链发展和应用。

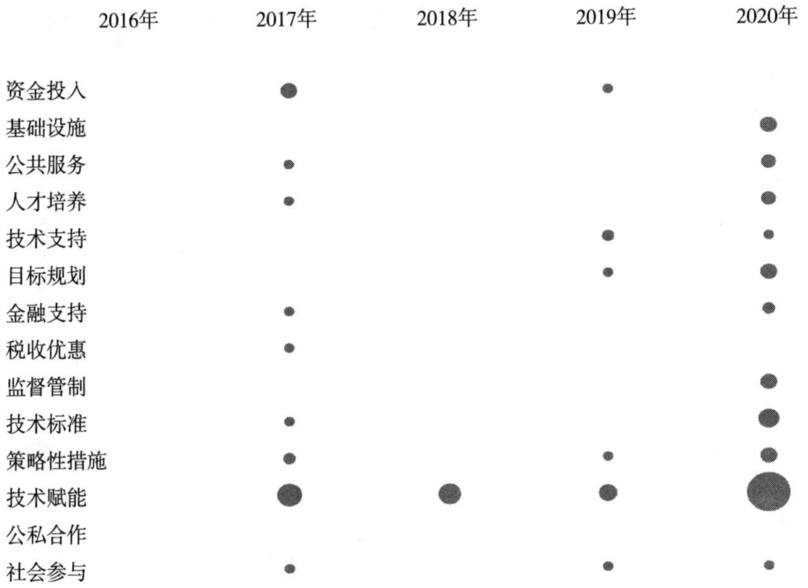

	2016年	2017年	2018年	2019年	2020年
资金投入		●		●	
基础设施					●
公共服务	●				●
人才培养	●				●
技术支持				●	●
目标规划				●	●
金融支持	●				●
税收优惠					
监督管制					●
技术标准	●				●
策略性措施	●			●	●
技术赋能		●	●	●	●
公私合作					
社会参与	●			●	●

图 2 – 3   2016 ~ 2020 年度贵州省政策工具分布

2.2.1.4 京粤贵政策工具使用情况

京粤贵政府使用环境型政策工具（87 条）少于供给型政策工具（92 条），需求型政策工具（238 条）的使用频率最高（如图 2 – 4 所示）。环境型政策工具和供给型政策工具之和仍然少于需求型政策工具数量，说明京粤贵的政策工具使用并不均衡，需求型政策工具过溢，而环境型和供给型政策工具不足。具体而言，需求型政策工具主要使用的是技术赋能这一项，政府将区块链技术赋能其他产业，比如信用、金融、医疗健康等产业，将区块链作为新信息技术来看待与使用。而政府在对区块链产业的推动上有所忽略，尤其是在公共服务（3 条）和人才培养（8 条）上。并且在为区块链行业发展提供良好环境方面，政府显然还有较大的提升空间。有关金融支持的政策只有 2 条、有关监督管制的政策只有 9 条。

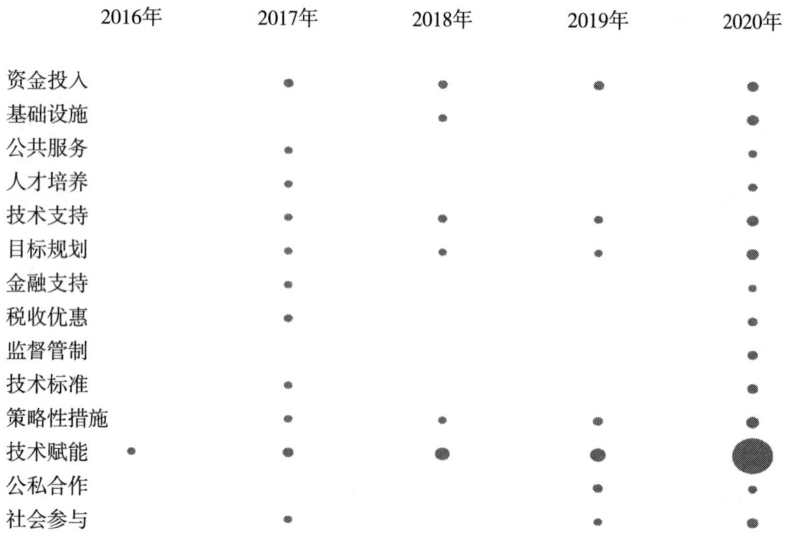

	2016年	2017年	2018年	2019年	2020年
资金投入		●	●	●	●
基础设施			●		●
公共服务		●			●
人才培养		●			●
技术支持		●	●	●	●
目标规划		●	●	●	●
金融支持		●			●
税收优惠		●			●
监督管制					●
技术标准		●			●
策略性措施		●	●	●	●
技术赋能	●	●	●	●	●
公私合作					●
社会参与		●		●	●

图 2 - 4　2016～2020 年度京粤贵政策工具分布

2.2.2　京粤贵区块链政策目标维度分析

在 391 条政策文本分析单元中，针对融合应用、产业发展、产业集聚、支持平台、技术攻关、发展环境的政策文本单元分别有 212 条（54.22%）、59 条（15.09%）、13 条（3.32%）、13 条（3.32%）、20 条（5.12%）、60 条（15.35%），另外还有 14 条区块链政策文本同时针对两个或两个以上的政策目标（如图 2 -5 所示）。

从图 2 -5 中可以看出，区块链政策的政策目标主要集中在融合应用，融合应用是区块链政策的核心目标。以 2020 年贵州省人民政府颁发的《关于加快区块链技术应用和产业发展的意见》为例，政策中提到区块链与实体经济、政府治理、民生服务、新型智慧城市进行融合应用。政府之所以如此重视区块链技术的融合应用是因为区块链是一种新型信息技术，要充分发挥区块链的应用价值，就要将区块链技术赋能给其他领域。

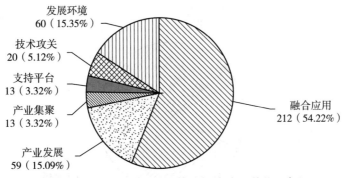

图2-5　京粤贵区块链政策目标统计（单位：条）

　　除融合应用外，政策目标还集中于产业发展和发展环境。为推动当地区块链产业发展，京粤贵地区政府都在不断优化区块链产业的发展环境，提供充足的资金支持，建设区块链服务体系，培育人才并引进人才，为人才提供良好的工作和生活条件。只有建立维护良好的区块链产业环境，区块链产业才能保持良性可持续发展。

　　相较之下，京粤贵地区政府对技术攻关、支持平台、产业集聚的关注相对较弱，特别是支持平台和产业集聚两项。区块链的技术攻关是区块链产业发展和区块链融合应用的基础，支持平台能够加速区块链产业发展，产业集聚能够产生区块链产业的规模经济，促进区块链行业在区域内的分工与合作，提高区块链产业链上下游协作效率。因此，京粤贵地区政府应对技术攻关、支持平台、产业集聚这三项政策目标给予充分的重视。

2.2.3　京粤贵区块链政策目标主体维度分析

　　在391条政策文本分析单元中，政策目标主体的政府、企业和事业单位分别有266条（68.0%）、58条（14.8%）、13条（3.3%），除此之外，同时有54条（13.8%）属于同时涉及两个及两个以上的政策目标主体（综合类）。图2-6是区块链产业政策目标主体的统计情况。

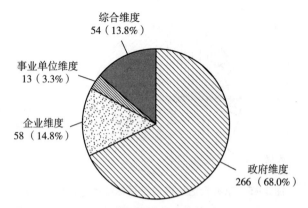

图 2 - 6　京粤贵区块链政策目标主体统计（单位：条）

从图 2 - 6 中可以看出，政府是区块链产业政策的主要目标主体。例如《北京市区块链创新发展行动计划（2020～2022 年)》中明确提到，成立由市领导牵头的区块链工作的推动小组，解决区块链技术和产业发展过程中的重大问题。结合政策目标进行分析，以政府为政策目标主体的区块链产业政策在内容上最关注融合应用（153 条，58.40%），其次关注产业发展和发展环境，分别有 47 条（17.94%）和 42 条（16.03%），但是政府对技术攻关的关注较少，相关的政策内容单元仅有 3 条（1.15%）（如图 2 - 7 所示）。

与目标主体为企业和事业单位的区块链产业政策相比，目标主体为政府的区块链政策对于产业发展和发展环境的关注要高许多。从具体的政策内容上看，以政府为目标主体的区块链政策多与政务有关，通过区块链技术提升政府的综合治理能力和服务能力。除此之外，政府对产业发展和发展环境的高度关注也会辐射到企业和事业单位，使区块链企业能够更好地发展，使事业单位更加重视区块链的产业发展和区块链产业良好环境的营造。

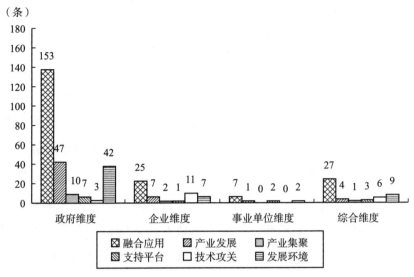

图 2 -7　京粤贵区块链政策目标与政策目标主体维度交叉统计

　　企业在区块链产业政策目标主体的比重仅次于政府。当企业作为区块链政策目标主体时，政策目标主要集中于融合应用（25 条，占 47.17%）和技术攻关（11 条，占 20.75%）。企业是区块链技术研发和创新的主要动力。当前针对企业的区块链政策主要是鼓励企业发展区块链理论、创新区块链技术，这也与区块链产业发展企业的重要作用相符。企业作为盈利性质的机构，也会更加关注区块链技术的融合应用，把区块链技术拓展到不同行业领域。

　　政策目标主体是事业单位的政策在区块链产业政策中数据相对较少，最关注的政策目标是融合应用（7 条，占 58.33%）。例如 2020 年出台的《北京市推进全国文化中心建设中长期规划（2019～2035 年)》中明确提出，加强区块链等新技术的应用，打造"四全媒体"；2019 年出台的《关于开展教育信息化融合创新"双百"示范行动的通知》中支持学校利用区块链等新技术和模式，提升校园管理和服务水平。这说明政府一直在推动事业单位将区块链技术运用到不同领域。综合维度最关注的目标仍是融合应用。

2.2.4　京粤贵区块链政策力度维度分析

2.2.4.1　区块链规章类政策较为缺乏

通过对京粤贵区块链的政策类型的统计，发现尽管各类政策类型数量存在差异，但是分布趋势较为一致，执行类和计划类的区块链政策相对较多，规章类政策较为缺乏（如表2-4所示）。说明在区块链发展中政府更偏重做区块链产业规划，制订区块链发展方案，布置任务颁布意见，而对于区块链行业的规章制度完善还有所欠缺，还需进一步制定相关措施细则。在政策制定中，政府应该更加注重政策的规范性和指导性。

表2-4　　　　　　　京粤贵区块链政策文本类型统计表

类别		数量（项）			比重（%）		
		北京市	广东省	贵州省	北京市	广东省	贵州省
规章类	办法	4	3	1	7.27	2.26	2.5
	细则	0	7	0	0	5.26	0
	措施	4	17	4	7.27	12.78	10
	条例	2	3	0	3.64	2.26	0
总计		10	30	5	18.18	22.56	12.5
执行类	意见	10	16	10	18.18	12.03	25
	通知	13	26	7	23.64	19.55	17.5
	公告	2	1	0	3.64	0.75	0
	建议	0	3	1	0	2.26	2.5
	决定	0	0	1	0	0	2.5
	要点	0	3	3	0	2.26	7.5
总计		25	49	22	45.46	36.84	55

类别		数量（项）			比重（％）		
		北京市	广东省	贵州省	北京市	广东省	贵州省
计划类	规划	4	4	3	7.27	3.01	7.5
	纲要	1	0	0	1.82	0	0
	方案	12	27	8	21.82	20.3	20
	计划	1	23	2	1.82	17.29	5
	报告	1	0	0	1.82	0	0
	任务	1	0	0	1.82	0	0
总计		20	54	13	36.36	40.6	32.5

在制定规章类政策时，政府多使用"措施"这一文种。在制定执行类政策时，政府多使用"意见"和"通知"这两类文种，"意见"文种在上级、下级、平级和不相隶属机关之间的行文都可以使用。而"通知"是用来转发上级机关、批转下级机关的公文，较"意见"使用要求更为严格。在制定计划类政策时，政府多采用"方案"和"计划"文种。

2.2.4.2　区块链政策联合发文较少

（1）北京市政府与经济和信息化局发文较多。

对北京市发文主体数量进行统计（如图 2-8 所示）。"发文量为 1 的部门"包括北京市财政局、发展和改革委员会、海淀区人民政府、推进全国文化中心建设领导小组、卫生健康委员会、文化改革和发展领导小组办公室、信息资源管理中心、政务服务管理局、人力资源和社会保障局及中关村科技园区管理委员会。

"发文量为 1 的多部门"包括北京市医疗保障局、中国银行业监督管理委员会北京监管局、中华人民共和国北京海关等多个单位，总共发文 8 篇。

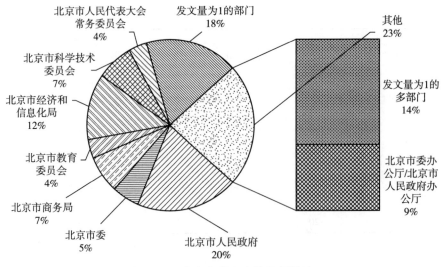

图 2-8　北京市发文主体数量统计

从"单独发文"层面分析，北京市人民政府（11 篇，占 20%）与北京市经济和信息化局（7 篇，12%）发文数量多。北京市经济和信息化局负责拟订高技术产业中涉及信息产业规划、政策和标准，以先进技术改造传统行业，推动科技成果转化为现实生产力，推动信息服务业和新兴产业发展，所以经济和信息化局的职能决定了它在区块链政策制定上发文数量较多。

从"联合发文"层面分析，北京市委办公厅和北京市人民政府办公厅联合发文较多，总共有 5 篇，可以看出北京市委和北京市人民政府在区块链政策的制定上统一决策部署。

（2）广东省联合发文数量最多。

对广东省发文主体数量进行统计，如图 2-9 所示。"发文量为 1 的部门"包括广东省发展和改革委员会、东莞市金融工作局、佛山高新技术产业开发区管理委员会、广东省经济和信息化委员会、广东省食品安全委员会。

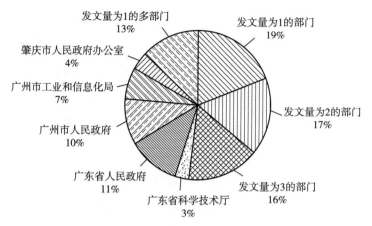

图 2-9 广东省发文主体数量统计

"发文量为 2 的部门"包括佛山市科学技术局、佛山市人民政府办公室、广东省工业和信息化厅、广州开发区金融工作局、江门市人民政府办公室。

"发文量为 3 的部门"包括广东省农业农村厅、广州市地方金融监督管理局、深圳市地方金融监管局、深圳市工业和信息化局、深圳市人民政府。

"发文量为 1 的多部门"包括广东省发展和改革委员会、广东省商务厅、广东省政务服务数据管理局、广东省通信管理局等多个单位，一共发文 17 篇。

从"单独发文"层面分析，广东省人民政府（15 篇，占 11%）发文数量最多。在广东省的市级区块链政策制定主体中，广州市发文最积极，其中广州市人民政府发文 13 篇，广州市工业和信息化局发文 9 篇。广州市工业和信息化局负责组织开展新技术和新业务的安全评估、指导电信和互联网相关行业自律和相关行业组织的发展，它的职能决定了它在区块链相关政策制定上发文数量较多。

从"联合发文"层面分析，广东省的联合发文数量在京粤贵中最多。在联合发文的单位中，不乏各市区的工业和信息化局、发展和改革委员会的身影。工业和信息化局为推动区块链产业创新发展、加快 5G 产业发展、推进数字新基建发展等提出实施意见与措施。发展和改革委员会主要职责是拟订和组织实施社会发展战略、中长期规划和年度计划；提出运用各种的经济手段和政策建议；参与制定并组织实施产业政策。基于其职能，发展和改革委员会与工业和信息化局、商务厅、科学技术厅等单位共同制定了《广东省发展新一代电子信息战略性支柱产业集群行动计划（2021～2025 年）》《广东省培育区块链与量子信息战略性新兴产业集群行动计划（2021～2025 年）》等发展区块链的行动计划。

（3）贵州省政府和大数据局发文数量较多。

对贵州省发文主体数量进行统计，如图 2－10 所示。"发文量为 1 的部门"包括贵阳市人大、贵州省交通运输厅、贵州省农业农村厅、贵州省商务厅。从"单独发文"层面分析，贵州省人民政府（17 篇，占 42%）发文数量最多，其次是贵州省大数据发展管理局（9 篇，占 22%）。贵州省大数据发展管理局是贵州省人民政府直属机构，它的职责包括拟订大数据和信息化行业的技术规范和标准，并组织实施、拟订全省大数据发展规划、组织实施统筹协调电子政务的基础设施规划建设等内容。基于它的职责，它先后制定了《贵州省数字经济发展规划（2017～2020 年）》《贵州省大数据战略行动 2019 年工作要点》《贵州省大数据标准化体系建设规划（2020～2022 年）》《贵阳贵安区块链发展三年行动计划（2020～2022 年）》等政策。从"联合发文"层面分析，贵州省的联合发文数量在京粤贵中最低，一共只有 3 篇。

（4）京粤贵区块链政策体系有待加强。

京粤贵发文主体较多说明区块链技术发展和产业建设受到多方重视。发文主体不仅有省市级单位，更不乏区级和园区级单位，说明区块链政策并非只有高屋建瓴，还在层层铺开、多级响应。但是许多单位仅发布过 1 篇，区块链政策制定缺乏连续性、体系化。

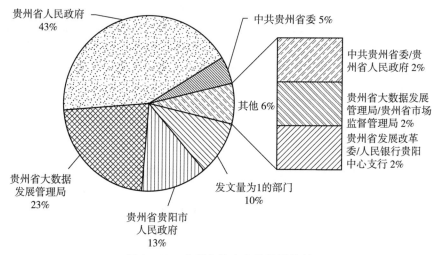

图2-10　贵州省发文主体数量统计

从"单独发文"层面来看，京粤贵的人民政府是发文量最大的主体。人民政府始终坚决履行经济、决策、组织、监督等职能，在区块链政策制定上起决定性作用。除此之外，经济和信息化局、工业和信息化局、发展和改革委员会、大数据发展管理局这些单位因其职能定位也制定了较多的区块链相关政策。

从"联合发文"层面分析，京粤贵联合发文较少，最高的广东省比例也不足20%。说明区块链政策制定仍以单主体单独发文为主，缺乏多主体联合发文，这不利于各部门单位协调配合，共同推进区块链政策的落实。

2.2.4.3　区块链政策力度与政策数量的波动趋势基本一致

对京粤贵区块链政策发文主体和区块链政策类型进行分析，制定评分表（如表2-5所示）。

表2-5　　　京粤贵区块链政策发文主体、政策类型评分表

政策发文主体	评分	政策类型	评分
省级	3	规划、纲要、方案、计划、任务、报告	3

续表

政策发文主体	评分	政策类型	评分
市级	2	办法、决定、细则、条例、意见、措施、建议、要点	2
区县级	1	通知、公告	1

注：对于多个单位部门联合发布的政策，以最高级别的发文单位为准来进行赋值。

根据表 2-5 的评分细则，政策力度评分可以由式（2-1）计算得出。

$$PS = \sum_{i=1}^{n} (IS_i + TS_i) \qquad (2-1)$$

式（2-1）中，PS 为政策力度评分；IS_i 为第 i 条政策的发布单位评分；TS_i 为第 i 条政策的政策类型评分；n 为政策数量。根据式（2-1）计算得到 2016~2020 年京粤贵区块链的政策力度。图 2-11 是汇总后的 2016~2020 年区块链产业的政策数量、政策力度、平均政策力度的年度变动趋势。从图 2-11 可以看出，平均政策力度的变化较小，基本为 4.2~5.0。区块链的政策力度与政策数量的波动趋势基本一致。政策力度的变化主要依赖区块链政策的数量变化。2016~2019 年政策数量较少，政策力度较低，说明区块链产业处于成长阶段。2020 年，政策数量和政策力度都大幅度上升，说明区块链产业在快速发展。2020 年京粤贵区块链政策一共颁布了 122 项政策，政策力度高达 586。

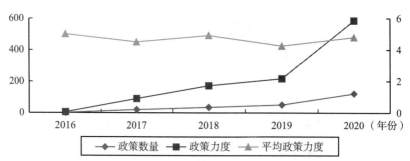

图 2-11　2016~2020 年京粤贵区块链产业政策数量、政策力度、

平均政策力度年份变动趋势

2.3　京粤贵区块链政策实施效果

　　政策实施效果是政策实行后最应关注的部分，也是判断政策优劣的重要评判依据。本书用指标来反映区块链政策实施效果，分别为"境内区块链信息服务备案主体数量""2018 年、2019 年、2020 年中国区块链企业百强榜""区块链专利申请人与专利数（top20）"，具体如表 2 - 6 所示。

表 2 - 6　　　　　　　京粤贵区块链政策实施效果一览表①

项目		北京市	广东省	贵州省	总计	指标意义
境内区块链信息服务备案主体数量	第一批	63	47	1	197	反映政策对区块链信息服务提供者的影响
	第二批	87	72	3	309	
	第三批	83	44	0	224	
	第四批	76	57	0	285	
中国区块链企业百强榜	2018 年	36	21	2	100	反映政策对区块链企业成长的影响
	2019 年	40	19	4	100	
	2020 年	37	17	2	100	
区块链专利申请人与专利数（top20）	申请人	4	10	0	20	反映政策对区块链企业创新能力的影响
	专利数	1 466	5 155	0	9 680	

---

　　①　注：境内区块链信息服务备案主体数量由国家互联网信息办公室发布的四次境内区块链信息服务备案清单获取。2018 中国区块链企业百强榜由清华大学互联网产业研究院联合链塔智库和赛迪（青岛）区块链研究院联合发布。2019 中国区块链企业百强榜由国家区块链经济课题研究小组与数字岛和链塔智库联合发布。2020 年中国区块链企业百强榜在中国移动通信联合会区块链专业委员会、中国科技体制改革研究会数字经济发展研究小组和中国区块链企业百强榜组委会指导下，由链塔智库发布。区块链专利申请人（top20）在 SooPAT 上获取。

2.3.1 区块链信息服务备案主体数量差异显著

2019 年 2 月 15 日《区块链信息服务管理规定》正式实施以来，国家互联网信息办公室组织开展备案审核工作并于 2019 年 3 月 30 日、2019 年 10 月 18 日、2020 年 4 月 24 日、2020 年 10 月 30 日公布了四批境内区块链服务备案清单。区块链服务备案登记制度的施行，有利于区块链行业的健康发展。对监管部门而言，通过备案登记制度，可以对区块链信息服务提供者的基本信息进行了解，化被动监管于主动，及时变更监管方法措施。对区块链企业而言，通过备案登记制度有了身份认证更加有发展保障，在资本市场更受投资者的青睐和信任，能够吸引更多投资机构。北京市区块链信息服务备案主体数量每一批在 77 个左右（占比约 30%），广东省区块链信息服务备案主体数量每一批在 55 个左右（占比约 21%），说明在区块链政策的指导下，北京市和广东省的区块链信息服务备案主体在稳步增加，区块链信息服务企业愿意在北京市或广东省从事相关业务。贵州省的区块链信息服务备案主体数量四批一共只有 4 个，与北京市和广东省有较大的差距。

2.3.2 区块链企业梯队区域分布明显

随着区块链热度升级，许多企业投身于区块链行业之中。各省市政府纷纷出台区块链相关政策，支持区块链行业发展。区块链行业快速发展的同时也有许多假借区块链名义实际从事非法集资、传销等违法犯罪活动的企业出现。为正本清源、树立典范，宣传推广优秀的区块链企业，为多方提供区块链相关参考，中国区块链企业百强榜横空出世。百强榜从区块链企业的团队建设、技术创新、产品竞争力及商业运营等方面考察企业综合竞争力遴选出 100 家企业，所以百强榜能够在一定程度上反映区块链行业中企业的综合实力强弱。通过 3 年的百强榜对比可知，北京市以 36 家、40 家、37 家的企业数量处于百强榜中绝对领先地位，广东省以 21 家、19 家、17 家企业数量紧随其后，贵州省仅拥有 2 家、4 家、2 家企业，远落后于其他两个省市，这说明我国东部地区和西部地区区块链发展存在比较明显的差异。东部地区依托经济、科技、教育等先天优势为区块链发展提供强大动力，而西部地区受到经济、人才等各方面因素限制，区块链发展存在一定的困难。

2.3.3　区块链企业创新能力差异较大

核心技术是支撑企业发展的核心动力。为核心技术申请专利的意义在于防止被侵权及侵权他人，能够反映企业研究成果的丰硕程度。一个企业若拥有多个专利是企业强大实力的体现，是一种无形资产和无形宣传。截至 2020 年，中国累计申请的区块链专利超过 3 万件，专利申请的数量占全球数量的 58%，居全球之首。京粤贵专利数量差异较大，广东省和北京市的区块链发明专利数量远超贵州省。广东省是我国区块链专利申请量最大、申请人（公司）最多的省份，截至 2020 年广东省累计有 911 家公司进行了区块链专利申请，专利共计 8 460 件。其中专利申请数量最多的 5 家公司（平安集团、腾讯科技、金融壹账通、微众银行、洪心科技）的专利数量占全省专利数量的 79%，具有较强的马太效应。北京市的区块链企业专利申请较多，截至 2020 年北京累计有 620 家公司进行了区块链专利申请，专利共计 5 349 件。北京的区块链专利申请偏向于金融、旅游和政务领域。

3

战略性新兴产业"四三结构"
创新能力非均衡判别及评价

3.1 战略性新兴产业创新能力指标体系评价

战略性新兴产业以关键技术突破创新和社会发展需求为基础,具有发展先导性、全局带动性、创新依赖性、较高成长性特征,是实现产业转型的突破口,是区域经济发展增长极,是创新资源的集聚体(刘志彪,2012)。战略性新兴产业"十三五"规划提出加快推进产业链、创新链、价值链全球配置,发明专利拥有量年均增速达到15%以上,产业增加值占国内生产总值比重达到15%。然而战略性新兴产业创新价值链各个环节创新能力呈现非均衡性(余泳泽、刘大勇,2013),发明专利授权量省域两极分化严重,多数省域缺少具有技术引领作用的龙头骨干企业,创新要素"集聚不经济"突出,难以摆脱产业根植性弱的束缚,深陷产业"空心化"困境(芮明杰,2014)。战略性新兴产业创新能力在很大程度上决定区域整体实力,在国家及区域自主创新中具有重要支撑引领作用

（武建龙、王宏起，2014）。

创新是战略性新兴产业发展的核心，推动新兴产业快速增长，从市场需求结构、科技变革、产业关联性及创新资源聚集等角度，评价分析战略性新兴产业创新能力已成为学术界关注的重点。在发展战略性新兴产业过程中，技术合作和创新发挥着重要作用。新兴产业在技术研发、技术产业化的过程中，面临较多困难和高风险，创新动力不足，因而也需要政策机制的支持。对于战略性新兴产业创新能力的评价，按照奥斯陆手册划分为研发、产品/工艺创新、营销/组织创新、创新产出、创新环境五类指标，也可划分为创新能力投入、创新能力产出、创新能力支撑、创新获取和改造能力等维度。解佳龙从载体支撑力、自主创新力、国际竞争力和集聚辐射力四个维度，设计了国家高新区"四力"甄选指标体系。王婉娟和危怀安（2016）选取自主创新能力、投入产出能力、关系管理能力、环境支撑能力四类指标，对国家重点实验室的协同创新能力进行实证研究。王宏起（2018）等从模仿创新能力、自主开发能力、协同创新能力三个层面研究分析战略性新兴产业的核心能力，核心能力在形成阶段受到创新驱动、政策引导、需求拉动的影响。

3.1.1 "四三结构"的指标设计

创新是一个连续的动态过程，全面的创新价值链是指从产生到创造价值的流程（刘建国，2016），包括研发创新、转化创新、产品创新、载体支撑等创新过程。相对于以前从创新产出、创新内容、创新主体、创新投入四个角度建立的"四三结构"评价体系，本书从创新价值链的层面出发，以研发创新、转化创新、产品创新、载体创新为一级指标构建战略性新兴产业的创新评价体系，整个创新环节形成一个完整的链条，同时更能体现战略性新兴产业的新兴性（研发和产品创新）和战略性（转化和载体创新）。战略性新兴产业创新体系分为双重导向、三个环节、四大转化共三个层级，即研发创新源头推动、产品创新层次拓展的"新兴化"导向，载体创新支撑互动、转化创新渠道转换的"战略性"导向；研发创新—转化创新—产品创新的创新价值链三大环节；研发创新的载体支撑、载体创新的转化渠道、转化创新的产品升级、产品创新的研发推动四大转化关系。

遵循客观性、科学性、可操作性原则，从研发创新能力、转化创新能力、产品创新能力、载体创新能力四个维度，设计战略性新兴产业创新能力评价指标体系，每一个维度分别由相互关联的三个模块组成，共有 12 个模块。模块相互链接，推动四个维度均衡发展，提升整体创新能力。战略性新兴产业创新能力的"四三结构"如图 3 - 1 所示。

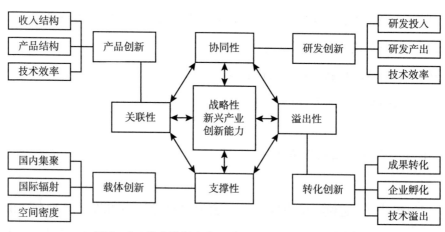

图 3 - 1　战略性新兴产业创新能力的"四三结构"

"四三结构"需要涵盖区域各类科技孵化空间、创新型产业集群、国家高新区等创新载体的容量优势，也需要体现技术交易市场、研发各项投入等流量优势，以及专利申请授权量、新产品销售额等增量优势。创新价值链前端流量、中端容量、后端增量对应了战略性新兴产业的高端、高新、高效，将创新价值链创新能力与创新效率相结合，以此作为指标筛选原则，基于"四三结构"的战略性新兴产业创新能力指标体系如表 3-1 所示。

表 3-1 **战略性新兴产业创新能力"四三结构"指标体系**

一级指标	二级指标	三级指标	指标计算公式
研发创新能力（新兴导向）B_1（0.178）	研发投入 C_1（0.105）	研究与试验发展（R&D）经费投入强度 D_1（0.032）	R&D 经费投入/营业总收入
		R&D 人才投入结构 D_2（0.004）	R&D 人员数量/科技活动人员
		科技人员投入结构 D_3（0.006）	高新技术企业科技活动人员/年末从业人员
		研发人员人均 R&D 经费 D_4（0.02）	R&D 经费投入/研发人员数量
		新产品开发经费 D_5（0.043）	内资企业新产品开发经费
	研发产出 C_2（0.064）	人均专利申请量 D_6（0.01）	每万名 R&D 人员申请发明专利数
		人均专利授权量 D_7（0.011）	每万名 R&D 人员发明专利授权数
		专利加权量 D_8（0.026）	$0.7531 \times$ 申请数 $+ 0.2469 \times$ 授权数
		发明专利申请成效 D_9（0.009）	每百万元 R&D 经费产生发明专利申请数
		发明专利授权成效 D_{10}（0.008）	每百万元 R&D 经费产生发明专利授权数
	研发效率 C_3（0.008）	专利申请效率 D_{11}（0.003）	经费、人员投入，发明专利申请数作产出
		专利授权效率 D_{12}（0.005）	经费、人员投入，发明专利授权数作产出
转化创新能力（战略导向）B_2（0.266）	成果转化 C_4（0.146）	技术交易活跃程度 D_{13}（0.028）	输出技术与吸纳技术合同数量
		技术交易规模比重 D_{14}（0.041）	技术交易额占区域国内生产总值（GDP）的比重
		输出技术成交额比重 D_{15}（0.043）	输出技术成交额/全国总成交额
		吸纳技术成交额比重 D_{16}（0.019）	吸纳技术成交额/全国总成交额
		技术输出输入比 D_{17}（0.015）	技术输出总量/技术吸纳总量

一级指标	二级指标	三级指标	指标计算公式
转化创新能力（战略导向）B_2（0.266）	企业孵化 C_5（0.043）	科技孵化器密度 D_{18}（0.008）	在孵企业数量/孵化器总量
		孵化基金投入比重 D_{19}（0.01）	孵化基金与孵化器总收入的比例
		在孵企业人员结构 D_{20}（0.008）	管理机构从业人员占在孵企业人员比重
		企业孵化规模 D_{21}（0.014）	在孵企业总收入/在孵企业数量
		企业孵化效益 D_{22}（0.003）	在孵企业净利润占在孵企业总收入的比重
	技术转移 C_6（0.078）	技术转移活跃程度 D_{23}（0.032）	战略性新兴产业技术转移项目成交数量
		技术转移成交规模 D_{24}（0.046）	战略性新兴产业技术转移项目成交金额
产品创新能力（新兴导向）B_3（0.232）	收入结构 C_7（0.087）	技术收入结构 D_{25}（0.018）	技术性收入/营业总收入
		单位经费的技术收入 D_{26}（0.025）	技术性收入/R&D 经费支出
		产品销售收入结构 D_{27}（0.002）	产品销售收入/营业总收入
		高新技术产出比重 D_{28}（0.023）	高新技术产业产值/工业总产值
		国家高新区产出比重 D_{29}（0.019）	高新区工业增加值/区域 GDP
	产品结构 C_8（0.138）	新产品开发项目规模 D_{30}（0.027）	新产品开发项目数量
		新产品开发项目强度 D_{31}（0.03）	每百家企业新产品开发项目数
		新产品销售收入占比 D_{32}（0.019）	新产品销售收入/产品销售总收入
		新产品销售增长率 D_{33}（0.042）	当年新产品销售额/上年度新产品销售额
		新产品出口率 D_{34}（0.02）	新产品出口额/新产品销售收入
	技术效率 C_9（0.007）	技术产出效率 D_{35}（0.004）	经费、人员投入，技术性收入作产出
		新产品产出效率 D_{36}（0.003）	经费、人员投入，新产品销售收入作产出

续表

一级指标	二级指标	三级指标	指标计算公式
载体创新能力（战略导向）B_4（0.324）	国内集聚 C_{10}（0.127）	生产力中心服务能力 D_{37}（0.031）	生产力促进中心服务收入
		创新型产业集群协同 D_{38}（0.021）	创新型产业集群产业联盟组织数量
		特色产业基地带动力 D_{39}（0.022）	火炬特色产业基地工业总产值/区域 GDP
		大学科技园孵化能力 D_{40}（0.026）	国家大学科技园孵化基金总额
		国家高新区吸纳能力 D_{41}（0.027）	国家高新区留学归国人员数量
	国际辐射 C_{11}（0.174）	产业出口带动能力 D_{42}（0.016）	高技术产业出口交货值/主营业务收入
		高新区出口创汇规模 D_{43}（0.032）	高新区出口创汇额
		基地出口创汇规模 D_{44}（0.063）	火炬特色产业基地出口创汇总额
		集群出口创汇规模 D_{45}（0.048）	创新型产业集群出口创汇额
		高新区出口依存度 D_{46}（0.015）	高新区出口创汇额/工业生产总值
	空间密度 C_{12}（0.023）	高新技术聚集密度 D_{47}（0.02）	高新区高新技术企业数量占区域企业比重
		国家高新区企业密度 D_{48}（0.003）	高新技术企业数量/国家高新区企业总量

注：研发产出中的专利加权量，参照专利申请数和专利授权数的平均比例，即权重分别为 0.7531 和 0.2469。

3.1.2 "四三结构"指标权重

为全面客观反映战略性新兴产业创新能力，采用熵值法测算各指标要素权重。对数据进行标准化处理：$x_{ij}^* = \dfrac{M_j - x_{ij}}{M_j - m_j}$，其中 x_{ij} 是第 j 项指标下的第 i 个观测值，x_{ij}^* 是标准化的数据，且 $x_{ij}^* \in [0, 1]$，$M_j = \max\{x_{ij}\}$，$m_j = \min\{x_{ij}\}$。那么第 j 项指标下的第 i 个省域指标值的比重为 $g_i(j) = \dfrac{x_{ij}^*}{\sum\limits_{i=1}^{u} x_{ij}^*}$。

然后，第 j 项指标的熵为 $e_j = -(\ln m)^{-1} \sum_{i=1}^{u} (g_i(j)\ln g_i(j))$。最后，根据

指标偏差度 $d_j = 1 - e_j$ 得到，第 j 项指标权重为 $\omega_j = \dfrac{d_j}{\sum_{j=1}^{v} d_j}$，测算的各指标

具体权重如表 3 - 1 中每项指标后括号内的数值所示。指标数据采用 2012 ~ 2016 年相关统计数据的平均值作为评价指标值，数据均来源于《中国火炬统计年鉴》《中国高技术产业统计年鉴》及《战略性新兴产业发明专利统计报告》。

3.1.3 创新能力非均衡影响

考虑战略性新兴产业与高新技术产业、高技术产业有较强相关性，战略性新兴产业盈利能力统一口径数据缺失，因此分别选用高新技术产业、高技术产业盈利能力替代战略性新兴产业盈利能力。基于战略性新兴产业创新能力的评价指标体系，选择高新技术产业的净利润作为目标导向，检验产业创新能力对盈利能力的影响程度，具体模型如式（3 - 1）所示。

$$NP_{ity} = \alpha + \beta_1 RDI_{ity} + \beta_2 TI_{ity} + \beta_3 PI_{ity} + \beta_4 CI_{ity} + \varepsilon_{ity} \qquad (3-1)$$

在式（3 - 1）中，$y = 0$ 表示式（3 - 1）测算高新技术产业省域创新能力各维度对产业盈利能力的影响程度，$y = 1$ 表示式（3 - 1）测算高技术产业省域创新能力各维度对产业盈利能力的影响程度。NP_{it} 表示第 t 年第 i 个省域产业的净利润，α 为截距，α 是不随个体变化的固定值，ε_{it} 表示为误差项。RDI_{it}、TI_{it}、PI_{it}、CI_{it} 分别表示省域战略性新兴产业研发创新、转化创新、产品创新、载体创新四个维度的强弱程度。式（3 - 1）中，对四个变量分别构造交叉项和二次项，检验结果显示仅转化创新与载体创新的交互项对盈利能力影响显著。

基于战略性新兴产业创新能力评价指标体系，利用相关性分析来评判

一级指标（研发创新、转化创新、产品创新、载体创新）之间的相关程度，从而衡量维度间是否具有共同变化趋势。结果显示产品创新与载体创新、转化创新、研发创新各维度的相关性差异较大，相关系数分别为0.752、0.466、0.426；研发创新与转化创新、载体创新的相关性较强，相关系数分别为0.709、0.697，转化创新与载体创新之间的相关系数为0.557。可以看出，省域间研发创新与产品创新、转化创新与产品创新并未呈现同步变化趋势，战略性新兴产业省域间创新价值链三个环节呈现非均衡性。反映创新环境强弱的载体创新与产品创新相关性最强，与研发创新相关性较强，可见载体创新对战略性新兴产业创新价值链前后两端相互作用显著，而创新价值链的转化创新与产品创新相关性有待加强。

3.2 创新能力非均衡判别

战略性新兴产业创新能力四维度评价指标体系各个指标侧重的角度不同，在测算过程中会出现区域产业创新能力差异化评价结果。因此选用WT指数，将各省域战略性新兴产业创新能力的观察分布与假设分布进行比较，建立一个最接近的近似分布，从而在多个指标条件下确定创新能力均衡区域甄选的数量与范围。WT指数改进了传统算法的缺陷，解决了多个指标条件下的样本甄选分析问题，更加科学合理。威弗组合指数已广泛应用于国家自主创新示范区遴选，战略性产业评价与选择等领域（贺正楚、吴艳，2011）。

3.2.1 非均衡判别模型

根据创新能力选用指标的标准化数据和熵值法所计算得到的权重，利

用计算公式 $F_j = \sum\limits_{i=1}^{u} \omega_i \cdot r_{ij}(j = 1, 2, \cdots, v)$ 得到我国 30 个省区市战略性新兴产业创新能力的综合评价结果（西藏自治区数据缺失，因此不包括西藏自治区），并对创新能力各维度及综合能力分别进行排名。"四三结构"战略性新兴产业创新能力评价指标体系中，创新能力四个维度之间应保持创新价值链的动态均衡，四个维度之间创新价值链越均衡，且各项排名越靠前，表明该省域战略性新兴产业整体创新能力越强、创新价值链更协调。因此，评判省域战略性新兴产业创新能力的四个维度是否随创新价值链均衡分布，通过维度间的差距值构建非均衡判别模型。以省域战略性新兴产业创新能力四个维度分项排名，计算两两组合差值的绝对值，通过 6 组落差值判断创新能力维度与维度之间是否均衡。战略性新兴产业 6 组落差值分别是 $\gamma_1 = |$研发创新排名 - 转化创新排名$|$，$\gamma_2 = |$研发创新排名 - 产品创新排名$|$，$\gamma_3 = |$研发创新排名 - 载体创新排名$|$，$\gamma_4 = |$转化创新排名 - 产品创新排名$|$，$\gamma_5 = |$转化创新排名 - 载体创新排名$|$，$\gamma_6 = |$产品创新排名 - 载体创新排名$|$。各省域创新能力的落差值 γ 越小，而且越接近，说明该省域战略性新兴产业创新能力各维度越均衡，反之创新价值链越不均衡。当省域战略性新兴产业创新能力四个维度排名都较靠前，同时两两维度落差值都很小且非常接近时，表明省域战略性新兴产业的创新能力较强，创新价值链较均衡，反之则说明创新能力很弱且不均衡。

3.2.2　创新能力均衡区域数量与范围

首先，将战略性新兴产业创新能力各指标值按大小排序，然后通过计算比较各指标下对应每个省域战略性新兴产业假设分布差的平方和，由此确定最佳拟合。假设有 $i(i = 1, 2, \cdots, u)$ 个省域，$j(j = 1, 2, \cdots, v)$

项指标，x_{ij} 为第 i 个省域第 j 项指标数值。那么对于第 p 个省域（p 为第 j 项指标下各个省域重新排序后的第 p 个省域）第 j 项指标的 WT 指数表示为式（3 – 2）所示。

$$WT_{ij} = \sum_{i=1}^{u} \left(\lambda_i^p - \frac{100 x_{ij}}{\sum_{i=1}^{u} x_{ij}} \right), \quad \lambda_i^p = \begin{cases} \dfrac{100}{p}, i \leq p \\ 0, i > p \end{cases} \quad (3-2)$$

根据每项指标求 WT_{ij}，找到其中最小值，则该值对应个数即该指标最佳个数，即最小 WT_{ij} 指数出现的位置数为 $nq_j = \{ r, \ WT_{ij} = \min\limits_{r} WT_{ij}, \ r = 1,$ $2, \cdots, u \}$。然后，将各指标对应的 nq_j 求算数平均数，进而确定甄选省域的最佳个数 $nq = \dfrac{1}{n} \sum\limits_{j=1}^{n} nq_j$。最后，把第 i 个省域相对于第 j 项指标的排序值（Y_{ij}）组成综合排序矩阵 Y，并采用熵值加权计算甄选的省域综合排序值 Z_i，如式（3 – 3）所示。

$$Y = \begin{bmatrix} Y_{11} & Y_{12} & \cdots & Y_{1n} \\ Y_{21} & Y_{22} & \cdots & Y_{2n} \\ \vdots & \vdots & \ddots & \vdots \\ Y_{u1} & Y_{u2} & \cdots & Y_{un} \end{bmatrix} = \{ Y_{ij} \}_{u \times n}, \quad Z_i = \sum_{j=1}^{n} \omega_j Y_{ij} \quad (3-3)$$

将待甄选的省域战略性新兴产业创新能力综合排序值由大到小排列，前 nq 个省域就为战略性新兴产业创新能力均衡发展的重点区域。

3.3 创新能力非均衡评价

3.3.1 战略性新兴产业创新能力非均衡对盈利能力的影响

为综合考察战略性新兴产业创新能力各维度对盈利能力的影响程度，

分别选用 2012～2016 年高新技术产业和高技术产业的面板数据，利用 Stata 12.0 软件对模型（3－1）进行检验。战略性新兴产业与高新技术产业、高技术产业有较强相关性和共同点，利用 SPSS 19.0 软件计算三个产业之间的相关性程度。鉴于数据的可获得性，选用战略性新兴产业、高新技术产业、高技术产业的专利申请量作为变量测度相关性，结果显示战略性新兴产业和高新技术产业之间的相关系数为 0.878，战略性新兴产业和高技术产业之间的相关系数为 0.765，相关性较强，因此选用高新技术产业和高技术产业的盈利数据代替战略性新兴产业的数据。

对于面板数据回归模型，一般选取随机效应模型（RE）或固定效应模型（FE）进行回归分析。以高新技术产业净利润为对象，对四个维度指标进行测算，结果表明固定效应更适合用来测算产业创新能力的影响程度。为了有效测量战略性新兴产业创新能力对盈利能力的影响程度，创新能力的四个维度同时进行回归检验之后，分别选取两两变量的六种组合进行检验。检验结果表明，两两维度组合中，研发创新与产品创新、研发创新与载体创新、产品创新与载体创新对产业盈利能力影响更加显著。同时还对创新能力的四个维度分别构造两两交叉项，检验维度间协同作用是否对产业盈利能力具有显著影响。以省域产业净利润作为盈利能力目标导向下，战略性新兴产业创新能力四维度及两维度对盈利能力的影响显著程度如表 3－2 所示。

表 3－2　　战略性新兴产业创新能力各维度对盈利能力的影响程度

变量	高新技术产业导向（y = 0）				高技术产业导向（y = 1）		
RDI_{it}	0.207 * (0.192)	0.307 * (0.192)	0.184 * (0.192)			0.258 * (0.190)	0.351 * (0.186)	0.245 * (0.187)
TI_{it}	−0.035 * (0.046)							0.074 * (0.045)

变量	高新技术产业导向（$y=0$）				高技术产业导向（$y=1$）			
PI_{it}	-0.049 * (0.033)	-0.052 * (0.033)		-0.046 * (0.032)	-0.054 * (0.032)		-0.059 * (0.033)	-0.052 * (0.032)
CI_{it}	0.390 *** (0.144)		0.386 *** (0.142)	0.405 *** (0.138)	0.313 ** (0.137)	0.284 ** (0.142)		0.231 * (0.141)
$TI_{it} \times CI_{it}$	0.357 *** (0.180)							0.304 ** (0.176)
CONS 常数项	4.473 *** (0.635)	4.538 *** (0.653)	4.321 *** (0.627)	5.091 *** (0.604)	4.610 *** (0.574)	3.572 *** (0.624)	3.804 *** (0.635)	3.722 *** (0.620)
R^2	0.6943	0.5505	0.7000	0.6431	0.5302	0.5986	0.5410	0.5291
OBs	150	150	150	150	150	150	150	150

注：括号内的数值为标准差，＊＊＊、＊＊、＊分别代表在1%、5%、10%的统计水平上显著。

从表3-2中可以看出，高新技术产业盈利能力的计量模型（$y=0$）中，创新价值链的转化创新、产品创新两个维度的系数为负数，对产业盈利能力影响较小，这主要是由于人员、经费等要素投入产品研发和成果转化的过程中，存在滞后性的影响；研发创新、载体创新两个维度对产业盈利能力的影响系数值较高；转化创新与载体创新交叉项的系数为正，对产业的盈利能力影响显著。而在高技术产业盈利的计量模型（$y=1$）中，产品创新维度的系数为负，与其他三个维度之间呈现反向变化趋势；载体创新影响系数值，低于载体创新与转化创新交互项系数值。研发创新与产品创新、产品创新与载体创新的交叉项为正，影响显著性低于转化创新与载体创新，载体创新对创新价值链的薄弱环节转化创新交互作用显著。载体创新的系数值较大，对产业盈利能力的影响显著，产业基地、科技孵化园等集聚丰富的资源要素，出口创汇所占比重大，促进产业创新，进而提升盈利能力；研发创新对于盈利能力的影响相对于载体创新较小，研发经费、科研人员投入尚未得到充分有效利用，研发效率较低，进而影响产业盈利能力提升。

对于高新技术产业与高技术产业的盈利能力，研发创新作为创新价值链前端，影响显著性低于载体创新。各个省域以高新技术产业和高技术产业带动战略性新兴产业过程中，加大研发经费和人才投入的"研发导向"，进一步强化创新价值链各环节的非均衡性，而国家高新区主导的载体创新建设，有助于提升创新价值链薄弱环节转化创新功能，推动技术转化为产品、转化为利润，弱化创新价值链非均衡性，支撑战略性新兴产业创新能力的均衡发展。

3.3.2 战略性新兴产业创新能力均衡区域筛选

根据表 3 – 1 构建的战略性新兴产业创新能力指标体系与相应的数据，通过计算得到省域战略性新兴产业创新能力的评价结果及综合能力的排名，如表 3 – 3 所示（表格中每个创新能力下面括号的数值为该创新能力的权重）。通过式（3 – 2）和式（3 – 3）分别计算 48 项指标的 WT 指数，并找出最小值数值出现的位置数 nq_j，进而确定战略性新兴产业创新能力较突出的省域最佳数量 $nq = \dfrac{1}{48} \sum\limits_{j=1}^{48} nq_j = 8.36 \approx 8$ 。按照省域战略性新兴产业创新能力的综合排序，选取数值较大的 8 个省域作为战略性新兴产业的重点发展对象，即广东省、北京市、江苏省、陕西省、上海市、浙江省、山东省、湖北省。8 个省域空间分布较为均衡，呈现类似五角星的空间特征。筛选结果中江苏省、湖北省、广东省已成为国家首批战略性新兴产业集聚发展试点，从政策层面验证创新能力均衡筛选体系的可行性和科学性。

表 3 – 3　　我国 30 个省区市战略性新兴产业创新能力综合排名

省域	综合能力	排名	研发创新能力(0.178)	排名	转化创新能力(0.266)	排名	产品创新能力(0.232)	排名	载体创新能力(0.324)	排名
广东省	0.515	1	0.479	1	0.315	4	0.525	1	0.739	1
北京市	0.482	2	0.42	2	0.770	1	0.373	4	0.364	3
江苏省	0.433	3	0.335	4	0.346	3	0.405	3	0.647	2
陕西省	0.305	4	0.392	3	0.519	2	0.137	17	0.170	13
上海市	0.273	5	0.243	7	0.262	6	0.261	9	0.325	5
浙江省	0.246	6	0.212	12	0.136	12	0.284	7	0.351	4
山东省	0.237	7	0.310	5	0.191	8	0.226	10	0.220	7
湖北省	0.213	8	0.141	20	0.274	5	0.173	14	0.263	6
河南省	0.212	9	0.151	19	0.071	28	0.454	2	0.172	12
天津市	0.206	10	0.177	17	0.182	9	0.288	6	0.178	11
四川省	0.205	11	0.207	13	0.215	7	0.217	11	0.181	10
安徽省	0.179	12	0.222	9	0.140	11	0.151	16	0.204	9
重庆市	0.164	13	0.126	26	0.182	10	0.212	12	0.134	17
山西省	0.152	14	0.307	6	0.090	22	0.067	30	0.143	15
福建省	0.151	15	0.133	22	0.092	21	0.171	15	0.209	8
湖南省	0.149	16	0.129	24	0.116	16	0.185	13	0.164	14
新疆维吾尔自治区	0.146	17	0.131	23	0.110	17	0.276	8	0.066	23
辽宁省	0.145	18	0.214	11	0.132	13	0.100	23	0.135	16
甘肃省	0.132	19	0.219	10	0.118	14	0.125	18	0.065	24
青海省	0.129	20	0.079	30	0.117	15	0.290	5	0.029	29
黑龙江省	0.125	21	0.205	14	0.105	19	0.097	25	0.091	19
海南省	0.116	22	0.204	15	0.101	20	0.072	28	0.085	20
广西壮族自治区	0.107	23	0.233	8	0.046	30	0.085	26	0.062	26
吉林省	0.102	24	0.166	18	0.077	26	0.101	22	0.064	25

续表

省域	综合能力	排名	研发创新能力（0.178）	排名	转化创新能力（0.266）	排名	产品创新能力（0.232）	排名	载体创新能力（0.324）	排名
内蒙古自治区	0.100	25	0.103	27	0.106	18	0.112	19	0.079	21
河北省	0.094	26	0.095	29	0.079	25	0.104	20	0.099	18
宁夏回族自治区	0.093	27	0.178	16	0.059	29	0.083	27	0.051	27
贵州省	0.089	28	0.140	21	0.083	23	0.099	24	0.035	28
江西省	0.088	29	0.100	28	0.071	27	0.103	21	0.078	22
云南省	0.077	30	0.129	25	0.080	24	0.070	29	0.027	30

为了更加直接地表现我国 30 个省区市战略性新兴产业创新能力之间的均衡性，根据表 3-3 的评价结果计算得到各省域创新能力的落差值 γ_i，并绘制成折线图（如图 3-2 所示）。

在图 3-2 中，当折线点的值越小，且越靠近，就表明该省域战略性新兴产业创新能力越均衡，反之就是非均衡。由于折线表中左侧省域战略性新兴产业的综合创新能力高于右侧，因此本书选取广东省、北京市、江苏省、陕西省、上海市、浙江省、山东省、湖北省、河南省、天津市、四川省、安徽省、重庆市、山西省、福建省 15 个省域作为研究对象，对其测算 WT 指数。从表 3-3 和图 3-2 可以看出，广东省、北京市、江苏省的战略性新兴产业综合创新能力较强，而且四个维度相对均衡，战略性新兴产业成为经济发展的新动能：（1）广东省战略性新兴产业的研发创新能力、产品创新能力、载体创新能力较为突出，R&D 人才投入占比60.36%，R&D 经费投入占营业总收入的比重达到 3.24%，专利申请量和专利授权量全国领先；产品销售收入占营业总收入的比重达到 88.22%，新产品开发项目近 20 000 项；产业基地的辐射带动占比 17.73%，产业集群出口创汇规模高达 2 243.98 亿元，而珠三角也获批成为国家首批战略性新兴产业区域集聚发展试点。（2）北京市战略性新兴产业转化创新能力表现突出，技术交易额占区域 GDP 比重超过 15%，战略性新兴产业技术转移项目成交规模超过百亿元，而且技术输出规模是技术吸纳规模 2.6 倍，是战略性新兴产业技术市场策源地。（3）江苏省战略性新兴产业载体创新能力较突出，全省高新技术企业超过 1 万家，战略性新兴产业销售收入 2016 年突破 48 900 亿元，占规模以上工业总产值比重为 30.2%，产业集聚效应明显；高技术产业出口交货值占主营业务收入比重超过 45%，国际辐射带动能力显著。

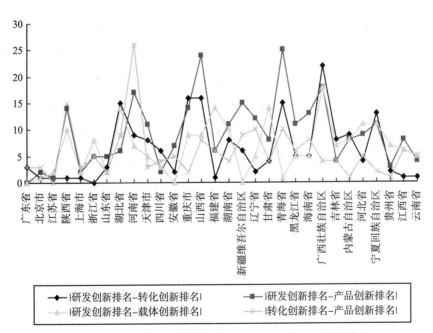

图 3 - 2　30 个省区市战略性新兴产业创新能力非均衡判别

创新能力均衡区域筛选结果表明陕西省、上海市、浙江省、山东省、湖北省也是战略性新兴产业的重点发展对象，但创新能力发展相对不均衡：（1）陕西省作为西部科技大省，研发创新能力、转化创新能力较为突出，但是产品创新能力与载体创新能力弱化。R&D 经费投入占营业收入比重接近 15% 。高功率激光器、飞机飞行模拟器等转化创新快速推进。但是新产品销售收入结构不到 1% 。由于陕西省地处西部，高新区出口依存度偏低。（2）上海战略性新兴产业创新能力四个维度较均衡，但是数值偏低。技术成果转化率不高，技术交易额占区域 GDP 比重未超过 3% ，新产品销售收入平均增长率为 7.38% ，产品创新能力有待提升。（3）浙江省战略性新兴产业成果转化效率较低，战略性新兴产业技术转移成交项目金额明显低于广东省、江苏省，技术交易规模仅为 0.28% 。浙江省高新区作为战略性新兴产业核心载体，高新区出口创汇额占工业生产总值比重接近 8% ，国际辐射作用显著。（4）山东省创新能力不断提升，山东半岛国家自主创新示范区对战略性新兴产业发展支撑显著。但是转化创新和产品创新能力较弱，技术交易规模仅为 0.5% ，新产品销售收入占产品销售总收入 1.47% ，高端产品比重较小。（5）湖北省高新技术产业产值占GDP 比重超过 30% ，武汉光谷成为战略性新兴产业集聚发展重要标志。但湖北省研发创新和产品创新能力较弱，研发经费和人才投入不够，专利成果较少；新产品研发经费投入较少，新产品销售收入占产品销售总收入的 0.78% ，创新价值链前后端创新能力不均衡。

4

战略性新兴产业创新价值链行业效率测度

4.1 创新价值链效率模型构建

4.1.1 创新价值链理论

4.1.1.1 创新价值链的提出与应用

（1）创新价值链提出。

创新价值链作为一个新概念，尚未形成统一、权威的定义，国内外的相关研究还不够完善。通常认为，创新价值链的概念来自汉森（Hansen，2007）和伯金肖（Birkinshaw，2007）发表的创新价值链论文，两位学者深入探讨了管理者行为与企业创意之间的关联度，管理者的行为如何促使企业产生创意并投入实践，并初步提出创新价值链的概念，将创新视作一个循序渐进的过程。

创新价值链包括"创新"与"价值链"两个关键词，由此看来，创新价值链理论是在创新理论与价值链理论的基础之上形成与发展的。因此，在深入研究创新价值链理论之前，阐述与分析价值链理论很有必要。迈克尔·波特（Michael Porter，1985）在《竞争优势》中探讨分析了价值链对于企业创造和维持竞争优势的重要程度。价值链将企业分解为与发展战略和竞争优势相关的多种活动，在这些活动中，企业分析经营历史和探寻战略途径，进而获得最大的经济效益。每个企业的价值创造过程都是由产品生产、销售经营、运输配送、售后服务等主要活动与资源获取、技术创新、人力资源管理、基础设施建设等辅助活动构成，而在价值创造过程中，每个环节彼此独立存在又相互联系，每一环节的价值创造活动都会被上一环节所影响，同时也会影响下一环节的价值活动，由此形成完整、动态的价值链条。价值链系统在多个经济活动单元中存在，各活动单元相互关联、共同协作，由此创造出更大的价值。迈克尔·波特将价值链划分为内部价值链和外部价值链，企业通过自身条件创造价值的活动称为内部价值链，而企业价值链与供给方、买方价值链共同形成的价值链条则称为外部价值链，这种界定与论述为全球价值链理论的衍生与发展提供了基础。格里芬（Gereffi，2001）在迈克尔·波特价值链理论的基础上提出了全球商品链和全球价值链概念，全球价值链中包含多个环节，而并不是所有环节都能创造出价值，企业识别并抓住全球价值链中的价值增值环节才能在全球竞争中占据优势，这一观点推动了价值链理论的进一步发展。

（2）创新价值链广泛应用。

价值链理论不断发展并完善，更多的学者开始将价值链理论研究转向应用于其他学科领域。汉森和伯金肖两位学者将技术创新理论与价值链理论进行系统融合，并对创新价值实现过程进行合理分解，提出了创新价值链理论。创新价值链理论的基本内涵主要体现在三个方面：第一，创新价值链是知识流动的过程，价值链中的上中下游良性互动，创新体系内的创新机构和创新机制高效整合，进而提升整体创新能力；第二，创新价值链强调连续、首尾相连的过程，将创新相关的主体和要素进行系统整合，推动知识转化为具有经济效益的产品；第三，创新价值链注重分工合作、协同发展、优化整合，不同创新主体存在于价值链的不同环节，具有明确定位和作用。在创新价值链的形成与构建，需要联合所有环节，系统整合各类资源要素，创新主体间优势互补、协同发展，进而实现整体效益最大化。

创新的实质是一种经济行为，而不是一种技术行为，创新过程的最终目的是实现经济价值。创新价值实现过程的第一步是创新知识产生，第二步是将无形创新知识转化为有形商品，第三步是将有形商品进行市场推广与销售，这三个步骤对应企业技术创新过程的三个阶段：创意产生、创意转换、创意扩散。舍恩赫夫（Schoenherrf，2014）构建了高新技术企业的价值链体系，探讨了价值链运作的理论逻辑，并通过研究发现高新技术企业的经营形式呈现哑铃型结构，研发创新是基础环节，直接创造经济价值，企业价值增值过程也是研发环节，高新技术企业的基本活动是从其他技术创新环节中分离出新产品研发环节。创新价值链理论的形成与完善，具有重要理论价值，不仅为企业创新活动提供了指导方向，而且其中分解创新过程也让企业发现了自身创新活动中存在的薄弱环节，具有重要实际应用价值。

4.1.1.2 战略性新兴产业创新价值链

战略性新兴产业作为知识技术密集型行业，技术复杂程度较高，而创新阶段一般包括基础研究、应用研究、创新传播。新产品在诞生之前需要经历很长一段过程，前期创意形成，中期创意设计与转化，后期创意实验与商品化生产等，创新价值链定义充分解释了企业研发创新到商品化、效益化的过程。新兴产业企业组织结构较为复杂，一般都是通过创新要素投入、创新知识凝结、创新成果产出三个过程实现创新效益，涵盖初始创新投入、补充中间投入、中间成果产出及最终成果产出等价值形态。创新价值链以科学研究出现新发现为起始阶段，中间包括三个阶段：第一，技术研发创新，形成新项目和发明专利；第二，产品开发设计，形成新产品和新服务，技术工艺实现商业转化；第三，市场营销售后，满足用户多种需求，并获得收益。整个创新过程是一个完整的链式结构，体现了创新价值的创造和转移。

战略性新兴产业企业每个生产活动的实际创新内容大不相同，但是内在价值创造过程是不可分割的，创新知识在企业内部进行传递流动，整个过程是动态连续的。创新活动的目标是创造价值，如果某一创新活动没有产生价值，就不能算作是真正的创新。创新价值链强调整合系统相关的各类要素，进而将知识转换为市场流通、认可的有价值产品。技术研发创新的本质是构思新颖创意和获得商业成果，主要表现在研发成果成功转化为新产品，且能在市场上进行销售，实现商业价值，获得经济收益。战略性新兴产业创新过程包括多个阶段，其中任何一个阶段呈现脆弱性都会导致整体创新效率降低、创新能力下降，因此各阶段进行协同创新和系统整合尤为重要。

创新价值链是在生产视角下对技术创新过程的分解，同时也是资源要素投入直至技术产品产出的价值转移过程，过程中包含了多个环节、多个因素。创新是战略性新兴产业持续发展的关键因素，创新过程表现出明显的系统性、连续性、关联性。在创新价值链的各个环节中，创新的内容各不相同，价值增值是核心。通常通过企业成长、科技产出、创新效率、产业结构升级四个维度来衡量评估创新效果：创新效率提升，科技产出加速，两者相结合能够实现企业成长与产业升级协同发展、相互促进的目标；创新效果良好具体表现为创新效率较高，而科技产出能够直观地反映创新效果。

将战略性新兴产业创新价值链分解为三个环节，上游即研发创新环节，利用经费、人员等资源要素进行基础研究；中游即成果转化环节，转化技术成果，实现价值创造转移；下游即产品创新环节，实现价值增值和转移。将战略性新兴产业创新价值链划分为研发创新、成果转化、产品创新，以投入产出为导向，发挥多主体对创新价值链的协同推动作用，实现战略性新兴产业的高端、高效、高新（如图 4 - 1 所示）。

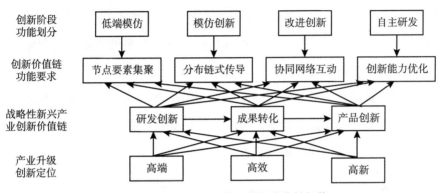

图 4 - 1　战略性新兴产业创新价值链架构

三个环节联系密切，相互促进，前一环节的产出可作为下一环节的投入，进而构成一个完整的价值链，三个环节相互协调配合，最终实现产业创新的价值最大化。低端模仿、模仿创新、改进创新、自主创新是创新阶段的不同形式，其中自主创新从源头进行创新，强调获得原创性、颠覆性技术和知识产权（洪银兴，2017）。创新活动为战略性新兴产业创新主体带来效益，其对经济社会创造的共享和作用更为重要。通过集聚资源要素、扩散知识、协同发展、优化创新能力，实现战略性新兴产业跨越式发展。

4.1.2　效率模型选择

创新效率测度，研究学者通常采用：随机前沿分析（Stochastic Frontier Analysis，SFA）是一种参数模型分析法；数据包络分析（Data Envelopment Analysis，DEA）是一种非参数模型法。学者王学军和张文敏（2015）分别采用 SFA 和 DEA 测度各省市区域的研发创新效率，研究发现两种方法测量的效率结果存在明显差异，但是采用 SFA 方法测度的结果较为稳定；李向前（2014）等学者测度了区域生产效率之后，持类似观点。与 DEA 方法相比，SFA 方法利用生产函数来构造生产前沿面，采用技术无效率项的条件期望作为技术效率，在测度过程中允许存在统计噪声，并且能够区分不同效率单元，控制模型的异质性，测度结果的可靠性与稳定性较好，更适合本书的研究。

本书选择随机前沿分析（SFA），以 2016~2018 年"十三五"期间战略性新兴产业的研发数据为样本，对八大产业领域所依托的 18 个行业的创新效率进行分析。随机前沿模型基本形式表示为：$y_{it} = f(x_{it}, t)\exp(v_{it} - u_{it})$，通过最大似然估计方法进行估计，$\beta$ 为未知参数的矢量组合，$\lambda = \dfrac{s_u}{s_v}$，$s^2 = s_u^2 + s_v^2$。$v$ 服从随机误差的正态分布 $N(0, s_v^2)$，反映主观能力之外无法控制的因素、测量误差、统计噪音带来的影响。u 服从半正态分布 $N(0, s_u^2)$，反映可控制但是未达到技术生产前沿面的部分。v_i 和 u_i 之间相互独立，与自变量无关。

对数形式的柯布—道格拉斯生产函数的随机前沿模型，如式（4-1）所示。

$$\ln y_{it} = \beta_0 + \sum_n \beta_n \ln x_{it} + v_{it} - u_{it} \qquad (4-1)$$

x_{it} 表示战略性新兴产业 i 在第 t 年的投入组合，y_{it} 是对应的产出变量，β 为投入变量的回归系数，代表着各项资源要素投入的产出弹性。产业 i 的技术效率可用 i 的实际产出期望与随机前沿产出期望的比值来确定，测算公式如式（4-2）所示。式（4-3）中，TE_{it} 表示第 t 年战略性新兴产业 i 的技术效率，TE_{it} 越接近于 1 说明技术效率越高，越接近于 0 说明技术效率越低。$TE = 1$ 表示创新价值链各环节创新效率处于有效状态；$0 <$ $TE < 1$，则表明处于技术无效率状态。

$$TE_{it} = \frac{E[f(x_{it},\ t) \times \exp(v_{it} - u_{it})]}{E[f(x_{it},\ t) \times \exp(v_{it})]} = E[\exp(-u_{it})] \qquad (4-2)$$

即 $$TE_{it} = e^{-u_{it}} \qquad (4-3)$$

在对模型进行最大似然估计时，可以利用参数 $\gamma = \dfrac{\sigma_u^2}{\sigma_u^2 + \sigma_v^2}$ 进行检验，γ 的显著性程度表示技术无效率项中环境影响因素所占的比例，可用来判断模型设定是否合理。当 γ 趋近于 1 时，表示管理因素的影响占主导地位；而当 γ 趋近于 0 时，表示随机误差的影响占主导地位；当 $\gamma = 0$ 时，表示不存在无效率项，则直接使用最小二乘法 OLS 进行参数估计。一般而言，γ 值应该大于 0.5，较高的 γ 值表明模型选择的可靠性。

4.1.3　样本范围确定

战略性新兴产业分为九大领域，40 个大类，189 个小类，行业划分较为具体。以落实《"十三五"国家战略性新兴产业发展规划》为目标，战略性新兴产业的具体行业划分依照《国民经济行业分类》（GB/T 4754—2017）而选择确定。但是尚未建立明确的战略性新兴产业统计体系，缺乏规范统一的数据统计口径，在测度和分析战略性新兴产业的创新效率之前，首先需要对各产业进行合理分类与选择。

样本行业分类和选取所遵循的原则：

（1）科学性，战略性新兴产业分类中上一级分类充分涵盖下一级分类的主要内容，下一级分类有效体现上一级分类的基本内涵，产业分类应该科学地呈现产业的特征与内涵；

（2）同质性，战略性新兴产业分类中所有具有相同性质或相似活动的都应划分为同一类别，即每个类别所涵盖的内容都是具备相同性质的行业；

（3）唯一性，战略性新兴产业分类中如果出现某一小类行业能够同时属于多个类别，则进一步区分，将这一小类行业划分至最能反映行业性质的类别，每个小类行业在战略性新兴产业分类中只能出现一次；

（4）可操作性，战略性新兴产业分类统计表应该切实可行，每一小类行业的选择与划分都应遵循数据的可获得性，并且数据采集可操作，具备可比性；

（5）大口径，如果存在某一小类行业既能体现战略性新兴产业，又能反映非战略性新兴产业的情况，则将这一小类行业归属于战略性新兴产业的统计范畴。

本书依据国家统计局公布的《战略性新兴产业分类（2018）》《国民经济行业分类》（GB/T 4754—2017）等对战略性新兴产业的解释分类，以及刘艳（2013）、黄海霞（2015）、项本武（2015）等学者对战略性新兴产业具体行业的分析研究，将战略性新兴产业具体分为18个可依托的大类行业中（如表4-1所示），从而实现对战略性新兴产业相关数据的合理统计。由于篇幅有限，战略性新兴产业具体行业对应的国民经济行业分类以代码形式列出。

表4-1　　　　　　　　　　战略性新兴产业统计分类

战略性新兴产业	依托行业	对应国民经济行业代码分类						
新一代信息技术产业	计算机设备制造	3911	3912	3913	3914	3919		
	网络通信设备制造	3922	3940	3921				
	新型电子元器件及设备制造	3981 3972	3982 3974	3983 3975	3984 3976	3989 3979	3985 3990	3971

战略性新兴产业	依托行业	对应国民经济行业代码分类						
高端装备制造产业	轨道交通、海洋、航空航天设备制造	3741	3749	3744	3742	3743	3711	3712
		3714	3716	3720	3737	3734		
	智能装备制造	3421	3422	3423	3424	3425	3429	3491
		3492	3493					
新材料产业	有色金属材料	3240	3259	3252	3251	3254	3239	3253
		3232	3321	3212	3214	3215	3216	3219
	石化化工新材料	2612	2613	2614	2651	2652	2659	2661
		2662	2641	2642	2643	2645		
	非金属矿物材料	3061	3091	3062	3073	3042	3082	3051
生物产业	生物药品制造	2761	2762					
	化学药品制造	2710	2720					
	医药制造业	2780	2730	2740	2750	2770		
	生物医学设备制造	3581	3582	3583	3584	3585	3586	3589
新能源汽车产业	汽车制造业	3612	3620	3670	3630			
新能源产业	电力、热力生产和供应业	4414	4415	4416	4419	4417	4420	
	燃气生产和供应业	4520						
节能环保产业	高效节能设备制造业	3511	3512	3515	3521	3531	3532	3546
		3562	3591	3597				
	资源循环利用产业	0610	0620	0690	0711	0721	0810	0917
		0932	0939	1019	1020	7620	4620	4690
		4630						
数字创意产业	数字创意技术设备制造	3931	3932	3934	3939	3951	3952	

注：行业代码来源于《国民经济行业分类》（GB/T 4754—2017）。

4.1.4 变量选取与数据来源

投入和产出指标的选取是测度战略性新兴产业创新效率的关键，对于战略性新兴产业创新来说，研发创新环节是核心，成果转化环节是关键，实现创新的经济收入是目标。借鉴刘晖（2015）、李柏洲（2019）、徐皓（2019）等学者的研究成果，构建了战略性新兴产业创新价值链投入产出模型（如图 4 - 2 所示）。

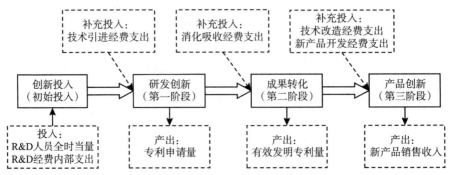

图 4 - 2　战略性新兴产业创新价值链投入产出模型

选取战略性新兴产业所依托的 18 个细分行业为研究对象，搜集整理了创新过程中的投入与产出指标。R&D 人员全时当量和 R&D 经费内部支出作为初始创新投入，每个创新阶段都补充投入，同时每一阶段的产出可作为下一阶段的投入。考虑到指标的全面性和数据的可获取性，选取指标变量（如表 4 - 2 所示）测度战略性新兴产业的效率。

表 4 - 2　　　　　　　　战略性新兴产业创新价值链指标体系

创新价值链	投入指标及表示符号	产出指标及表示符号
研发创新	R&D 人员全时当量 Staff	专利申请量 Patent
	R&D 经费内部支出 Cost	
	技术引进经费支出 Intro	
成果转化	R&D 人员全时当量 Staff	有效发明专利量 Inven
	R&D 经费内部支出 Cost	
	消化吸收经费支出 Assim	
	专利申请量 Patent	

创新价值链	投入指标及表示符号	产出指标及表示符号
产品创新	R&D 人员全时当量 *Staff*	新产品销售收入 *Sales*
	R&D 经费内部支出 *Cost*	
	技术改造经费支出 *Renov*	
	新产品开发经费支出 *Spen*	
	有效发明专利量 *Inven*	

4.1.4.1　研发创新阶段

R&D 人员全时当量：指全时人员和非全时人员依照工作量换算为全时人员数的总和。R&D 研发人员在战略性新兴产业创新活动中是主要参与者，在从业人员中占有较大比重，R&D 研发人员包括参与创新活动整个阶段的工程师、科学家、企业研发人员等。研发人员通过多种途径参与创新活动的过程中，不仅包括科研项目的直接参与者，也包括为科研工作提供保障的服务人员。

R&D 经费内部支出：指战略性新兴产业企业内部开展基础研究、应用研究及试验发展等 R&D 活动而产生的实际支出，具体包括参与 R&D 课题和项目活动的直接费用，以及与 R&D 活动有关的管理费、服务费、基本建设支出等间接费用。

技术引进经费支出：是指战略性新兴产业企业根据研发计划有重点地引进国外及中国香港、澳门、台湾（简称"港澳台"）地区的先进技术而产生的费用支出，主要包括新技术、新设备购买及人才引进等方面的开支。

专利申请量：企业在进行应用性研究的过程中，形成特定产业或商品的技术积累，这种技术积累通过专利的形式记录和保存，是研发阶段重要的产出成果。对于战略性新兴产业而言，企业更加注重研发能力，将专利作为核心竞争力，而相对于其他产出变量而言，专利申请量能够更好地衡量创新产出。也有学者将专利授权量作为创新产出的变量之一，但是专利申请审批需要一定时间才能得到授权，存在明显滞后效应，专利授权量不能准确地体现现有创新能力（文家春，2012）。因此，选用专利申请量作为研发创新阶段的产出指标更加合理。

4.1.4.2 成果转化阶段

战略性新兴产业企业需要持续加大研发资金和研发人员的投入，R&D 经费内部支出和 R&D 人员全时当量仍然是成果转化阶段的创新投入指标。前端研发阶段的产出专利申请量作为本环节的投入变量。

消化吸收经费支出：先进技术引进后，对技术开展模仿复制、掌握应用等工作，并在此基础上进行自主创新而产生的费用开支。

有效发明专利量：有效发明专利是指已经获得授权且在有效期内的发明专利，具有实用性，能够投入企业生产活动中，支撑产品开发。因此，选取有效发明专利量作为战略性新兴产业成果转化环节的产出指标。

4.1.4.3 产品创新阶段

在产品创新阶段，仍然需要大量投入研发经费与研发人员，R&D 经费内部支出和 R&D 人员全时当量仍然是产品创新阶段的投入指标。

技术改造经费：是指企业在进行技术改造创新而产生的费用支出。战略性新兴产业企业坚持技术进步，不断改造落后技术，并将改造后的技术成果应用于各个生产领域中，先进工艺代替落后的工艺，技术更新换代，实现扩大生产、提高产品质量、降低产能、延长产业链的目标，全面提升产业综合效益。

新产品开发经费：是指企业在进行新产品开发设计、试验测试、模型研制等过程而产生的经费支出，衡量产品创新阶段的资金投入状况。

新产品销售收入：战略性新兴产业企业通过投入资金、人员以及技术购买产出创新成果，产品创新阶段的成果产出主要是新产品，新产品技术含量较高，同时具备良好的市场前景，是凝聚技术和获得经济收益的重要来源。产品创新环节往往用新产品收入来衡量企业科技创新的商业化水平，能够较好地体现经济收益，因此本书采用战略性新兴产业的新产品销售收入来衡量创新产出。

测度战略性新兴产业创新价值链三个环节的效率时，考虑到创新活动具有时滞性，参考王黎莹（2017）和伍健（2018）等学者的研究，本书将创新价值链各环节投入产出的滞后期定为 1 年，也就是投入指标采用 2015～2017 年数据，产出指标采用 2016～2018 年数据。为实现实证分析结果的可靠性与有效性，本书所用数据来源于《中国高技术产业统计年鉴》《中国科技统计年鉴》及《中国统计年鉴》，为反映战略性新兴产业所依托行业的发展状况，所选用统计年鉴的时间跨度为 2017～2020 年，而实际数据变量的时间跨度为 2016～2019 年。

战略性新兴产业投入产出指标变量的描述性统计分析结果如表 4－3 所示，所选用指标数据的标准差基本在合理范围内。在战略性新兴产业创新价值链各环节的投入指标中，从平均值来看，新产品开发经费支出最多，R&D 经费内部支出次之，消化吸收经费支出最少；从标准差来看，R&D 研发人员投入的差异最小，值为 1.165，而投入差异最大的是技术引进经费，达到 2.342。

表 4－3　　战略性新兴产业投入产出指标变量的描述性统计

变量	最大值	最小值	平均值	标准差	变量描述
ln$Staff$	12.470	7.356	10.978	1.165	R&D 人员全时当量的对数
ln$Cost$	16.390	11.064	14.709	1.178	R&D 经费内部支出的对数
ln$Intro$	14.698	2.996	10.467	2.342	技术引进经费的对数
ln$Assim$	13.343	4.812	9.099	1.924	消化吸收经费的对数

续表

变量	最大值	最小值	平均值	标准差	变量描述
ln*Renov*	15.144	10.634	13.233	1.270	技术改造经费的对数
ln*Spen*	16.621	10.486	14.706	1.324	新产品开发经费的对数
ln*Patent*	11.404	5.273	9.551	1.349	专利申请量的对数
ln*Inven*	11.936	5.215	9.639	1.386	有效发明专利量的对数
ln*Sales*	19.478	13.142	17.266	1.503	新产品销售收入的对数

4.2 创新价值链各环节效率测度

创新价值链理论广泛应用于不同的研究领域，如表4-4所示。创新价值链理论为创新效率评估提供了新的思路和视角，创新各环节投入产出差异影响创新效率，对创新价值链各阶段创新效率测度，可以整体提升战略性新兴产业创新效率。

表4-4　　国内外学者基于创新价值链视角对创新过程环节划分

创新价值链阶段划分	研究对象	相关文献来源
基础研发、应用扩展、商业转化	生物技术产业	霍尔、巴吉森
知识获取、知识转化、知识研发	企业创新活动	斯蒂芬-罗珀
要素投入、知识凝结、成果产出	区域创新	余永泽、刘大勇
技术研发、产品开发、产品销售	国家高新技术园区	余佩、程阳
知识创新、科研创新、产品创新	区域创新	张虎、周迪
知识创新、科研创新、产品创新	生产性服务业	孙畅等
产品创新、技术创新、知识创新	创新价值链短中长链	王伟光等
创意产生、创意转化、创意传播	互联网企业	刘静、范景明

4.2.1 创新价值链各环节总体效率变化趋势

战略性新兴产业研发创新环节，选取 R&D 人员全时当量（*Staff*）、R&D 经费内部支出（*Cost*）、技术引进经费支出（*Intro*）作为投入变量，选取专利申请量（*Patent*）作为产出变量，具体随机前沿模型如式（4-4）所示：

$$\ln Patent_{it} = \beta_0 + \beta_1 \text{n} Staff_{it} + \beta_2 \ln Cost_{it} + \beta_3 \ln Assim_{it} + \beta_4 \ln Patent_{it} + v_{it} - u_{it}$$

$$(4-4)$$

战略性新兴产业成果转化环节，选取 R&D 人员全时当量、R&D 经费内部支出、消化吸收经费支出（*Assim*）、专利申请量（*Patent*）作为投入变量，选取有效发明专利量（*Inven*）作为产出变量，具体模型如式（4-5）所示：

$$\ln Inven_{it} = \beta_0 + \beta_1 \ln Staff_{it} + \beta_2 \ln Cost_{it} + \beta_3 \ln Assim_{it} + \beta_4 \ln Patent_{it} + v_{it} - v_{it}$$

$$(4-5)$$

战略性新兴产业产品创新环节，选取 R&D 人员全时当量、R&D 经费内部支出、技术改造经费支出（*Renov*）、新产品开发经费支出（*Sper*）、有效发明专利量（*Inven*）作为投入变量，选取新产品销售收入（*Sales*）作为产出变量，具体随机前沿模型如式（4-6）所示。

$$\ln Sales_{it} = \beta_0 + \beta_1 \ln Staff_{it} + \beta_2 \ln Cost_{it} + \beta_3 \ln Renov_{it}$$
$$+ \beta_4 \ln Spen_{it} + \beta_5 \ln Inven_{it} + v_{it} - u_{it} \quad (4-6)$$

运用 Frontier 4.1 软件，利用极大似然估计方法，对样本进行显著性检验，测度结果如表4-5所示。γ 值均大于 0.85，在 1% 显著性水平下通过检验，且 *LR* 统计量也通过 1% 显著性检验，说明战略性新兴产业创新价值链各环节存在显著的非效率。选择随机前沿模型测度各环节创新效率是合适的，即模型设定合理。

表 4 – 5　　　　　　战略性新兴产业创新价值链各环节效率测度结果

参数	研发创新		成果转化		产品创新	
	系数	T 值	系数	T 值	系数	T 值
β_0	– 0.517	– 0.519	– 0.147	– 1.056	6.515 ***	5.040
β_1	0.044	0.325	0.018	0.172	0.285 ***	5.039
β_2	0.790 ***	5.506	0.334 **	2.272	– 0.017	– 0.141
β_3	– 0.058	– 1.834	– 0.001	– 0.113	– 0.867 **	– 1.938
β_4			0.714 ***	6.071	0.678 ***	6.175
β_5					0.030	0.772
δ^2	0.252 **	1.970	0.165 ***	2.607	0.382 ***	3.630
γ	0.968 ***	45.420	0.873 ***	23.090	0.968 ***	113.27
η	0.062* *	2.294	0.115 ***	6.043	– 0.024 *	– 1.654
对数似然值	– 0.521		4.575		31.910	
单边误差 LR 检验	102.487		83.319		115.001	

注：*** 、** 、* 分别表示在1%、5%、10%水平下显著。

　　研发创新环节，产出变量为专利申请量，R&D 人员全时当量、R&D 经费内部支出、技术引进经费投入要素的产出弹性分别是 0.044、0.790、– 0.058，投入要素的产出数值和为 0.766，表明战略性新兴产业在研发创新环节具有一定规模效应。在研发创新环节的投入指标中，R&D 经费内部支出通过了显著性检验，R&D 人员全时当量不显著，表明在研发创新环节中 R&D 人员全时当量作用不明显，创新投入同步转化为创新产出效率低。R&D 经费投入弹性为 0.790，大于 R&D 人员投入弹性 0.440，表明战略性新兴产业研发创新环节投入是资金密集型，R&D 经费内部支出对于专利申请量导向的研发创新环节有更高贡献率。η 为时变参数，值的大小反映效率随时间演进而变化的趋势，在研发创新环节的为正数，则显示战略性新兴产业研发创新效率在考察期内呈递增趋势。

成果转化环节，以有效发明专利量作为产出变量，其中 R&D 人员全时当量、R&D 经费内部支出、消化吸收经费支出、专利申请量投入要素的产出弹性分别是 0.018、0.334、−0.001、0.714，产出弹性数值和为 1.065，表明战略性新兴产业研发创新环节具有规模效应。成果转化环节投入指标中，R&D 经费内部支出、专利申请量通过了显著性检验，其中专利申请量的系数为 0.714，表示专利申请量投入每增加 100%，会使成果转化产出上升 71.4%。而 R&D 人员全时当量不显著，表明在成果转化阶段，研发人员投入的影响不明显；消化吸收经费的系数为负，表明在成果转化阶段可能存在经费投入冗余，消化吸收经费利用率低的问题。专利申请量的投入弹性大于研发内部投入弹性，表明成果转化环节与研发创新环节紧密相关，战略性新兴产业成果转化环节的创新产出主要是由专利申请量拉动。成果转化环节的为正数，表明在考察期内战略性新兴产业成果转化效率呈递增趋势。

产品创新环节，以新产品销售收入为产出变量，R&D 人员全时当量、R&D 经费内部支出、技术改造经费、新产品开发经费、有效发明专利量投入要素的产出弹性分别是 0.285、−0.017、−0.867、0.678、0.030，产出弹性数值和为 0.109，表明战略性新兴产业在产品创新环节具有一定的规模效应。R&D 人员全时当量、新产品开发经费通过了显著性检验，新产品开发经费系数为 0.678，表示新产品开发经费投入每增加 1%，产品创新产出上升 0.678%；R&D 经费内部支出、技术改造经费支出系数为负，表明两种投入在增加的情况下产品创新效率下降，也反映了两种投入要素存在冗余。在产品创新环节有效发明专利量系数不显著，投入要素作用不明显。新产品开发经费投入的弹性系数远远大于其他投入要素，反映战略性新兴产业产品创新环节投入是资金密集型，新产品开发经费的投入对于新产品销售收入导向的产品创新环节有更高贡献率。产品创新环节的 η 为负数，表明战略性新兴产业产品创新效率在考察期内呈递减趋势。

4.2.2 分行业创新价值链效率差异

2016~2019年战略性新兴产业各细分行业研发创新环节效率值，如表4-6所示，战略性新兴产业整体的投入产出效率在30%~40%左右。战略性新兴产业18个细分行业研发创新平均效率为0.301，表明战略性新兴产业研发创新环节的实际投入产出最高水平能达到30.1%，显示出研发创新过程有较大上升空间。战略性新兴产业18个细分行业产品创新平均效率为0.324，表明产品创新的实际投入产出水平仅为最大可能产出的32.4%，投入产出结果并不理想。与研发创新和产品创新环节相比，战略性新兴产业18个细分行业成果转化环节平均效率更高，达到0.426，表明战略性新兴产业在成果转化环节的产出水平相对较高。

表4-6 **战略性新兴行业研发创新、成果转化、产品创新效率**

行业	研发创新			成果转化			产品创新		
	2016	2019	平均	2016	2019	平均	2016	2109	平均
计算机设备制造 Z1	0.279	0.346	0.312	0.293	0.419	0.356	0.586	0.563	0.575
网络通信设备制造 Z2	0.256	0.323	0.289	0.895	0.924	0.910	0.406	0.379	0.393
新型电子元器件设备制造 Z3	0.433	0.499	0.466	0.342	0.467	0.405	0.364	0.338	0.351
轨道交通、海洋、航空航天设备制造 Z4	0.245	0.310	0.277	0.243	0.366	0.304	0.322	0.296	0.309
智能装备制造 Z5	0.477	0.541	0.509	0.258	0.382	0.320	0.309	0.282	0.295

续表

行业	研发创新			成果转化			产品创新		
	2016	2019	平均	2016	2019	平均	2016	2109	平均
有色金属材料 Z6	0.111	0.161	0.136	0.241	0.365	0.303	0.608	0.586	0.597
石化化工新材料 Z7	0.209	0.272	0.240	0.316	0.441	0.379	0.436	0.409	0.423
非金属矿物材料 Z8	0.245	0.311	0.278	0.254	0.377	0.315	0.314	0.287	0.300
生物药品制造 Z9	0.091	0.136	0.153	0.593	0.690	0.643	0.141	0.122	0.132
化学药品制造 Z10	0.097	0.144	0.120	0.509	0.619	0.565	0.283	0.258	0.271
医药制造业 Z11	0.100	0.148	0.124	0.843	0.885	0.865	0.262	0.237	0.250
生物医学设备制造 Z12	0.322	0.390	0.356	0.471	0.585	0.529	0.113	0.096	0.105
汽车制造业 Z13	0.317	0.385	0.351	0.144	0.253	0.197	0.610	0.588	0.599
电力、热力生产和供应业 Z14	0.712	0.754	0.733	0.259	0.383	0.321	0.141	0.122	0.132
燃气生产和供应业 Z15	0.385	0.067	0.139	0.241	0.364	0.302	0.142	0.189	0.183
高效节能设备制造业 Z16	0.487	0.549	0.518	0.339	0.464	0.402	0.263	0.238	0.250
资源循环利用产业 Z17	0.075	0.116	0.095	0.153	0.263	0.207	0.303	0.277	0.290
数字创意技术设备制造 Z18	0.293	0.361	0.327	0.290	0.416	0.353	0.385	0.359	0.372
行业整体效率平均值 Z 平均	0.285	0.323	0.301	0.371	0.481	0.426	0.333	0.313	0.324

战略性新兴产业各细分行业的研发创新效率相对较高行业有新型电子元器件设备制造、智能装备制造、电力、热力生产和供应业、高效节能设备制造业，其中创新效率最高的行业是电力、热力生产和供应业，平均值达0.733；效率相对较低的行业是资源循环利用产业、化学药品制造、医药制造业，资源循环利用产业平均值仅为0.095，研发创新效率值仅为最高值的12.96%。由此可见，战略性新兴产业行业间研发创新效率差异性较大，呈非均衡性。

战略性新兴产业各细分行业的成果转化效率高于效率平均值的行业有5个，不及整体样本的一半，表明成果转化效率高的行业提升了战略性新兴产业整体成果转化效率，显示行业间的成果转化效率差异明显，呈现非均衡性，成果转化的过程处于相对平衡状态。成果转化效率最高的行业是网络通信设备制造，效率值为0.910；效率最低的行业是资源循环利用产业，效率值为0.207。

战略性新兴产业各细分行业的产品创新效率最高的行业是汽车制造业，值为0.599；效率最低的生物医学设备制造，值为0.105，产品创新效率最低行业的效率值仅为最高值的17.53%。战略性新兴产业行业间产品创新效率的差异仍较大，呈不均衡发展趋势。

4.3 创新价值链各环节效率差异

根据细分行业三个环节平均效率值，18个行业可以划分为研发创新主导型行业、成果转化主导型行业、产品创新主导型行业。研发创新主导型行业有新型电子元器件设备制造、智能装备制造、电力、热力生产和供应业、高效节能设备制造业；成果转化效率高于研发创新效率、产品创新效率的行业为成果转化主导型行业，有网络通信设备制造、非金属矿物材料、生物药品制造、化学药品制造、医药制造业、生物医学设备制造、燃气生产和供应业；产品创新效率高于研发创新效率、成果转化效率的行业为产品创新主导型行业，具体有计算机设备制造、轨道交通、海洋、航空航天设备制造、有色金属材料、石化化工新材料、汽车制造业、资源循环利用产业、数字创意技术设备制造，如图4-3所示。

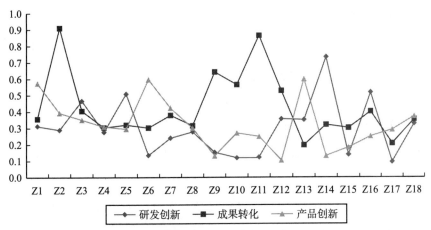

图4-3   战略性新兴产业细分行业各环节效率对比

研发创新主导型行业中，新型电子元器件设备制造三个环节创新效率差距较小，研发创新效率是产品创新效率的1.328倍，创新基础夯实，专利产出较多，创新发展相对均衡。电力、热力生产和供应业研发创新效率是产品创新效率的5.553倍，差距较大，三环节创新产出未实现同步发展。智能装备制造研发创新效率是产品创新效率的1.725倍，差异相对较小，但行业与市场运行机制衔接不够紧密，难以进一步实现创新成果的经济价值。研发创新主导型行业的创新活动主要由研发创新拉动，产品创新效率均较低，在创新过程中，价值链前端继续加大技术自主研发力度，中后端加强市场导向，合理配置创新资源，完善成果转化平台，推动研发成果转化为经济效益，促进产业化发展。

成果转化主导型行业中，医药制造业成果转化效率分别是研发创新效率和产品创新效率的 6.796 倍、3.46 倍，创新差异较大，成果转化优势明显；非金属矿物材料三环节创新效率差距较小，成果转化效率是产品创新效率的 1.05 倍；网络通信设备制造属于新一代信息技术产业，市场前景良好，但是前期研发投入不足，自主创新能力薄弱，核心技术掌握不足，创新协同性较差。生物药品制造、化学药品制造、医药制造业、生物医学设备制造都属于生物产业，产业规模较大、技术密集，发展速度较快，但是高端人才储备不足，原创性研发成果产出困难，研发创新落后。成果转化主导型行业的创新活动主要由成果转化创新拉动，其他两个环节效率较低，效率损失明显，在创新过程中应该充分利用自身的创新资源优势，通过引进先进技术、技术改造再创新来降低风险，紧密衔接市场运行机制，不同行业部门开展协作研发，实现创新价值链三个环节效率协同、均衡发展。

产品创新主导型行业中，计算机设备制造产品创新效率分别是研发创新效率和成果转化效率的 1.843 倍、1.615 倍，差异相对较大，其中研发创新效率高于效率平均值，成果转化效率较低，发明成果未能有效投入生产活动中。轨道交通、海洋、航空航天设备制造三环节创新效率差距较小，但是效率均处于较低水平，其中产品创新效率分别是研发创新效率和成果转化效率的 1.116 倍、1.016 倍。有色金属材料、石化化工新材料属于新材料产业，围绕国家重大工程需求发展，市场前景广阔，但是自主研发能力不足，发明专利产出较少，关键技术受制于人，行业研发创新和成果转化受阻。汽车制造业产品创新效率分别是研发创新效率和成果转化效率的 1.707 倍、3.041 倍，创新活动未实现同步发展，产业链中"代工"模式兴起，而原始创新动力不足，未实现前端创新优势。产品创新主导型行业主要由产品创新拉动，研发与转化不足，在创新过程中，应该完善资源配置机制，持续合理投入创新要素，拓宽行业发展渠道，完善产业链，进一步加大产学研合作力度，提升研发创新能力和成果转化率，推动行业协同持续发展。

5

战略性新兴产业创新价值链区域效率测度

5.1　创新价值链区域效率测度方法

5.1.1　创新价值链区域构建

5.1.1.1　"四三结构"区域创新体系

区域创新是形成区域竞争力和竞争优势的重要因素，推动区域科技进步和经济社会发展。在经济转型和产业结构升级的背景下，创新驱动是原动力。如何提高区域创新效率、降低创新成本，整合创新要素，提高区域整体创新水平，成为研究重点（苏屹，2016）。但是区域创新是复杂的活动或过程，受到多种因素的影响，具有不确定性和非线性（马科宁，2013），投入较多创新资源要素并不会导致创新输出同比扩大。

区域战略性新兴产业创新体系有三个层次：双重导向、三项环节、四类转化，即研发创新源头推动、产品创新协同扩展的"新兴化"导向，转化创新溢出转换、载体创新支撑辐射的"战略性"导向；研发创新—成果转化—产品创新三项环节，构成完整的价值链；研发创新的载体支撑、载体创新的转化渠道、转化创新的产品升级、产品创新的研发推动四类转化关系，推动创新价值链均衡传导。区域战略性新兴产业创新的"四三结构"是一个完整的创新体系，各模块相互促进、协同发展（如图5-1所示）。"四三结构"模型已应用于城市群创新体系（程杰，2014）、省域创新发展阶段识别等研究（王利军，2016），具有较好的适用性。

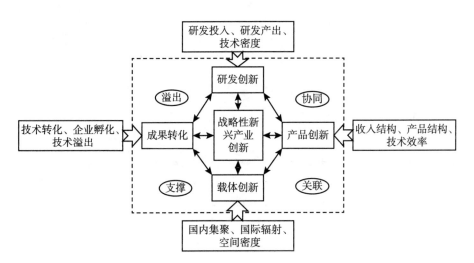

图5-1　区域战略性新兴产业"四三结构"创新模型

5.1.1.2　"四三结构"导向的创新价值链

创新是持续、系统、动态的过程，创新主体通过创新实现价值创造增值和转移，创新价值链是"创新+价值链"的结合（李新宁，2018）。基于区域创新"四三结构"模型，分析研究创新价值链各环节，测度战略性新兴产业研发创新、成果转化、产品创新效率，避免创新投入结构偏向，提升创新效率较低的环节，促进各环节相互关联、相互促进，发挥创新价值链协同效应。创新价值链是对创新过程多环节分解，也是创新要素投入创新产品产出的价值转移过程。在创新价值链的各环节中，创新优势动态演进。战略性新兴产业创新价值链可分解为：前端基础研究的研发创新环节，中端技术成果应用的成果转化环节，后端价值增值转移的产品创新环节。战略性新兴产业依托创新价值链，与"四三结构"创新体系协同对接，如图5-2所示。

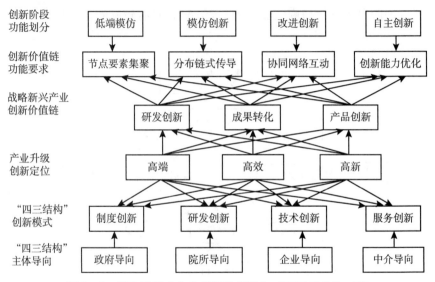

图5-2　战略性新兴产业创新价值链与"四三结构"对接

低端模仿、模仿创新、改进创新、自主创新是创新阶段的不同形式，其中自主创新从源头进行创新，强调获得关键核心技术和知识产权。通过集聚资源要素、扩散知识、协同发展、优化创新能力，实现战略性新兴产业跨越式发展。将战略性新兴产业创新价值链划分为研发创新、成果转化、产品创新，对接"四三结构"创新模式，以投入产出为导向，发挥多主体对创新价值链的协同推动作用，实现战略性新兴产业的高端、高效、高新。

5.1.2 创新效率测度方法

创新效率测度方法，多采用随机前沿模型（SFA）和数据包络分析（DEA）。利用 DEA 和 SFA 分别测度 30 个省市研发创新效率，两组效率值存在明显差异，但是 SFA 测算结果较为稳定（王学军，2015），区域生产效率 SFA 值更为稳定（李向前，2014）。与 DEA 方法相比，SFA 方法利用生产函数构造生产前沿面，采用技术无效率项的条件期望作为技术效率，测算结果较为可靠稳定。SFA 方法不仅可以对模型参数进行测度，还可以对模型自身进行检验（于明洁，2013）。综合比较，本书采用随机前沿分析模型，选取 2013 ~ 2018 年副省级及以上城市的战略性新兴产业相关数据为研究样本，测度 19 个城市（15 个副省级城市，4 个直辖市）战略性新兴产业创新价值链三个环节的创新效率。

随机前沿模型为 $y_{it} = f(x_{it}, t)\exp(v_{it} - u_{it})$，$\beta$ 是未知参数的组合，$\lambda = \dfrac{s_u}{s_v}$，$s^2 = s_u^2 + s_v^2$。$v$ 服从 $N(0, s_v^2)$ 随机误差的正态分布，用于反映超出主观能力因素的影响，比如误差和统计噪声等。u 服从半正态分布 $N(0, s_u^2)$，反映可控但没有实现的技术前沿面部分。v_i 和 u_i 之间相互独立，与自变量没有关系。柯布－道格拉斯生产函数的随机前沿模型如式（5-1）所示，$v_{it} - u_{it}$ 是面向生产的混合误差项，$v_{it} + u_{it}$ 是成本导向的混合误差项（罗登跃，2012）。实际测度中需根据函数目标导向（生产导向或成本导向）选择合适的混合误差项形式，避免产生管理无效率项的错误估计（刘满凤，2016）。

$$\ln y_{it} = \beta_0 + \sum_n \beta_n \ln x_{it} + v_{it} - u_{it} \qquad (5-1)$$

x_{it} 表示城市 i 战略性新兴产业第 t 年的投入组合，y_{it} 是产出变量，β 代表投入变量的回归系数。城市战略性新兴产业创新价值链各环节效率可通过实际产出预期与随机前沿产出预期的比值来确定，如式（5-2）所示。其中，TE_{it} 表示第 t 年城市 i 战略性新兴产业创新价值链各环节效率，TE_{it} 越接近于 1 表明技术效率越高，越接近 0，则技术效率越低。$TE=1$ 表示创新价值链中各环节创新效率处于有效状态；$0 < TE < 1$，则表明处于技术无效率状态。选取最大似然估计进行参数 γ 检验，$\gamma = \dfrac{\sigma_u^2}{\sigma_u^2 + \sigma_v^2}$，表示技术无效率项中管理因素所占的比例，以 γ 值的显著性程度来判别所选模型是否合理。当 γ 值接近 1 时，表明管理因素在影响中起重要作用；当 γ 值接近 0 时，表示随机误差占主导地位；当 $\gamma = 0$，意味技术无效率项不存在，应用最小二乘法 OLS 开展参数估计；γ 值较高，表明选用模型合理。

$$TE_{it} = \frac{E[f(x_{it},\ t) \times \exp(v_{it} - u_{it})]}{E[f(x_{it},\ t) \times \exp(v_{it})]} = E[\exp(-u_{it})] \qquad (5-2)$$

5.1.3 非均衡差异测度方法

区域经济发展不均衡进一步强化战略性新兴产业创新资源的失衡，为更好地反映创新价值链的非均衡，本书选择泰尔指数测度城市战略性新兴产业创新价值链各环节的非均衡差异变化趋势，泰尔指数如式（5-3）所示。

$$T = \sum_{i=1}^{n} \frac{1}{N} \ln\left(\frac{u}{x_k}\right) \qquad (5-3)$$

泰尔指数将区域差异分解为区域内和区域间差异，如式（5-4）和式（5-5）所示。

$$T_w = \sum_{k=1}^{m} w_k T(x_k) = \sum_{k=1}^{m} \frac{n_k}{n} T(x_k) \qquad (5-4)$$

$$T_b = T - T_w = T - \sum_{k=1}^{m} w_k T(x_k) = \sum_{k=1}^{m} \frac{n_k}{n} \ln\frac{u}{u_k} \qquad (5-5)$$

其中，T 是指泰尔指数，x_k 为第 k 个城市的专利申请量（研发创新）、技术交易额（成果转化）、营业收入（产品创新），N 为城市个数，u 是所有城市相关数据的平均值。w_k 为第 k 组区域内城市个数占所有城市数量的比值，$T(x_k)$ 是第 k 组的泰尔指数，u_k 为第 k 组城市平均值，T_w 和 T_b 分别表示区域内和区域间差距。泰尔指数值越大，表明差异越大；反之差异越小，非均衡效应较弱。

5.1.4 变量选取与数据来源

根据创新价值链模型，战略性新兴产业创新活动分为三个环节：研发创新、成果转化、产品创新，三个环节依次传导，相互促进，前一环节的产出可作为下一环节的投入，进而构成一个完整的价值链。各环节指标选取，如表 5-1 所示。

表 5-1   战略性新兴产业创新价值链各环节的投入产出指标

创新价值链	投入变量	产出变量
研发创新	R&D 经费投入	专利申请量
	R&D 人员投入	
成果转化	科技活动经费投入	技术交易额
	科技活动人员投入	
	专利授权量	
产品创新	产品开发经费	营业收入
	年末从业人员	
	技术交易额	

注：指标来源见参考文献 [64]~[68]。

研发创新环节，选取 R&D 经费、R&D 人员作为投入变量，选取专利申请量作为产出变量。专利反映创新资源要素产出，且易获取、具有可比性。专利授权量会随专利审核进度而有滞后性，因此选用专利申请量能够更好地衡量研发产出水平。同时将专利授权量作为成果转化的投入，体现研发创新对成果转化的影响。

成果转化环节，选取科技活动经费、科技活动人员、专利授权量作为投入变量，选取技术交易额作为产出变量。技术交易额是指研发后技术成果在技术市场上进行交易签订的合同金额，可衡量一个地区研发成果转化程度。技术交易额同时作为产品创新的投入，可体现成果转化对产品创新的推动作用。

产品创新环节，选取产品开发经费、年末从业人员、技术交易额作为投入变量，选取营业收入作为产出变量。产品创新是创新价值链市场化环节，营业收入作为创新价值链的最终产出，能够体现区域创新市场的转化程度。

通过选取 4 个直辖市（北京市、天津市、上海市、重庆市）和 15 个副省级城市（大连市、宁波市、厦门市、青岛市、深圳市、沈阳市、长春市、哈尔滨市、南京市、杭州市、济南市、武汉市、广州市、成都市、西安市）战略性新兴产业作为研究对象，利用 2013～2018 年面板数据，测度研究战略性新兴产业创新价值链三个环节的创新效率。所用数据来源于《中国火炬统计年鉴》《专利统计年报》及各城市统计年鉴。

5.2　副省级城市创新价值链效率测度

5.2.1　战略性新兴产业研发创新效率

以专利申请量作为城市战略性新兴产业研发环节的产出变量，超越对数生产函数的随机前沿模型如式（5-6）所示。

$$\ln y_{it} = \beta_0 + \beta_k \ln K_{it} + \beta_l \ln L_{it} + \beta_t t + \frac{1}{2}\beta_{kk}(\ln K_{it})^2 + \frac{1}{2}\beta_{ll}(\ln L_{it})^2 + \frac{1}{2}\beta_{tt}t^2$$

$$+ \beta_{kl}\ln K_{it}\ln L_{it} + \beta_{kt}t\ln k_{it} + \beta_{lt}t\ln L_{it} + v_{it} - u_{it} \qquad (5-6)$$

运用 Frontier4.1 软件对 19 个城市战略性新兴产业的研发数据进行分析，获得原假设是超越对数生产函数的随机前沿模型结果，如表 5-2 所示。

表 5-2　　超越对数生产函数的随机前沿模型（5-6）参数估计结果

参数	系数	T值	参数	系数	T值	参数	系数	T值
β_0	2.571	0.704	β_{ll}	-0.277	-1.166	σ^2	0.352	1.143
β_k	4.952**	2.355	β_{lt}	-0.023	-1.160	γ	0.932***	15.634
β_l	-4.147**	-2.227	β_{kl}	1.053**	2.064	μ	0.222	0.349
β_t	0.157	0.436	β_{kt}	-0.085	-0.828	η	0.228***	4.994
β_{kk}	-0.680***	-2.285	β_{lt}	0.174	1.511	对数似然值		-2.381

注：***、**、*分别表示在1%、5%、10%的统计水平上显著。

通过表 5-2 可见，γ 值为 0.932，在 1% 水平上显著，说明选取 SFA 模型是合理的，适用于测度城市战略性新兴产业研发效率。为确定随机前沿生产函数设定的适当形式，假设检验如下：

（1）H0a：假定生产函数方程中的所有二次项系数都是 0，如果假设成立，则使用柯布-道格拉斯函数；相反，使用超越对数生产函数随机前沿模型。

（2）H0b：时间项 t 的系数均为 0，如果接受原假设，表明考察期无技术进步。

（3）H0c：$\beta_{kt}=\beta_{lt}=0$，投入因子与技术进步没有关系，考察期技术进步中性。

（4）H0d：$\eta = 0$，如果假设成立，表明技术效率在考察期间不随时间变化；反之，则表明技术效率具有时变性。

（5）H0e：$\mu = 0$，表明技术无效率遵从半正态分布。

针对假设检验，选取广义似然比统计量，$L(H0)$ 和 $L(H1)$ 分别是原假设 H0 与备选假设 H1 的似然函数值，遵从混合 χ^2 分布，自由度是受约束变量的数量。如果广义似然比 λ 较临界值大，那么拒绝原来的假设，接受超越对数生产函数随机前沿模型（5-6）；反之，则接受原来的假设，选用模型（5-1）。

假设检验的结果如表 5-3 所示：H0a 被拒绝，表明选择超越对数生产函数是合理的，与表 5-2 的 γ 值检验结果一致；H0b 被拒绝，说明各城市战略性新兴产业发展过程存在技术进步；H0c 被拒绝，表明研发经费与研发人员投入要素和技术进步有关；H0d 被拒绝，说明城市战略性新兴产业的研发效率随时间而变化；H0e 被拒绝，则表明技术无效率项 μ 遵从半正态分布。如果假设检验均被拒绝，表明选择超越对数生产函数的随机前沿模型来测度城市战略性新兴产业研发效率是合适的，达到理想效果。

表 5-3　　　　　　　　随机前沿模型（5-6）假设检验结果

假设 $\lambda = -2[L(H0) - L(H1)]$	对数似然值 $L(H0)$	自由度	检验统计量	临界值	检验结论
H0a：$\beta_{kk} = \beta_{ll} = \beta_{kl} = \beta_{kt} = \beta_{lt} = \beta_{tt} = 0$	-10.841	6	79.337	17.791	拒绝
H0b：$\beta_t = \beta_{tt} = \beta_{kt} = \beta_{lt} = 0$	-6.017	4	87.137	14.045	拒绝
H0c：$\beta_{kt} = \beta_{lt} = 0$	-4.881	2	86.168	9.634	拒绝
H0d：$\eta = 0$	-13.452	1	68.597	6.635	拒绝
H0e：$\mu = 0$	-2.42	1	90.66	6.635	拒绝

通过模型（5-6）测度 2013~2018 年城市战略性新兴产业的研发效率，具体数值如表 5-4 所示。19 个城市战略性新兴产业研发效率的均值

为 0.525，处于较低的水平，表明各城市的研发效率还有 47.5% 的提升空间。各城市战略性新兴产业的研发进展呈现不均衡状态，高于平均水平的城市有 11 个，达到样本量的一半。四个直辖市的研发效率均处于较高水平，而在 15 个副省级城市中，宁波市研发效率值最高，值为 0.874，长春市效率值最低，值为 0.154。

表 5 - 4　　19 个城市战略性新兴产业创新价值链的研发创新效率

地区	效率	地区	效率	地区	效率	地区	效率
北京市	0.946	宁波市	0.874	长春市	0.154	武汉市	0.277
天津市	0.663	厦门市	0.201	哈尔滨市	0.336	广州市	0.529
上海市	0.633	青岛市	0.652	南京市	0.672	成都市	0.740
重庆市	0.733	深圳市	0.663	杭州市	0.572	西安市	0.490
大连市	0.216	沈阳市	0.271	济南市	0.358	均值	0.525

5.2.2　战略性新兴产业成果转化效率

选取科技活动经费、科技活动人员、专利授权量作为投入变量，选取技术交易额作为城市战略性新兴产业成果转化效率的产出变量，超越对数生产函数随机前沿模型如式（5 - 7）所示。

$$\ln y_{it} = \beta_0 + \beta_k \ln K_{it} + \beta_l \ln L_{it} + \beta_p \ln A_{it} + \beta_t t + \frac{1}{2}\beta_{kk}(\ln K_{it})^2 + \frac{1}{2}\beta_{ll}(\ln L_{it})^2$$

$$+ \frac{1}{2}\beta_{pp}(\ln A_{it})^2 + \beta_{kl}\ln K_{it}\ln L_{it} + \beta_{kp}\ln K_{it}\ln A_{it} + \beta_{lp}\ln L_{it}\ln A_{it} + \frac{1}{2}\beta_{tt}t^2$$

$$+ \beta_{kt}t\ln K_{it} + \beta_{lt}t\ln L_{it} + \beta_{pt}t\ln A_{it} + v_{it} - u_{it} \qquad (5-7)$$

运用 Frontie r4.1 软件分析转化数据，获得原假设为超越对数生产函数的随机前沿模型估计结果，如表 5 - 5 所示。γ 值为 0.939，在 1% 的水平上显著，表明选择随机前沿模型是合理的。

表 5 - 5　　　　　随机前沿模型（5 - 7）成果转化的参数估计结果

参数	系数	T 值	参数	系数	T 值	参数	系数	T 值
β_0	− 122.582 ***	− 82.571	β_{pp}	− 1.144 ***	− 12.666	β_{pt}	0.018	0.187
β_k	8.843 ***	6.242	β_{kl}	0.007	0.009	σ^2	1.158 ***	2.699
β_l	− 17.231 ***	− 8.998	β_{kp}	− 1.238 ***	− 2.948	γ	0.939 ***	40.583
β_p	25.260 ***	28.281	β_{lp}	1.947 ***	5.043	μ	2.085 ***	5.995
β_t	− 0.913	− 0.911	β_{tt}	0.006	0.137	η	− 0.01	− 0.234
β_{kk}	0.208	0.391	β_{kt}	0.256	1.09	对数 似然值	− 45.705	
β_{ll}	− 0.105	− 0.208	β_{lt}	− 0.247	− 0.97			

注：*** 、** 、* 分别表示在 1% 、5% 、10% 的统计水平上显著。

对备选生产函数进行假设检验，结果如表 5 - 6 所示。H0a 被拒绝，则表明超越对数生产函数模型更适用于测度城市战略性新兴产业成果转化效率；H0b 被接受，表明在考察期间城市战略性新兴产业的成果转化效率不存在技术进步，技术进步可能是中性的；H0c 和 H0d 均被拒绝，表明技术无效率服从半正态分布，并且随着时间趋势而变化。因此能够确定城市战略性新兴产业成果转化效率的最优随机前沿模型，具体检验结果如表 5 - 7 所示。

表 5 - 6　　　　　随机前沿模型（5 - 7）成果转化的假设检验结果

假设 $\lambda = - 2[L(H0) - L(H1)]$	对数似然值 $L(H0)$	自由度	检验统计量	临界值	检验结论
H0a：$\beta_{kk} = \beta_{ll} = \beta_{pp} = \beta_{kl} = \beta_{kp} = \beta_{lp}$ $= \beta_{tt} = \beta_{kt} = \beta_{lt} = \beta_{pt} = 0$	− 33.484	10	148.898	24.488	拒绝
H0b：$\beta_t = \beta_{tt} = \beta_{kt} = \beta_{lt} = \beta_{pt} = 0$	− 50.5	5	9.381	15.968	接受
H0c：$\eta = 0$	− 59.043	1	69.422	6.635	拒绝
H0d：$\mu = 0$	− 29.319	1	132.593	6.635	拒绝

表 5 - 7　　　　最优随机前沿模型（5 - 7）成果转化的参数估计结果

参数	系数	T 值	参数	系数	T 值	参数	系数	T 值
β_0	- 128.747 ***	- 34.071	β_{ll}	- 0.165	- 0.314	σ^2	1.016 ***	3.013
β_k	9.109 ***	4.209	β_{pp}	- 1.146 ***	- 12.857	γ	0.907 ***	30.179
β_l	- 19.152 ***	- 5.923	β_{kl}	- 0.385	- 0.373	μ	1.920 ***	5.857
β_p	26.565 ***	35.649	β_{kp}	- 1.620 ***	- 3.936	η	0.027	1.466
β_{kk}	0.683	1.058	β_{lp}	2.317 ***	5.897	对数似然值	50.5	

注：*** 、** 、* 分别表示在 1%、5%、10% 的统计水平上显著。

通过最优随机前沿模型测度 2013 ~ 2018 年城市战略性新兴产业成果转化效率，如表 5 - 8 所示。19 个城市成果转化效率的平均值仅为 0.195，处于较低水平，制约创新价值链创新效率整体提升，研发成果转化的创新投入协同效应较弱。成果转化效率超过平均值的城市只有 8 个，未达到样本数的一半。直辖市成果转化效率均高于平均水平，副省级城市差异显著，深圳市成果转化效率最高值为 0.296，厦门成果转化效率最低，仅为 0.031。

表 5 - 8　　　　19 个城市战略性新兴产业创新价值链的成果转化效率

地区	效率	地区	效率	地区	效率	地区	效率
北京市	0.771	宁波市	0.125	长春市	0.170	武汉市	0.033
天津市	0.237	厦门市	0.031	哈尔滨市	0.109	广州市	0.285
上海市	0.318	青岛市	0.058	南京市	0.097	成都市	0.080
重庆市	0.223	深圳市	0.296	杭州市	0.038	西安市	0.152
大连市	0.143	沈阳市	0.262	济南市	0.276	均值	0.195

5.2.3　战略性新兴产业产品创新效率

选取产品开发经费、年末从业人员、技术交易额作为投入变量，选取营业收入作为城市战略性新兴产业产品创新环节的产出变量，超越对数生产函数的随机前沿模型如模型（5－7）所示。利用 Frontier 4.1 软件对产品创新数据进行分析，得到原假设为超越对数生产函数的随机前沿模型估计结果，如表5－9所示。

表5－9　　　随机前沿模型（5－7）产品创新的参数估计结果

参数	系数	T 值	参数	系数	T 值	参数	系数	T 值
β_0	6.895 ***	6.535	β_{mm}	0.001	－0.011	β_{mt}	－0.012	－0.809
β_k	－1.363 **	－2.064	β_{kl}	－0.225	－0.623	σ^2	0.065 *	1.791
β_l	2.082 ***	2.588	β_{km}	0.117	1.224	γ	0.812 ***	4.215
β_m	－0.321	－1.448	β_{lm}	－0.071	－0.683	μ	0.377	1.519
β_t	0.270 **	2.011	β_{tt}	0.006	0.293	η	－0.262	－1.463
β_{kk}	0.234 *	1.177	β_{kt}	－0.155 **	－2.191	对数似然值	34.018	
β_{ll}	－0.094	－0.546	β_{lt}	0.175 **	2.153			

注：***、**、*分别表示在1%、5%、10%的统计水平上显著。

γ 值为 0.812，在 1% 的水平上显著，表明采用随机前沿模型是合理的。通过对备选生产函数进行假设检验（如表5－10所示），可见假设 H0a 被接受，表明相比超越对数生产函数模型，柯布－道格拉斯生产函数更适合测度城市战略性新兴产业产品创新效率；H0b 被拒绝，说明考察期内存在技术进步；进一步检验 H0c 被拒绝，表明技术无效率因素服从半正态分布；H0d 被拒绝，表明考察期内技术无效率随时间趋势变化。因此接受 H0a 模型，最优随机前沿模型的测算结果如表5－11所示。

表5-10　　　　随机前沿模型（5-7）产品创新的假设检验结果

假设 $\lambda = -2[L(H0)-L(H1)]$	对数似然值 $L(H0)$	自由度	检验统计量	临界值	结论
H0a：$\beta_{kk}=\beta_{ll}=\beta_{mm}=\beta_{kl}=\beta_{km}$ $=\beta_{lm}=\beta_{tt}=\beta_{kt}=\beta_{lt}$ $=\beta_{mt}=0$	20.906	10	19.881	24.488	接受
H0b：$\beta_t = 0$	19.454	1	17.681	6.635	拒绝
H0c：$\eta = 0$	18.403	1	14.874	6.635	拒绝
H0d：$\mu = 0$	20.228	1	18.524	6.635	拒绝

表5-11　　　　最优随机前沿模型（5-7）产品创新的参数估计结果

参数	系数	T 值	参数	系数	T 值
β_0	4.704 ***	16.137	σ^2	0.087	1.397
β_k	0.545 ***	5.768	γ	0.765 ***	4.151
β_l	0.229 *	1.755	μ	0.442 *	1.658
β_m	0.017	0.533	η	-0.207 **	-2.480
β_t	0.062	1.629	对数似然值	20.906	

注：***、**、*分别表示在1%、5%、10%的统计水平上显著。

通过最优随机前沿模型测算城市战略性新兴产业产品创新效率，具体结果如表5-12所示。19个城市战略性新兴产业的产品创新效率平均值为0.717，发展较为协调均衡，但总体上仍有28.3%的提升空间。产品创新效率超过平均水平的城市有10个，达到样本数的一半。各城市之间在产品创新上仍然存在着差距，重庆市产品创新效率最高，值为0.939，哈尔滨市效率最低，值为0.502。

表 5 – 12　　　19 个城市战略性新兴产业创新价值链的产品创新效率

地区	效率	地区	效率	地区	效率	地区	效率
北京市	0.822	宁波市	0.870	长春市	0.636	武汉市	0.860
天津市	0.752	厦门市	0.642	哈尔滨市	0.502	广州市	0.732
上海市	0.848	青岛市	0.763	南京市	0.702	成都市	0.638
重庆市	0.939	深圳市	0.743	杭州市	0.658	西安市	0.564
大连市	0.643	沈阳市	0.567	济南市	0.739	均值	0.717

通过对 19 个城市战略性新兴产业创新价值链三个环节的效率进行测度，横向比较发现城市之间的差距较大，纵向比较发现创新价值链三个环节的效率值也存在差异，创新发展呈现不协调非均衡状态。虽然研发创新和产品创新总体上水平较高，但是仍存在提升的空间，而成果转化效率持续走低，资源投入要素和研发成果没有充分转化为技术收益，未达到理想的效果。

5.2.4　战略性新兴产业创新价值链非均衡

战略性新兴产业创新价值链创新要素水平提升，主要来自技术引进和自主培育两个途径。战略性新兴产业自主培育为主的城市，创新要素显现创新价值链前端、中端、后端相互协同效应；战略性新兴产业技术引进为主的城市，创新要素较易呈现后端挤占前端的挤占效应。各城市经济发展水平不一致，创新资源要素培育与引进能力差异较大，支撑战略性新兴产业的创新价值链传导方式各异，导致各城市战略性新兴产业创新发展非均衡，创新价值链各环节极化效应显著。

利用泰尔指数式（5 – 3）测算城市战略性新兴产业创新价值链各环节效率的极化效应，如图 5 – 3 所示。2013～2018 年城市战略性新兴产业研发创新和成果转化环节的极化效应呈波动下降的趋势，极化效应逐渐减弱，其中成果转化创新差异在 2014 年达到峰值 0.801；而产品创新环节的极化效应呈波动上升趋势，极化现象增强。创新价值链各环节（研发创新、成果转化、产品创新）的泰尔指数平均值分别为 0.571、0.725、0.672，极化效应较为显著，其中成果转化环节的泰尔指数均值最高，差异明显。

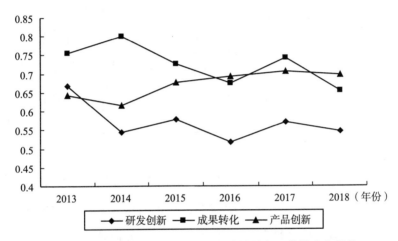

图 5 - 3　城市战略性新兴产业创新价值链各环节的泰尔指数

为考察城市战略性新兴产业创新价值链极化效应的空间变动趋势，本书将 19 个城市按照南方—北方、沿海—内陆、副省级—直辖市三个标准划分为不同的空间组①。利用式（5 - 4）和式（5 - 5）测算城市战略性新兴产业创新价值链各环节的区域内和区域间差异，采用区域间差异与区域内差异的比值，测度区域空间极化效应的强弱变动趋势，具体

――――――――――――

①　南方—北方（南方城市包括上海市、重庆市、武汉市、成都市、南京市、杭州市、厦门市、宁波市、广州市、深圳市，其他城市为北方城市）；沿海—内陆（沿海城市包括北京市、天津市、上海市、大连市、青岛市、宁波市、广州市、深圳市、厦门市，其他为内陆城市）；副省级—直辖市（直辖市包括北京市、天津市、上海市、重庆市，其他为副省级城市）。

结果如表 5 – 13 所示。

表 5 – 13　　　　城市战略性新兴产业创新价值链空间极化效应对比

年份	研发创新			成果转化			产品创新		
	副省级—直辖市	南方—北方	沿海—内陆	副省级—直辖市	南方—北方	沿海—内陆	副省级—直辖市	南方—北方	沿海—内陆
2013	0.307	0.442	0.534	0.461	0.554	0.472	0.316	0.303	0.357
2014	0.252	0.474	0.419	0.452	0.539	0.43	0.232	0.426	0.305
2015	0.212	0.578	0.459	0.467	0.564	0.484	0.29	0.449	0.386
2016	0.206	0.561	0.422	0.473	0.585	0.458	0.303	0.379	0.435
2017	0.273	0.557	0.481	0.447	0.617	0.439	0.317	0.351	0.359
2018	0.236	0.529	0.506	0.473	0.526	0.456	0.346	0.437	0.348
均值	0.248	0.524	0.470	0.462	0.564	0.457	0.301	0.391	0.365

研发创新环节，城市战略性新兴产业副省级—直辖市方向比值 2013 ~ 2018 年逐渐减小，强弱极化程度减弱，在副省级—直辖市方向不存在空间极化效应；城市战略性新兴产业南方—北方方向比值先增后减，但是 2018 年的极化强弱数值仍高于 2013 年的最初水平，极化强弱程度增加，在南方—北方方向上存在空间极化效应；城市战略性新兴产业沿海—内陆方向比值波动减小，极化强弱程度减弱，但是极化程度仍然较显著。从平均比值来看，南方—北方方向 > 沿海—内陆方向 > 副省级—直辖市方向，说明战略性新兴产业研发创新的空间极化强弱程度在南北方城市之间表现最强烈，在沿海城市和内陆城市表现较强烈，在副省级城市和直辖市之间表现相对较弱。

成果转化环节，城市战略性新兴产业副省级—直辖市方向比值 2013 ~ 2018 年波动上升，空间极化效应较显著，此方向存在极化效应；城市战略性新兴产业南方—北方方向比值波动下降，在南方—北方方向不存在空间极化效应；城市战略性新兴产业沿海—内陆方向比值呈波动减小趋势，极化程度减弱，不存在空间极化效应。从平均值可以看出，南方—北方方向＞副省级—直辖市方向＞沿海—内陆方向，表明战略性新兴产业成果转化的空间极化强弱程度在南北方城市之间表现最强烈，在副省级城市和直辖市之间表现较强烈，在沿海城市和内陆城市之间相对较弱。

产品创新环节，城市战略性新兴产业副省级—直辖市方向比值 2013～2018 年先减后增，总体上极化强弱程度增强，在此方向上存在空间极化效应；城市战略性新兴产业南方—北方方向比值波动增加，极化效应增强；城市战略性新兴产业沿海—内陆方向比值波动减小，极化强弱程度减弱，沿海—内陆方向不存在空间极化效应。从平均值来看，南方—北方方向＞沿海—内陆方向＞副省级—直辖市方向，战略性新兴产业产品创新环节的空间极化强弱程度与研发创新环节的变动趋势一样。

6

创新型产业集群创新效能

6.1 创新型产业集群中战略性新兴产业技术效率

6.1.1 研究方法与变量选择

6.1.1.1 三阶段 DEA 模型

三阶段 DEA 模型可以消除环境和随机因素带来的影响,很多学者应用它处理包含环境因素影响的效率和绩效评估问题(陈巍巍,2014)。数据包络分析方法是用来评价多投入多产出决策单元是否有效的一种系统分析方法,最早出现在弗莱德等的论文中。相较于传统 DEA 模型,三阶段 DEA 模型运用随机前沿分析,考虑环境和随机因素作用,从而能够更准确地分析创新效率(田泽,2017)。三阶段 DEA 将决策单元(DMU)的效率评价分为三个阶段:

　　第一阶段传统 DEA 模型采用 BCC 修正模型，假定规模报酬可变，将技术效率进一步分解为规模效率和纯技术效率。本书选择以投入为导向，在第一阶段中可以得到未经处理的效率值及投入的松弛变量，缺点在于未考虑环境变量和随机误差项的影响。

　　第二阶段相似 SFA 模型，对投入进行调整，由于各决策单元可能受环境因素或随机变量的影响，因此建立由第一阶段得出的投入松弛变量与环境变量的模型如式（6-1）所示。

$$s_{mn} = f_n(z_m, \beta_n) + v_{mn} + u_{mn}, \quad m = 1, 2, \cdots, N; \ j = 1, 2, \cdots, P$$

$$(6-1)$$

　　式（6-1）中，s_{mn} 表示第 m 个决策单元的第 n 种投入的差额，f_n 表示与每一种投入差额对应的函数形式，$z_m = (z_{1m}, z_{2m}, \cdots, z_{km})$ 表示由 k 个环境变量在第 m 个决策单元上的数值，β_n 表示第 n 种投入在 k 维环境变量上的参数向量，v_{mn} 表示随机误差，并且 $v_{mn} \sim N(0, \sigma_{nv}^2)$，$u_{mn}$ 表示管理无效率，服从半正态分布，$u_{mn} \sim N^+(\mu_j, \sigma_{j u}^2)$，$v_{mn}$ 与 u_{mn} 相互独立。定义 $\gamma = \sigma_{nu}^2 / (\sigma_{nu}^2 + \sigma_{nv}^2)$，当 γ 接近 1 时，管理无效率是主要原因，γ 接近 0 时，u_{mn} 可以从模型中去掉，随机模型退化成确定性模型，使用 OLS（最小二乘法）估计即可。

　　运用 Frontier 4.1 软件求出参数值 β_n，σ_{nv}^2 和 σ_{nu}^2 的估计值，使用琼德罗（Jondrow，1982）等相关学者的方法，求出 u_{mn} 估计量 $E[u_{mn}/(v_{mn} + u_{mn})]$，得到 v_{mn} 估计量，再对各决策单元投入量进行调整，如式（6-2）所示。

$$x_{mn}^A = x_{mn} + [\max\{z_m\hat{\beta}^n\} - z_m\hat{\beta}^n] + [\max\{\hat{v}_{mn}\} - \hat{v}_{mn}],$$
$$m = 1, 2, \cdots, N; \ n = 1, 2, \cdots, P \qquad (6-2)$$

　　式（6-2）中，等式右边第二项为把每个决策单元的第 n 项投入，调整到受环境变量影响最大的假定情形，使其处于最差的环境中需要增加的投入量；等式右边第三项为使其处于最大的随机干扰中需要的增加量。假定每个决策变量都处于同等外部条件下，受到随机干扰也相同，以达到排除这两类因素对效率影响的目的。第三阶段调整后的 DEA 模型，将第二阶段调整后的投入值替代第一阶段中的投入值，再次计算效率，可以得出剔除环境因素和随机误差后的实际效率值。

6.1.1.2 变量选取与数据来源

关于投入产出指标选取，刘伟（2015）提到专利是研发活动的直接创新成果，同时也是国际上通用的技术创新产出的测量指标。刘满凤（2016）等表示国内学者在高新区发展效率指标选择上虽然无统一认识，但是绝大部分学者都采用将专利申请量、人均国内专利申请受理量、新产品销售利润、新产品销售收入占企业总销售收入的比重、技术性收入等作为产出指标。鉴于创新型产业集群一般以高新区为载体，本书在接受研究学者各分类方法基础上，选取三个产出指标。创新型产业集群创新为主要活动，所以以将当年发明专利申请量和拥有注册商标量作为创新产出指标。同时需要将创新成果转换为经济指标，考虑科技创新成果并非立竿见影，在投入前几年可能不会产生太大收益，所以此处并未将净利润作为产出指标，而是选用营业收入（千元）作为创新产出指标。投入指标的选择，大多数学者将 R&D 活动人员数量、R&D 经费支出金额、科技活动经费支出金额、年末固定资产、科研机构个数、企业个数等作为投入指标，本书依照现有数据的有效性及缺失程度，选取高新技术企业数与年末从业人员数作为投入指标。

环境变量的选取应遵循考虑对所研究项产生影响的外生变量，包括政策环境、政府支持、市场结构、企业规模等方面，但是又不在主观可控范围原则。鉴于西玛（Simar）和威尔逊（Wilson）研究，环境变量选取应满足所谓的"分离假设"。基于高新区发展特点，选取环境变量包括宏观经济环境、市场开放程度、政策支持、产业结构、基础设施五个方面。可以看出国内学者对于环境变量的选取看法大同小异，本书以研究学者经验为基础，选取人力资本、外部支持、企业间联系三个环境变量。创新型产业是人才密集型产业，人力资源与科技创新协同发展，本书选取区域内大专及以上学历人数所占比重，作为人力资本环境变量。依据已有材料并结合数据缺失程度综合考虑，选取国家级科技企业孵化器个数作为外部支持环境变量，孵化器为新创办的科技型中小企业提供物理空间和基础设施，在一定程度上极大地降低了小微企业的风险和成本。在开放市场中，由于创新型产业势单力薄，失败成本高昂，所以会出现市场合作联盟，各创新企业通过联合采购降低成本，共享基础设施降低创新成本，通过网络互连实现需求方规模经济等，本书选取产业联盟组织数作为企业间联系的环境变量。投入指标、产出指标和环境变量的数据来源为《2017 年中国火炬统计年鉴》，数据信息准确可靠。所使用的软件为 Frontier 4.1 和 DEAP 2.1。

6.1.2　三阶段 DEA 实证结果

6.1.2.1　第一阶段 DEA 模型实证结果

在三阶段 DEA 分析的第一阶段，将原始数据输入 Excel 中，运用 DEAP 2.1 软件，并通过 BCC 模型对 70 个创新型产业集群的纯技术效率、规模效率和综合技术效率进行分析，结果如表 6－1 所示。2016 年创新型产业集群技术效率平均值为 0.459，纯技术效率平均值为 0.537，规模效率平均值为 0.869。第一阶段实证结果表明，创新型产业集群规模效率大于纯技术效率，说明在创新型产业集群的技术效率中规模因素起主导作用，技术因素作用低于规模因素。

表 6 - 1　　　　　　　　　　　创新型产业集群技术效率

序号	创新型产业集群	调整前				调整后			
		技术效率	纯技术效率	规模效率	规模收益	技术效率	纯技术效率	规模效率	规模收益
1	北京中关村移动互联网	0.752	1.000	0.752	drs	1.000	1.000	1.000	—
2	亦庄数字电视和数字内容	0.235	0.368	0.638	irs	0.292	0.823	0.354	irs
3	丰台轨道交通	0.111	0.116	0.961	irs	0.298	0.347	0.858	irs
4	天津高新区新能源	0.656	0.796	0.825	drs	0.692	0.732	0.945	drs
5	北辰高端装备制造	0.397	0.540	0.735	drs	0.514	0.523	0.984	drs
6	石家庄药用辅料	0.541	0.544	0.994	drs	0.549	0.610	0.900	irs
7	邯郸现代装备制造	0.696	0.699	0.996	irs	0.580	0.683	0.848	irs
8	保定新能源智能电网装备	0.331	0.748	0.442	drs	0.629	0.689	0.913	drs
9	太原不锈钢	1.000	1.000	1.000	—	1.000	1.000	1.000	—
10	榆次液压	0.165	0.264	0.627	irs	0.090	0.797	0.113	irs
11	包头高新区稀土新材料	0.467	0.469	0.997	irs	0.372	0.468	0.794	irs
12	大连信息技术及服务	0.271	0.292	0.928	drs	0.208	0.210	0.990	irs
13	辽宁激光	0.189	0.215	0.880	irs	0.091	0.515	0.178	irs
14	本溪制药	0.127	0.154	0.823	irs	0.069	0.606	0.114	irs
15	长春汽车电子	0.594	0.604	0.982	irs	0.464	0.631	0.736	irs
16	通化医药	0.864	0.887	0.974	irs	0.710	0.963	0.737	irs
17	齐齐哈尔重型数控机床	0.186	0.197	0.947	irs	0.113	0.568	0.199	irs
18	大庆高新区高端石化	0.381	0.439	0.869	irs	0.550	0.818	0.673	irs
19	张江生物医药	0.616	0.655	0.940	drs	0.523	0.630	0.830	irs
20	上海新能源汽车及零部件	0.400	0.412	0.970	irs	0.260	0.519	0.502	irs
21	上海精细化工	0.264	0.271	0.973	irs	0.183	0.360	0.508	irs
22	江宁智能电网	0.252	0.253	0.994	irs	0.196	0.313	0.627	irs
23	无锡高新区智能传感系统	0.248	0.254	0.977	drs	0.224	0.235	0.951	irs
24	江阴特钢新材料	0.752	0.758	0.991	drs	0.666	0.731	0.911	irs
25	常州高新区光伏	0.400	0.407	0.983	irs	0.285	0.546	0.521	irs
26	苏州高新区医疗器械	0.572	0.593	0.964	irs	0.397	0.743	0.535	irs

续表

序号	创新型产业集群	调整前				调整后			
		技术效率	纯技术效率	规模效率	规模收益	技术效率	纯技术效率	规模效率	规模收益
27	苏州工业园区纳米新材料	1.000	1.000	1.000	—	0.687	1.000	0.687	irs
28	昆山小核酸	0.431	1.000	0.431	irs	0.022	1.000	0.022	irs
29	杭州数字安防	0.627	0.770	0.814	drs	0.669	0.671	0.997	drs
30	温州激光与光电	0.521	0.668	0.779	drs	0.568	0.571	0.995	drs
31	合肥信息技术公共安全	0.368	0.369	0.996	drs	0.272	0.373	0.728	irs
32	芜湖新能源汽车	0.381	0.381	0.999	—	0.285	0.407	0.701	irs
33	蚌埠新型高分子材料	0.358	0.360	0.992	irs	0.260	0.401	0.649	irs
34	厦门海洋与生命科学	0.182	0.189	0.966	irs	0.174	0.270	0.642	irs
35	泉州微波通信	1.000	1.000	1.000	—	1.000	1.000	1.000	—
36	闽东中小电机	0.877	1.000	0.877	drs	1.000	1.000	1.000	—
37	南昌高新区生物医药	0.114	0.165	0.694	irs	0.065	0.684	0.095	irs
38	景德镇直升机制造	0.207	0.221	0.935	irs	0.159	0.672	0.236	irs
39	济南智能输配电	0.958	0.975	0.982	drs	0.799	0.973	0.821	irs
40	烟台海洋生物与医药	0.645	0.895	0.720	irs	0.278	0.980	0.284	irs
41	潍坊半导体发光	0.430	0.435	0.988	irs	0.291	0.497	0.585	irs
42	济宁高效传动与智能铲运机械	0.308	0.313	0.984	irs	0.210	0.373	0.563	irs
43	郑州智能仪器仪表	0.813	0.830	0.979	irs	0.419	0.895	0.469	irs
44	洛阳高新区轴承	0.334	0.337	0.990	irs	0.374	0.581	0.643	irs
45	南阳防爆装备制造	0.101	0.393	0.258	irs	0.070	0.888	0.078	irs
46	武汉东湖高新区国家地球空间信息及应用服务	0.172	0.174	0.985	drs	0.159	0.195	0.815	irs
47	十堰商用车及部件	0.503	0.568	0.886	drs	0.445	0.476	0.934	irs
48	襄阳新能源汽车	0.818	0.881	0.928	irs	0.277	0.949	0.292	irs
49	长沙电力智能控制与设备	0.268	0.278	0.964	irs	0.171	0.418	0.409	irs
50	株洲轨道交通装备制造	0.703	0.713	0.986	drs	0.613	0.620	0.989	irs

序号	创新型产业集群	调整前				调整后			
		技术效率	纯技术效率	规模效率	规模收益	技术效率	纯技术效率	规模效率	规模收益
51	湘潭先进矿山装备制造	0.459	0.462	0.993	irs	0.316	0.461	0.685	irs
52	广州个体医疗与生物医药	0.399	0.521	0.767	drs	0.448	0.461	0.972	drs
53	深圳高新区下一代互联网	0.706	1.000	0.706	drs	0.990	1.000	0.990	drs
54	珠海智能配电网装备	0.265	0.272	0.973	irs	0.180	0.381	0.472	irs
55	惠州云计算智能终端	0.350	1.000	0.350	drs	0.738	1.000	0.738	drs
56	中山健康科技	0.496	0.498	0.996	irs	0.402	0.483	0.833	irs
57	南宁亚热带生物资源开发利用	0.333	0.333	1.000	—	0.324	0.396	0.819	irs
58	柳州高新区汽车整车及零部件	0.571	1.000	0.571	drs	0.841	1.000	0.841	drs
59	重庆高新区电子信息	0.220	0.222	0.993	irs	0.180	0.240	0.750	irs
60	成都数字新媒体	0.296	0.487	0.608	drs	0.323	0.367	0.881	drs
61	绵阳汽车发动机及关键零部件	0.204	0.313	0.651	irs	0.130	0.824	0.158	irs
62	贵阳国家高新区新材料	0.134	0.179	0.751	irs	0.055	0.579	0.095	irs
63	昆明市生物医药	0.974	1.000	0.974	irs	0.833	1.000	0.833	irs
64	西安高新区军民融合通信	0.455	0.560	0.812	drs	0.477	0.490	0.974	drs
65	宝鸡高新区钛	0.423	0.434	0.976	irs	0.286	0.609	0.470	irs
66	杨凌示范区生物	1.000	1.000	1.000	—	1.000	1.000	1.000	—
67	兰州高新区节能环保	0.217	0.236	0.918	irs	0.123	0.468	0.262	irs
68	青藏高原特色生物资源与中藏药	0.563	0.611	0.922	irs	0.261	0.800	0.326	irs
69	海西盐湖化工特色循环经济	0.195	0.322	0.606	irs	0.237	0.798	0.297	irs
70	乌鲁木齐电子新材料	0.276	0.294	0.939	irs	0.156	0.557	0.280	irs

在未考虑环境变量和随机因素干扰时，70 个产业集群中，太原不锈钢创新型产业集群、苏州工业园区纳米新材料创新型产业集群、泉州微波通信创新型产业集群、杨凌示范区生物创新型产业集群 4 个产业集群处于综合效率前沿，技术效率、纯技术效率和规模效率都达到 1，产业集群资源配置和管理效率相对有效。72% 以上产业集群（51 个）技术效率低于 0.6，说明从整体来看创新型产业集群创新效率仍然较低。处于综合效率前沿的 4 个产业集群和芜湖新能源汽车创新型产业集群、南宁亚热带生物资源开发利用创新型产业集群规模收益不变，其余有 41 个产业集群规模收益递增，23 个产业集群规模收益处于递减状态。由于第一阶段并未排除环境因素和随机变量，因此不能准确反映创新型产业集群创新效率，所以还需要进行进一步测算。

6.1.2.2 第二阶段 SFA 模型实证结果

DEA 分析的第二阶段，将第一阶段测算出的两个投入变量高新技术企业数和年末从业人员数的松弛变量作为被解释变量，选取环境变量人力资本、国家级科技企业孵化器个数、产业联盟组织数作为解释变量，考察 3 个环境变量对 2 个投入项松弛变量的影响。回归系数为正，说明增加该解释变量将会增加投入松弛量，导致投入冗余增加；回归系数为负，说明该解释变量有利于减少投入松弛量，降低冗余。运用 Frontier 4.1 软件进行测算，结果如表 6-2 所示。

表 6-2	基于 SFA 的第二阶段估计值	
项目	高新技术企业数松弛变量	年末从业人员数松弛变量
常数项	-9.76 (49.89)	-35 831.79 (1.00)
国家级科技企业孵化器个数	-2.46 (2.80)	-1 145.73 (1.0002)

续表

项目	高新技术企业数松弛变量	年末从业人员数松弛变量
产业联盟组织数	−1.51 (2.69)	658.12 (1.0003)
人力资本	−44.28 (30.30)	6 588.40 (1.00)
σ^2	3 452.12 (578.95)	2 826 467 300 (1.00)
γ	0.718 (0.0065)	0.668 (0.0487)
log 似然值	−384.461	−859.997

注：括号内是标准差。

（1）国家级科技企业孵化器个数。结果表明该变量与高新技术企业数和年末从业人员数的松弛变量回归系数均为负，说明国家级科技企业孵化器个数的增加有利于减少高新技术企业和年末从业人员投入的冗余，促进这些资源有效利用，提高技术效率，由于企业孵化器可为创业者提供良好的创业环境和条件，为创业者们提供综合服务，减少创新创业过程中的成本与风险，所以国家级科技企业孵化器越多，大部分的创新资源越能得到充分的利用。

（2）产业联盟组织数。结果表明该变量与高新技术企业数的松弛变量回归系数为负，与年末从业人员数的松弛变量回归系数为正，说明产业联盟组织数增加，有利于减少高新技术企业投入冗余，产业联盟的出现可使企业之间实现优势互补，提高产业或行业的竞争力，提高技术效率，但是同时产业联盟组织数的增加一定程度上可能会导致年末从业人员的冗余。

（3）人力资本。结果表明该变量与高新技术企业数的松弛变量回归系数为负,与年末从业人员数的松弛变量回归系数为正,与产业联盟组织数的影响类似。说明人力资本增加有利于减少高新技术企业投入冗余,促进企业资源利用,这可能是因为创新型产业集群多是人才密集型,人力资本(大专及以上学历人数所占比重)越多,对于企业发展越有利,越能最大程度上开发企业资源,但是同时可能造成年末从业人员的冗余。

6.1.2.3 第三阶段调整后 DEA 模型实证结果

基于第二阶段 SFA 模型回归结果及相关计算,得到剔除环境变量和随机干扰因素后的投入调整数据,利用原始产出数据,再次运用 DEAP 2.1 软件重新测度 70 个创新型产业集群纯技术效率、技术效率和规模效率,结果如表 6-1 所示。在剔除环境变量和随机干扰因素后,创新型产业集群技术效率平均值为 0.407,纯技术效率平均值为 0.641,规模效率平均值为 0.643。从第三阶段实证结果可见,创新型产业集群的规模效率与纯技术效率相差较小,与第一阶段的创新型产业集群技术效率中规模因素起主导作用不同,第三阶段技术因素与规模因素作用一致。

处于技术效率、纯技术效率和规模效率前沿的产业集群是北京中关村移动互联网创新型产业集群、太原不锈钢创新型产业集群、泉州微波通信创新型产业集群、闽东中小电机创新型产业集群和杨凌示范区生物创新型产业集群,说明这 5 个产业集群资源配置较为合理,各种资源都能较大限度地发挥作用,技术优势明显,创新效率水平较高。其中太原不锈钢创新型产业集群、泉州微波通信创新型产业集群、杨凌示范区生物创新型产业集群 3 个产业集群在第一阶段和第三阶段都处于综合效率前沿,说明这 3 个产业集群投入产出效率并未受环境影响;第一阶段中的苏州工业园区纳米新材料创新型产业集群在第三阶段时没有达到综合效率前沿,说明调整前的效率值无法真正反映其效率;在第三阶段北京中关村移动互联网创新型产业集群和闽东中小电机创新型产业集群晋升到综合效率前沿,说明这两个产业集群在剔除环境因素和随机干扰因素后的效率值较高。75% 以上产业集群（53 个）技术效率低于 0.6，说明从整体来看我国创新型产业集群创新效率仍然较低。处于综合效率前沿的 5 个产业集群规模收益不变，其余有 54 个产业集群的规模收益递增，比调整前增加了 13 个产业集群；11 个产业集群规模收益处于递减状态，比调整前减少了 12 个产业集群。

剔除环境因素与随机干扰因素后，创新型产业集群的综合技术效率平均值由 0.459 降低至 0.407，纯技术效率平均值由 0.537 上升至 0.641，规模效率平均值由 0.869 降低至 0.643，产业集群以规模报酬递增为主。调整后，规模效率高估程度高于技术效率、纯技术效率低估程度，规模效率和纯技术效率共同制约了技术效率的提升（如图 6 - 1 所示）。

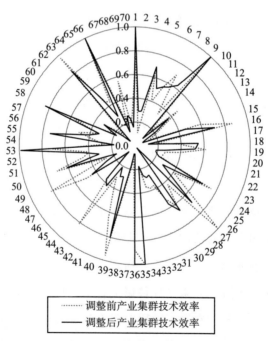

图 6 - 1　创新型产业集群调整前后综合技术效率变化

6.1.3 战略性新兴产业技术效率

为了分析不同行业的产业集群技术效率分布情况，根据国家高新区培育发展战略性新兴产业功能，将创新型产业集群按产业导向，划分为七大战略性新兴产业：节能环保产业、新一代信息技术产业、生物医药产业、高端装备制造产业、新能源产业、新材料产业和新能源汽车产业，调整前后战略性新兴产业技术效率平均值变化如表6-3所示（因产业集群数量较多，表6-3中以序号进行代替，产业集群与序号匹配见表6-1）。可以看到在七大战略性新兴产业中，节能环保产业的创新型产业集群数量最少，而新一代信息技术产业包含的创新型产业集群数量最多，生物产业次之。由于受到环境变量和随机干扰因素的影响，调整前后的技术效率会有所不同，调整后的技术效率更能反映真实情况，分析时以调整后的技术效率为准。

表6-3   战略性新兴产业技术效率（按对应创新型产业集群）

行业	对应创新产业集群	调整前			调整后		
		技术效率	纯技术效率	规模效率	技术效率	纯技术效率	规模效率
节能环保产业	18/67	0.299	0.338	0.894	0.337	0.643	0.468
新一代信息技术产业	1/2/12/13/22/23/29 30/31/35/42/43/49 53/54/55/59/60/64	0.429	0.534	0.849	0.432	0.572	0.740
生物医药产业	6/14/16/19/21/26 28/34/37/40/52/56 57/63/66/68	0.508	0.582	0.884	0.390	0.687	0.591
高端装备制造产业	3/5/7/10/17/38/39 44/45/46/50/51	0.374	0.424	0.866	0.340	0.609	0.606

续表

行业	对应创新产业集群	调整前			调整后		
		技术效率	纯技术效率	规模效率	技术效率	纯技术效率	规模效率
新能源产业	4/8/25/36/69	0.492	0.655	0.747	0.569	0.753	0.735
新材料产业	9/11/24/27/35/41 62/65/70	0.538	0.548	0.959	0.419	0.649	0.608
新能源汽车产业	15/20/32/47/48 58/61	0.496	0.594	0.855	0.386	0.687	0.595

技术效率、纯技术效率、规模效率最高的是新能源产业，新能源是人类追求可持续发展的必经之路，并且也是新一轮国际竞争的战略制高点，新能源产业未来发展前景好，政策带动吸引了大量的资本及人才，使该行业的产业集群创新效率较高（如图 6-2 所示）。

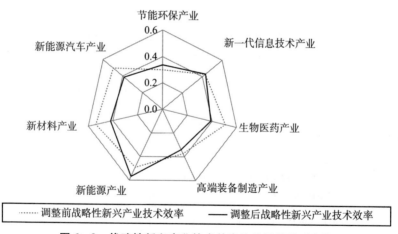

图 6-2 战略性新兴产业技术效率均值调整前后变化

技术效率、纯技术效率、规模效率较好的行业是新一代信息技术产业和新材料产业，正处于大数据时代，信息技术越来越凸显时代重要性，并且与其他产业相比，信息技术产业人才储备量非常大，在各高校信息技术都属于热门专业，强大后备人才使该产业技术效率增加；材料产业跨距各行各业，与经济生活息息相关，新材料产业在产业体系中占据着重要地位。

技术效率、纯技术效率、规模效率一般的行业是节能环保产业、生物医药产业、高端装备制造产业和新能源汽车产业，这些产业与新一代信息产业、新能源产业、新材料产业相比，创新资源不足、资源分配不合理，投入结构不合理等问题更严重，同时还可能存在一些制约发展的其他因素，包括过度竞争等，需进一步优化资源管理，提高创新效率。

6.2　基于效能评价的创新型产业集群成长模式

6.2.1　指标选取与指标体系的建立

6.2.1.1　创新型产业集群效率指标选取

创新型产业集群效率研究不仅涉及多投入多产出指标体系的构建，还包含环境变量的选取与筛选。本书对各省市的创新型产业集群进行研究，因此选取数据指标时，一定程度上涵盖了各省市的相关数据，以达到数据类型的囊括及数据完整度的提高。创新型产业集群各自的效率主要体现在资金收益与知识产权拥有数上。因此，在三阶段 DEA 分析的第一阶段中，选取各创新型产业集群的高新技术企业数、年末从业人员数、年末资产（创新型产业集群年末从业人员数×所在省市创新型产业集群年末总资产/

所在省市创新型产业集群年末总从业人员数，单位：千元）作为投入变量，选取营业收入（千元）、当年发明专利量（件）作为产出变量。依据创新型产业集群政策文件，选取出口总额（千元）、孵化基金（创新型产业集群年末从业人员数×所在省市创新型产业集群孵化基金数/所在省市创新型产业集群年末总从业人员数，单位：千元）、创新型产业集群孵化器个数、产业联盟组织数、生产力促进中心收入（千元）这5个指标作为环境变量。

6.2.1.2 创新型产业集群能力指标选取

本书立足于创新型产业集群的现状，采用自主创新力、效益贡献力及国际竞争力的"三力"模型，"三力"代表创新型产业集群的不同方面，支撑创新型产业集群的建设发展。根据数据可获取性和可操作性，完善相关指标体系，将3个一级指标量化为11个具体的二级指标，综合评估创新型产业集群的能力，指标体系如图6-3所示。此外，指标体系指标选取在创新型产业集群的能力评价中相当重要，因此采用了因子分析法对各项指标重要性进行排序，进而确定指标体系各项指标的权重。

自主创新力、国际竞争力与效益贡献力之间是互补型燕尾突变模型，自主创新力下各项指标间是互补型燕尾突变模型，效益贡献力下各项指标间是非互补型蝴蝶突变模型，而国际竞争力下各项指标之间是互补型蝴蝶突变系统。三种能力之下的各项指标的先后顺序不可随意排列，采用因子分析对各项指标进行重要性判断，将更具影响力的指标放在前面。在将最底层指标汇聚到第二层指标时，也需对"三力"指标进行因子分析以确定先后顺序，在做因子分析时需要针对数据的不同特性对指标进行不同方式的标准化处理。再依据突变级数法的步骤，可得最终的能力值的相对大小。

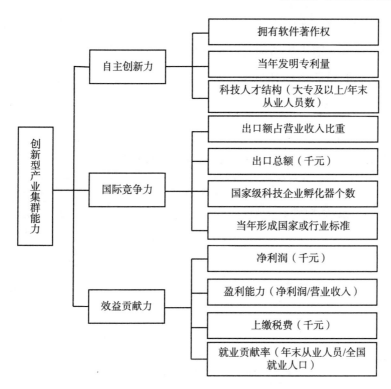

图 6 - 3　创新型产业集群能力指标体系

　　创新型产业集群一般以国家高新区为重点，在高新区内开展集群建设工作，与之协同发展，进而实现产业转型升级，提升产业竞争力。本书选取 70 个创新型产业集群进行分析研究，其中约有 38 家创新型产业集群在高新区内成长建设，占比超过 50%，能够在一定程度体现国家高新区产业集聚能力。本书所用数据均来源于《2017 年中国火炬统计年鉴》，数据具有可操作性与科学合理性。

6.2.2　三阶段 DEA 效率结果分析

　　运用 DEAP 4.1 软件对各创新型产业集群的初始效率进行分析，完成三阶段 DEA 分析的第一阶段。在第二、第三阶段下，运用 Frontier 软件剔除掉环境因素与随机扰动项对各地区效率的影响。将所有创新型产业集群都放在相同的最恶劣的环境中，得到其调整后的效率值，结果如表 6 - 4 所示。

表 6 - 4 　　　　　　　创新型产业集群调整前后效率比较

省区市	创新型产业集群	调整前效率				调整后效率			
		综合技术效率	纯技术效率	规模效率	规模收益	综合技术效率	纯技术效率	规模效率	规模收益
北京	北京中关村移动互联网	0.725	1.000	0.725	drs	0.908	1.000	0.908	irs
	亦庄数字电视和数字内容	0.235	0.368	0.638	irs	0.325	1.000	0.325	irs
	丰台轨道交通创新型产业集群	0.111	0.116	0.961	irs	0.654	0.976	0.670	irs
天津	天津高新区新能源	0.645	0.796	0.811	drs	0.921	1.000	0.921	irs
	北辰高端装备制造	0.384	0.395	0.972	drs	0.647	0.981	0.659	irs
河北	石家庄药用辅料	0.519	0.522	0.995	irs	0.606	1.000	0.606	irs
	邯郸现代装备制造	0.750	0.753	0.996	irs	0.422	0.995	0.424	irs
	保定新能源与智能电网装备	0.293	0.294	0.997	irs	0.314	0.964	0.326	irs
山西	太原不锈钢	1.000	1.000	1.000	—	0.809	0.997	0.812	irs
	榆次液压	0.156	0.234	0.666	irs	0.083	1.000	0.083	irs
内蒙古	包头稀土高新技术产业开发区稀土新材料	0.466	0.467	0.997	irs	0.454	0.994	0.457	irs
辽宁	大连信息技术及服务	1.000	1.000	1.000	—	0.416	0.813	0.512	irs
	辽宁激光	0.760	1.000	0.760	irs	0.041	0.982	0.042	irs
	本溪制药	0.458	0.700	0.655	irs	0.027	0.988	0.027	irs
吉林	长春汽车电子	0.582	0.597	0.976	irs	0.475	1.000	0.475	irs
	通化医药	0.367	0.445	0.826	irs	0.500	0.976	0.512	irs

省区市	创新型产业集群	调整前效率				调整后效率			
		综合技术效率	纯技术效率	规模效率	规模收益	综合技术效率	纯技术效率	规模效率	规模收益
黑龙江	齐齐哈尔重型数控机床	0.725	0.793	0.914	irs	0.097	0.973	0.099	irs
	大庆高新区高端石化	1.000	1.000	1.000	—	0.634	0.943	0.672	irs
上海	张江生物医药	0.616	0.655	0.940	drs	0.308	0.999	0.309	irs
	上海新能源汽车及关键零部件	0.399	0.412	0.970	irs	0.190	0.998	0.191	irs
	上海精细化工	0.264	0.271	0.973	irs	0.159	0.990	0.160	irs
江苏	江宁智能电网	0.257	0.259	0.993	irs	0.305	0.983	0.311	irs
	无锡高新区智能传感系统	0.247	0.252	0.980	drs	0.518	0.936	0.554	irs
	江阴特钢新材料	0.793	0.794	0.998	drs	0.558	1.000	0.558	irs
	常州高新区光伏	0.411	0.417	0.984	irs	0.258	0.994	0.259	irs
	苏州高新区医疗器械	0.460	0.484	0.951	irs	0.073	0.997	0.073	irs
	苏州工业园区纳米新材料	1.000	1.000	1.000	—	0.155	1.000	0.155	irs
	昆山小核酸	0.428	1.000	0.428	irs	0.004	1.000	0.004	irs
浙江	杭州数字安防	0.608	0.664	0.917	drs	0.623	0.986	0.632	irs
	温州激光与光电	0.490	0.508	0.965	drs	0.348	0.983	0.354	irs
安徽	合肥基于信息技术的公共安全	0.365	0.365	0.999	—	0.185	0.987	0.188	irs
	芜湖新能源汽车	0.379	0.380	0.998	irs	0.191	0.990	0.193	irs
	蚌埠新型高分子材料	0.351	0.354	0.989	irs	0.299	0.987	0.303	irs
福建	厦门海洋与生命科学	0.167	0.175	0.956	irs	0.083	0.982	0.085	irs
	泉州微波通信	1.000	1.000	1.000	—	1.000	1.000	1.000	—
	闽东中小电机	0.125	0.128	0.974	irs	0.282	0.945	0.298	irs
江西	南昌高新区生物医药	0.121	0.165	0.732	irs	0.078	0.990	0.078	irs
	景德镇直升机制造	0.231	0.243	0.948	irs	0.156	0.988	0.158	irs

续表

省区市	创新型产业集群	调整前效率				调整后效率			
		综合技术效率	纯技术效率	规模效率	规模收益	综合技术效率	纯技术效率	规模效率	规模收益
山东	济南智能输配电	0.958	0.975	0.982	drs	0.346	1.000	0.346	irs
	烟台海洋生物与医药	0.485	0.527	0.919	irs	0.057	0.998	0.057	irs
	潍坊半导体发光	0.427	0.433	0.987	irs	0.227	0.989	0.230	irs
	济宁高效传动与智能铲运机械	0.306	0.311	0.983	irs	0.210	0.990	0.212	irs
河南	郑州智能仪器仪表	0.810	0.828	0.978	irs	0.107	1.000	0.107	irs
	洛阳高新区轴承	0.308	0.315	0.978	irs	0.168	0.986	0.171	irs
	南阳防爆装备制造	0.101	0.392	0.258	irs	0.069	0.994	0.069	irs
湖北	武汉东湖高新区国家地球空间信息及应用服务	0.151	0.152	0.995	irs	0.090	0.959	0.094	irs
	十堰商用车及部件	0.503	0.568	0.886	drs	0.336	0.982	0.342	irs
	襄阳新能源汽车	0.863	0.928	0.929	irs	0.078	0.998	0.079	irs
湖南	长沙电力智能控制与设备	0.266	0.276	0.962	irs	0.124	0.990	0.125	irs
	株洲轨道交通装备制造	0.703	0.713	0.986	drs	0.690	0.995	0.693	irs
	湘潭先进矿山装备制造	0.459	0.462	0.993	irs	0.207	0.988	0.210	irs
广东	广州个体医疗与生物医药	0.365	0.368	0.990	drs	0.245	0.975	0.252	irs
	深圳高新区下一代互联网	0.686	1.000	0.686	drs	1.000	1.000	1.000	—
	珠海智能配电网装备	0.264	0.273	0.965	irs	0.130	0.983	0.133	irs
	惠州云计算智能终端	0.370	1.000	0.37	drs	1.000	1.000	1.000	—
	中山健康科技	0.570	0.572	0.996	irs	0.54	0.989	0.546	irs
广西	南宁亚热带生物资源开发利用	0.316	0.318	0.992	irs	0.334	0.974	0.343	irs
	柳州高新区汽车整车及零部件	0.593	1.000	0.593	drs	0.900	0.999	0.901	irs

省区市	创新型产业集群	调整前效率				调整后效率			
		综合技术效率	纯技术效率	规模效率	规模收益	综合技术效率	纯技术效率	规模效率	规模收益
重庆	重庆高新区电子信息	0.206	0.208	0.991	irs	0.236	1.000	0.236	irs
四川	成都数字新媒体	0.288	0.319	0.904	drs	0.469	0.914	0.513	irs
	绵阳汽车发动机及关键零部件	0.224	0.299	0.747	irs	0.166	0.997	0.166	irs
贵州	贵阳国家高新区新材料	0.131	0.176	0.745	irs	0.019	0.998	0.019	irs
云南	昆明市生物医药	0.256	0.287	0.894	irs	0.044	0.998	0.045	irs
陕西	西安高新区军民融合通信	0.434	0.460	0.943	drs	0.739	1.000	0.739	irs
	宝鸡高新区钛	0.427	0.438	0.976	irs	0.249	1.000	0.249	irs
	杨凌示范区生物	0.870	0.892	0.975	irs	0.150	1.000	0.150	irs
甘肃	兰州高新区节能环保	0.220	0.241	0.913	irs	0.060	0.999	0.060	irs
西藏	青藏高原特色生物资源与中藏药	0.500	0.549	0.911	irs	0.089	0.999	0.089	irs
青海	海西盐湖化工特色循环经济	0.195	0.322	0.606	irs	0.261	0.956	0.273	irs
新疆	乌鲁木齐电子新材料	0.275	0.294	0.937	irs	0.162	1.000	0.162	irs

6.2.2.1　传统 DEA 模型的初始效率分析

在不考虑环境因素与随机噪声项的干扰时，DEA 有效的创新型产业集群有太原不锈钢创新型产业集群、大连信息技术及服务创新型产业集群、大庆高新区高端石化创新型产业集群、苏州工业园区纳米新材料创新型产业集群、泉州微波通信创新型产业集群。整体情况下，规模效率均值0.894 大于纯技术效率均值 0.527，说明创新型产业集群内部的集群效应比技术创新带来的能动效应在企业效益上的转化效率更高。该效率结果凸显了创新型产业集群的集群性，而非创新性。

本书选取高新技术企业数、年末从业人员数、年末资产数的冗余值作为被解释变量，出口额、孵化基金、孵化器个数、生产力促进中心数、产业联盟组织数作为解释变量，构建相应模型。依据不同模型中解释变量对投入冗余量的正向或反向影响，构造相应投入的环境变量组织结构，以最优的环境变量结构达到投入变量冗余值的减少，在此仅以正负号表示环境变量对投入冗余值的影响方向，如表 6 – 5 所示。

表 6 – 5　　　　　　　　　环境变量对投入冗余值的影响

项目	出口额（千元）	孵化基金（千元）	孵化器个数	生产力促进中心数	产业联盟组织数	σ^2	γ
高新技术企业数	– 0.029	0.073	6.361	3.954	0.266	10 138.85	0.999
年末从业人员数	– 0.036	0.012	– 52.671	– 20.522	– 0.067	677 972 870.00	0.852
年末资产数	– 0.902	33.136	– 247.698	70.351	– 13.069	201 043 510.00	0.933

6.2.2.2　调整后效率分析

剔除外部因素（随机噪声项与环境因素）的影响后，DEA 有效的创新型产业集群由调整前 5 个变为 3 个（泉州微波通信创新型产业集群、深圳高新区下一代互联网创新型产业集群、惠州云计算智能终端创新型产业集群）。说明外部因素的存在确实使部分创新型产业集群的效率值呈现虚高或虚低状态。调整前，综合技术效率平均值为 0.463；调整后，综合技术效率平均值为 0.337，综合技术效率整体是下降的。调整前，纯技术效率平均值为 0.527；调整后，纯技术效率平均值为 0.985，说明在摒弃外界因素的影响下，创新型产业集群内部的纯技术效率实际上较为良好与初始效率所体现的结果刚好相反。规模效率的平均值为 0.343，小于纯技术效率的均值 0.985，体现了创新型产业集群的技术创新性。

无论是调整前还是调整后，规模效率为 1 的决策单元个数相较于纯技术效率为 1 的决策单元个数少，说明创新型产业集群达到规模效率有效比实现纯技术效率有效更为困难。规模收益在调整后大多呈现规模效益递增的情况，只有泉州微波通信创新型产业集群、深圳高新区下一代互联网创新型产业集群及惠州云计算智能终端创新型产业集群依旧维持规模效益不变，说明外部因素对它们并没有实质性的干扰。因此，在不考虑环境因素的影响下，大多数创新型产业集群都能通过扩大其规模来提高它们的综合技术效率。

6.2.2.3　调整后效率呈现空间分异

调整后的效率存在明显的区域效应。纯技术效率为 1 的创新型产业集群有 19 个，长江中下游地带有 4 个，南部沿海地区（福建省、广东省、广西壮族自治区）有 3 个，京津冀城市集群有 4 个，三个地区分别占比 21.1%、15.8%、21.1%，总占比为 57.9%，说明纯技术效率有效的创新型产业集群主要集中在这三个地区。

而规模效率为 1 的创新型产业集群全部位于南部沿海地区中福建省、广东省。长江中下游地区、南部沿海地区与京津冀城市集群的平均综合技术效率分别为 0.2634、0.5514、0.5996。而总体平均综合技术效率为 0.337，3 个地区中只有长江中下游地区的平均综合技术效率低于平均值。长江中下游地区的纯技术效率有效的创新型产业集群的个数较多，说明其纯技术效率情况尚佳，而综合技术效率低于平均值可能是规模效率较低造成的。对比长江中下游地区的平均规模效率 0.262 与总体平均规模效率 0.343，发现长江中下游地区的平均规模效率低于总体平均水准。而长江中下游地区 23 个创新型产业集群的规模效率中，只有 5 个高于总体平均规模效率，表明长江中下游地区的创新型产业集群之间的规模效率总体处于较低状态，没有严重的两极分化现象。由此可见，无论是纯技术效率、规模效率还是综合技术效率，其高低情况都存在一定的区域集中性。

6.2.3　基于突变级数法与"三力"模型的能力研究

依据所建立的创新型产业集群"三力"模型指标体系，利用突变级数法可以得到 70 个创新型产业集群的自主创新力、效益贡献力、国际竞争力的相应排名及综合能力评价情况，如表 6 - 6 所示。

表 6 - 6　　　　　　　　　创新型产业集群"三力"模型评价结果

创新型产业集群	自主创新力	排名	效益贡献力	排名	国际竞争力	排名	综合能力	排名
北京中关村移动互联网	0.672	4	0.577	6	0.487	19	0.866	4
亦庄数字电视和数字内容	0.357	53	0.370	45	0.442	23	0.735	42
丰台轨道交通	0.463	21	0.621	3	0.350	39	0.799	13
天津高新区新能源	0.439	30	0.434	31	0.493	17	0.782	21
北辰高端装备制造	0.464	19	0.456	25	0.493	18	0.793	16
石家庄药用辅料	0.471	18	0.436	30	0.565	11	0.801	12
邯郸现代装备制造	0.416	36	0.442	27	0.324	43	0.747	35
保定新能源与智能电网装备	0.464	20	0.323	54	0.539	15	0.769	24
太原不锈钢	0.371	50	0.502	15	0.597	8	0.790	17
榆次液压	0.196	69	0.280	62	0.125	67	0.574	68
包头稀土高新区稀土新材料	0.354	55	0.528	9	0.587	9	0.788	18
大连信息技术及服务	0.661	5	0.466	21	0.563	12	0.853	6
辽宁激光	0.380	48	0.276	65	0.232	58	0.676	59
本溪制药	0.286	67	0.303	59	0.174	62	0.634	67
长春汽车电子	0.419	34	0.440	29	0.374	38	0.757	30
通化医药	0.329	61	0.444	26	0.266	55	0.708	52

创新型产业集群	自主创新力	排名	效益贡献力	排名	国际竞争力	排名	综合能力	排名
齐齐哈尔重型数控机床	0.334	58	0.301	60	0.299	50	0.684	56
大庆高新区高端石化	0.297	65	0.421	34	0.187	60	0.671	62
张江生物医药	0.443	28	0.500	17	0.125	65	0.710	50
上海新能源汽车及关键零部件	0.337	57	0.406	38	0.252	56	0.699	53
上海精细化工	0.334	59	0.354	48	0.561	13	0.742	38
江宁智能电网	0.503	12	0.519	11	0.467	21	0.812	11
无锡高新区智能传感系统	0.534	11	0.463	22	0.673	6	0.837	9
江阴特钢新材料	0.379	49	0.486	18	0.407	31	0.761	27
常州高新区光伏	0.328	62	0.403	40	0.146	64	0.664	64
苏州高新区医疗器械	0.418	35	0.275	66	0.498	16	0.738	41
苏州工业园区纳米新材料	0.443	29	0.279	63	0.396	34	0.729	44
昆山小核酸	0.354	54	0.000	70	0.000	70	0.189	70
杭州数字安防	0.746	2	0.597	4	0.631	7	0.905	2
温州激光与光电	0.497	13	0.456	23	0.677	5	0.826	10
合肥基于信息技术的公共安全	0.483	15	0.792	1	0.395	35	0.838	8
芜湖新能源汽车	0.382	46	0.424	32	0.325	42	0.734	43
蚌埠新型高分子材料	0.344	56	0.384	43	0.476	20	0.740	40
厦门海洋与生命科学	0.402	42	0.396	41	0.578	10	0.775	23
泉州微波通信	0.648	6	0.538	8	0.013	69	0.678	57
闽东中小电机	0.332	60	0.389	42	0.176	61	0.672	61
南昌高新技术产业开发区生物医药	0.321	63	0.350	49	0.281	53	0.688	55
景德镇直升机制造	0.291	66	0.313	55	0.311	46	0.675	60
济南智能输配电	0.545	10	0.594	5	0.195	59	0.779	22
烟台海洋生物与医药	0.398	43	0.363	46	0.303	48	0.720	45

创新型产业集群	自主创新力	排名	效益贡献力	排名	国际竞争力	排名	综合能力	排名
潍坊半导体发光	0.421	33	0.404	39	0.417	27	0.758	29
济宁高效传动与智能铲运机械	0.457	23	0.340	51	0.395	36	0.749	34
郑州智能仪器仪表	0.460	22	0.300	61	0.288	51	0.719	48
洛阳高新区轴承	0.451	25	0.419	35	0.267	54	0.740	39
南阳防爆装备制造	0.302	64	0.307	57	0.248	57	0.663	65
武汉东湖高新区国家地球空间信息及应用服务	0.605	7	0.412	37	0.350	40	0.795	15
十堰商用车及部件	0.447	26	0.417	36	0.420	26	0.769	25
襄阳新能源汽车	0.414	37	0.324	53	0.319	44	0.719	47
长沙电力智能控制与设备	0.446	27	0.383	44	0.438	24	0.764	26
株洲轨道交通装备制造	0.547	9	0.509	14	0.173	63	0.757	31
湘潭先进矿山装备制造	0.425	32	0.308	56	0.330	41	0.720	46
广州个体医疗与生物医药	0.487	14	0.501	16	0.413	30	0.795	14
深圳高新区下一代互联网	0.983	1	0.748	2	0.765	3	0.990	1
珠海智能配电网装备	0.478	17	0.360	47	0.541	14	0.783	20
惠州云计算智能终端	0.454	24	0.566	7	0.803	1	0.849	7
中山健康科技	0.381	47	0.441	28	0.414	29	0.754	33
南宁亚热带生物资源开发利用	0.405	39	0.422	33	0.424	25	0.758	28
柳州高新区汽车整车及零部件	0.407	38	0.515	12	0.313	45	0.757	32
重庆高新区电子信息	0.481	16	0.456	24	0.415	28	0.785	19
成都数字新媒体	0.715	3	0.524	10	0.745	4	0.898	3
绵阳汽车发动机及关键零部件	0.216	68	0.333	52	0.403	33	0.668	63
贵阳国家高新区新材料	0.402	41	0.274	67	0.125	65	0.647	66

创新型产业集群	自主创新力	排名	效益贡献力	排名	国际竞争力	排名	综合能力	排名
昆明市生物医药	0.392	45	0.515	13	0.282	52	0.745	37
西安高新区军民融合通信	0.573	8	0.474	20	0.797	2	0.862	5
宝鸡高新区钛	0.365	51	0.303	58	0.374	37	0.709	51
杨凌示范区生物	0.432	31	0.241	68	0.302	49	0.697	54
兰州高新技术产业开发区节能环保	0.396	44	0.278	64	0.406	32	0.717	49
青藏高原特色生物资源与中藏药	0.359	52	0.240	69	0.309	47	0.677	58
海西盐湖化工特色循环经济	0.058	70	0.474	19	0.035	68	0.433	69
乌鲁木齐电子新材料	0.404	40	0.344	50	0.463	22	0.747	36

6.2.3.1 自主创新力结果分析

在自主创新力方面，深圳高新区下一代互联网创新型产业集群位列第一，杭州市、成都市的数字型产业集群排名紧随其后，这3个产业集群的自主创新能力代表着我国创新型产业集群的最高水平。当前互联网经济迅猛发展，互联网行业不断进行技术创新，以适应时代要求。

总体来看，排名前50%的创新型产业集群中，有13个位于长江中下游一带，5个位于南部沿海地区，6个位于京津冀城市群，这三个地区占比分别为37.1%、14.3%、17.1%，其自主创新能力的总体水平在全国范围内处于较高水准，而长江中下游地区的自主创新力总体水平相较于其他两个地区而言稍强。在排名前50%的创新型产业集群中，这3个地区的自主创新力平均水平依次为0.503、0.61、0.496，均高于总体平均水平0.431。长江中下游地区自主创新力总体水平较高，但是平均水平不及南部沿海地区，说明长江中下游地区的自主创新力水平依旧存在发展不均衡现象，而南部沿海地区较为均衡。

6.2.3.2 效益贡献力结果分析

本书中效益贡献力主要包含对国家的税务支持力度及对社会的就业贡献力度。所处行业不同，税收征收类型也不相同。创新型产业集群的行业性质及自身盈利情况，决定了企业最终的税务数额。效益贡献力排名前三位的是合肥基于信息技术的公共安全创新型产业集群、深圳高新区下一代互联网创新型产业集群、丰台轨道交通创新型产业集群。其中，第一位涉及公共安全的信息技术产业，第三位是与电力相关的智能输出设备创新型产业集群，它们都与国家统一调度的行业、资源密切相关。

总体来看，排名前50%中有9个位于长江中下游地带，7个位于南部沿海地区，6个位于京津冀城市集群，这3个地区占比分别为25.7%、20.0%、17.1%。长江中下游地区占比最大，京津冀地区占比较次，这表明长江中下游地区的效益贡献力比京津冀城市集群及南部沿海地区的创新型产业集群较强。在排名前50%中，这3个地区的效益贡献力的平均水平分别为0.528、0.533、0.494，均高于平均水平0.415。长江中下游地区的自主创新力的平均水平不及南部沿海地区，同时在效益贡献力方面，长江中下游地区在总体水平较高的情况下，存在着发展不均衡现象。

6.2.3.3 国际竞争力结果分析

创新型产业集群的国际竞争力主要体现在出口总额相关数据及能体现国际竞争力的国家级水准方面。国际竞争力中排名第一位的是惠州云计算智能终端创新型产业集群，其次为西安高新区军民融合通信创新型产业集群，以及深圳高新区下一代互联网创新型产业集群。排名第一与排名第三的创新型产业集群从事的行业均为互联网大数据，近年来发展迅猛，国际科技输出态势良好。依据国家科学技术部发布的相关文件可知，西安高新区军民融合通信创新型产业集群的国际竞争力主要体现在其所拥有的国家级水准及政策扶持上。

总体来看，国际竞争力排名前50%的创新型产业集群中，有12个位于长江中下游地区，7个位于南部沿海地区，6个位于京津冀城市集群，这三个地区占比分别为34.3%、20.0%、17.1%。在排名前50%中，这三个地区的国际竞争力平均水平分别为0.503、0.563、0.503，均高于平均水平0.385。在国际竞争力中，长江中下游在排名较前的创新型产业集群中占比较大，但是国际竞争力平均水平却在南部沿海地区与京津冀城市集群之后，与自主创新力及效益贡献力所呈现的结果一样，长江中下游地区内部发展不均衡。

6.2.3.4 综合能力分析

综合能力排名中，深圳高新区下一代互联网创新型产业集群位于首位，其次为杭州数字安防创新型产业集群、成都数字新媒体创新型产业集群，与自主创新力的结果相同。突变级数法中运用到的因子分析，确定了自主创新力在三种能力中占据了较为主导的地位，结果在一定程度上受到了方法的影响。而自主创新力较强的创新型产业集群中，国际竞争力也不弱，这两种能力之间并不存在非均衡异化的现象（如图6-4所示），自主创新力、国际竞争力与综合能力大致呈现同步变化趋势。虽然局部区域存在不均衡，但是创新型产业集群个体自身的自主创新力与国际竞争力大体上都是同步发展的，而效益贡献力的水平与其他两力的发展并不同步，存在空间异化。效益贡献力的发展与其他两力存在不同步现象，与各创新型产业集群的行业特质有着很大关系。

由创新型产业集群"三力"分析可知，创新型产业集群的自主创新力、效益贡献力与国际竞争力都存在着区域的带动效应。自主创新力、效益贡献力与国际竞争力排名较前的企业中，长江中下游地区的占比都很大，均在25%~40%，而平均水平最高的都是南部沿海地区。在综合能力的排名前50%中，长江中下游地区有10个，南部沿海地区有6个，京津冀城市群有6个，这三个地区占比分别为28.6%、17.1%、17.1%。

在排名前 50% 中，这 3 个地区的综合能力的平均水平分别为 0.806、0.824、0.793，均高于总体平均水平 0.739，与"三力"的结果保持一致。在各区域中，以自主创新力高、效益贡献力高、国际竞争力高的企业为模范，通过技术地区性、技术转移等服务机构，带动了地区创新能力的发展。

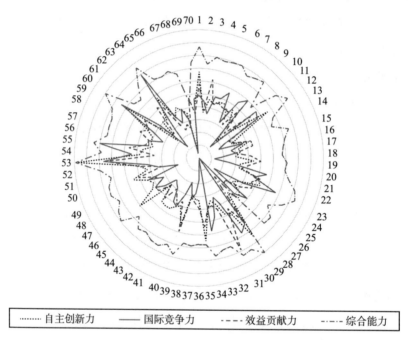

图 6 - 4　创新型产业集群"三力"及综合能力比较

6.2.4　创新型产业集群效能的空间分异

由创新型产业集群分省市研究结果可知，四种效能模式存在一定的区域聚集性，因此需要研究创新型产业集群效能在四大板块中的空间分异。由表 6 - 7 可知，我国创新型产业集群创新效率水平沿东部、东北、中部、西北地区四大区域依次递减，呈现出由沿海到内陆逐级递减的显著性地区差异。而创新型产业集群的综合能力由东部、中部、西部、东北地区四个区域依次递减，呈现出由沿海至中西部再到北部的类环形递减趋势。不论是效率，还是能力，都是沿海地区的综合水平高于内陆地区，呈现出沿海—内陆的创新型产业集群效能异化现象。按照具体效能模式来分析，东部地区是高能力—高效率的效能模式，中部地区是高能力—低效率的效能模式，西部地区是低能力—低效率的效能模式，东北地区是低能力—高效率的效能模式。四大区域的效能模式，大致与分省份创新型产业集群中的效能分类结果吻合。

表 6 - 7　　　　　　　　四大区域创新型产业集群效能比较

地区	省区市	综合效率	综合能力
东部地区	北京、天津、河北、上海、江苏、浙江、福建、山东、广东	0.453	0.864
中部地区	山西、安徽、江西、河南、湖北、湖南	0.240	0.725
西部地区	内蒙古、广西、重庆、四川、贵州、云南、西藏、陕西、甘肃、青海、新疆	0.198	0.712
东北地区	辽宁、吉林、黑龙江	0.338	0.710

6.3　国家高新区高技术产业技术效率分析

　　高新技术企业总量和国家高新区企业总量中，高技术产业型企业数量占比分别为 43.3% 和 45.9%。国家高新区新兴产业生成能力和集聚效应不断增强，已经成为支撑和引领区域产业结构调整的核心力量。国家自创区成为我国培育和发展新兴产业的重要策源地。146 家国家高新区内上报统计的高新技术企业数量，2016 年达到 38 841 家，比 2015 年增加

24.7%；占全国高新技术企业数量比例，由2015年的40.9%降至2016年的38.8%。国家为引导高技术产业发展，为高新技术企业提供税收优惠政策，引导产业结构调整，转向高投入产出、高创新能力的高技术产业。2016年全国高新技术企业数量首次突破10 000家，同比增加31.4%，营业收入达到26.1万亿元，2010~2016年连续七年持续增长，而出口创汇总额2014~2016年连续两年下降，国际竞争力有待进一步提升。2014~2016年高新技术产业从业人员、营业收入持续增长，工业总产值、出口创汇出现波动，要素市场扭曲显著抑制了高技术产业创新效率的提高。

6.3.1　国家高新区高技术产业技术效率

6.3.1.1　变量选取

构建合适的技术效率指标评价体系，有助于研究高技术产业载体技术效率。高技术产业技术效率评价指标体系的构建，既能够全面衡量高技术产业的载体差异，以便政府和企业能够及时掌握高技术产业的集聚动向和创新能力，又能够为研究高技术产业技术效率提供依据，确定投入产出最优比例，并根据高技术产业影响因素选择合适的投入产出指标。较多学者选择研发经费、技术改造经费、科技活动经费支出、年末固定资产、科技研发人员数、企业个数等作为投入指标，选择发明专利量、技术性收入、工业总产值、出口创汇等作为产出指标研究技术效率（程慧平，2013）。本书选择以高技术产业年末从业人员数和年末资产作为人员和资产投入指标，研究国家高新区高技术产业技术效率；以高技术产业营业收入为产出指标，反映高技术产业的收入波动。

6.3.1.2　环境变量和数据来源

国家高新区与高新技术企业的高技术产业技术效率不仅受到投入变量影响，还受到环境因素影响，环境变量应选择不受主观因素影响但又对产业效率有影响的指标。本书选取入统企业个数、出口总额、上缴税费三个环境变量。入统企业个数可在一定程度上反映高技术产业行业规模和市场结构，入统企业个数越多说明该行业集聚效应较好，市场竞争力较强。新经济理论认为，在开放的体系中，技术和知识的溢出是经济持续增长的决定因素，而国际贸易是实现经济溢出和推动经济增长的重要途径。出口总额能够体现出口产品技术溢出，间接体现各产业技术溢出，促进产业技术创新，提高技术效率。上缴税费反映了政府对高技术产业各行业的扶持力度，各行业上缴税费差异间接反映了政府扶持力度，影响了高技术产业发展方向。

指标体系与环境变量原始样本数据来源于《2017 年中国火炬统计年鉴》，高新技术企业和国家高新区为载体的高技术产业各项指标数据如表 6 - 8 所示。从表 6 - 8 可以看出，相比 2016 年，国家高新区作为载体的高技术产业制造业，年末从业人员略有增加，基本不变，但是制造业和服务业出口总额均下降，国家高新区高技术产业的国际竞争力有待提升。

表 6 - 8　　　　　高技术产业 2017 年各项指标变化趋势

投入产出变量	高新技术企业中高技术产业				国家高新区高技术产业			
	制造业	同比	服务业	同比	制造业	同比	服务业	同比
年末从业人员数（万人）	549	11.8%	327.9	22%	415.5	—	314.2	13.2%
年末资产（千亿元）	75.9	16.9%	58.9	42%	64.5	11.4%	67.3	27.2%
营业收入（千亿元）	54	14.6%	28.1	23.8%	56.5	3.9%	30.5	13.8%
环境变量 入统企业数	18 258	25.5%	25 065	44.9%	12 983	5%	28 868	18%

环境变量	高新技术企业中高技术产业				国家高新区高技术产业			
	制造业	同比	服务业	同比	制造业	同比	服务业	同比
上缴税额（千亿元）	2.8	16.7%	1.9	26.7%	2.5	6.8%	1.8	16.9%
出口总额（千亿元）	12	10.3%	1	4.2%	16.5	下降	1.4	下降

6.3.1.3 结果分析

（1）第一阶段技术效率分析。

在 BCC 模型的前提条件下，本书选取年末从业人员数和年末资产作为投入指标，选择营业收入作为产出指标，前期工作中的产出指标还有工业总产值，但是服务行业没有工业总产值，所以最终去掉了工业总产值这个产出指标，以两个投入一个产出的 BCC 模型，运用 DEAP 2.1 软件测度 2016 年国家高新区与高新技术企业的高技术产业技术效率，如表 6 - 9 所示。

表 6 - 9　　　　高新技术企业与国家高新区高技术产业技术效率比较

高技术产业		行业类别	调整前				调整后			
			综合技术效率	纯技术效率	规模效率	规模收益	综合技术效率	纯技术效率	规模效率	规模收益
高新技术企业中高技术产业	高技术产业制造业	医药制造业	0.592	0.762	0.780	drs	0.552	0.678	0.813	drs
		航空、航天器及设备	0.499	0.502	0.990	drs	0.176	0.233	0.755	drs
		电子及通信设备	0.803	1.000	0.800	drs	0.955	1.000	0.955	drs
		计算机及办公室设备	1.000	1.000	1.000	—	0.456	0.611	0.745	drs
		医疗器械及仪器仪表	0.578	0.578	1.000	—	0.325	0.375	0.867	drs
		信息化学品制造业	1.000	1.000	1.000	—	1.000	1.000	1.000	—
		制造业效率均值	0.745	0.807	0.929		0.577	0.650	0.856	

高技术产业		行业类别	调整前				调整后			
			综合技术效率	纯技术效率	规模效率	规模收益	综合技术效率	纯技术效率	规模效率	规模收益
高新技术企业中高技术产业	高技术产业服务业	信息服务	0.540	0.749	0.720	drs	0.610	0.752	0.811	drs
		电子商务服务	0.590	0.635	0.930	irs	0.024	0.061	0.392	irs
		检验检测服务	0.635	0.643	0.990	irs	0.029	0.064	0.452	irs
		专业技术服务高技术	0.715	0.777	0.920	drs	0.361	0.542	0.666	drs
		研发与设计服务	0.548	0.565	0.970	drs	0.185	0.255	0.726	drs
		科技成果转化服务	0.526	0.531	0.990	drs	0.142	0.193	0.734	drs
		知识产权及相关法律	0.766	1.000	0.770	irs	0.001	0.064	0.019	irs
		环境监测及治理服务	0.606	0.606	1.000	——	0.065	0.067	0.967	drs
		服务业效率均值	0.616	0.688	0.911		0.177	0.250	0.596	
	高技术产业效率均值		0.671	0.739	0.920		0.349	0.421	0.707	
国家高新区高技术产业	高技术产业制造业	医药制造业	0.580	0.610	0.951	drs	0.655	0.657	0.997	irs
		航空、航天器及设备	0.410	0.430	0.941	irs	0.262	0.292	0.899	irs
		电子及通信设备	0.700	1.000	0.696	drs	1.000	1.000	1.000	——
		计算机及办公室设备	1.000	1.000	1.000	——	1.000	1.000	1.000	——
		医疗器械及仪器仪表	0.530	0.530	0.997	irs	0.501	0.513	0.977	irs
		信息化学品制造业	0.610	0.780	0.788	irs	1.000	1.000	1.000	——
		制造业效率均值	0.639	0.726	0.896		0.736	0.744	0.979	
	高技术产业服务业	信息服务	0.440	0.600	0.741	drs	0.605	0.638	0.949	drs
		电子商务服务	0.410	0.670	0.620	irs	0.044	0.144	0.305	irs
		检验检测服务	0.410	0.450	0.902	irs	0.072	0.199	0.36	irs
		专业技术服务高技术	0.690	0.700	0.989	irs	0.398	0.402	0.989	irs
		研发与设计服务	0.620	0.640	0.971	irs	0.328	0.336	0.977	irs
		科技成果转化服务	0.440	0.460	0.961	irs	0.247	0.254	0.973	irs
		知识产权及相关法律	0.590	1.000	0.594	irs	0.011	0.188	0.058	irs
		环境监测及治理服务	0.540	0.700	0.778	irs	0.093	0.145	0.639	irs
		服务业效率均值	0.519	0.651	0.820		0.225	0.288	0.656	
	高技术产业效率均值		0.570	0.680	0.852		0.444	0.483	0.795	

从表 6 – 9 可以看出，在不考虑环境因素影响的条件下，高新技术企业中，高技术产业各行业的平均技术效率为 0.671，仍有超过 30% 的上升空间，纯技术效率平均值为 0.739，平均规模效率为 0.92，说明高新技术企业载体技术效率较低主要受纯技术效率较低影响，因此要提高高新技术企业载体技术效率应首先考虑提高纯技术效率。

在高新技术企业载体中，高技术产业 7 个行业规模收益递减，4 个行业规模收益不变，计算机及办公室设备制造业和信息化学品制造业 2 个行业技术有效，电子商务服务、检验检测服务和知识产权及相关法律服务 3 个行业规模收益递增。制造业的技术效率均值为 0.745，服务业技术均值为 0.616，制造业技术效率高于服务业，服务业有较大提升空间。高新技术企业载体中，技术效率低于 0.5 的高技术行业，仅有航空、航天器制造业，说明航空、航天器制造业技术处于较低阶段，仍有较大提升空间；其中技术效率高于 0.8 的行业有电子及通信设备制造业、计算机及办公设备制造业和信息化学品制造业，其他 10 个行业的技术效率处于 0.5 ~ 0.8，说明高新技术企业载体技术效率仍有较大的提升空间。

国家高新区高技术产业平均技术效率为 0.570，仍有超过 40% 的提升空间，纯技术效率平均值为 0.680，规模效率平均值为 0.852，规模效率较高表明造成国家高新区高技术产业技术效率较低的原因是纯技术效率较低。在国家高新区中，技术有效的行业仅有计算机及办公设备制造业 1 个行业，其他 13 个行业仍处于技术非效率阶段；国家高新区载体效率中，高技术产业有 10 个行业规模收益递增，医药制造业、电子及通信设备制造业和信息服务 3 个行业规模收益递减。制造业的效率均值为 0.896，服务业的效率均值为 0.820。国家高新区载体中，技术效率低于 0.5 的行业有航天航空器及设备制造业、信息服务、电子商务服务、检验检测服务和科技成果转化服务 5 个行业，急需提高行业技术效率；技术效率高于 0.8 的仅有计算机及办公室设备制造业，8 个行业技术效率处于 0.5 ~ 0.8，说明国家高新区各行业效率普遍较低，载体效率有待提升。

从第一阶段的结果可以看出，高新技术企业载体效率为 0.671，而国家高新区载体效率仅为 0.57。高技术产业 14 个行业中，仅有研发与设计服务的载体技术效率是国家高新区高于高新技术企业，其他 13 个行业的技术效率都是高新技术企业高于国家高新区，并且信息化学品制造业的高新技术企业载体效率为 1，但是在国家高新区的载体效率仅为 0.61，国家高新区载体技术效率仍有待提高。高技术产业制造业与服务业的纯技术效率、规模效率，高新技术企业载体各效率值，均高于国家高新区高技术产业各效率值。

（2）第二阶段相似 SFA 回归结果分析。

在三阶段 DEA 的第二阶段相似 SFA 回归模型中，在第一阶段的基础上，将年末从业人员的冗余和年末资产的冗余作为被解释变量，将年末入统企业个数、出口总额和上缴税费作为解释变量，构建 SFA 回归模型，运用 Frontier 4.1 软件进行 SFA 回归分析，考虑环境因素对投入冗余的影响。当回归系数为正时，表示解释变量值增加时，会导致被解释变量值随之增加，说明环境变量值增加时会导致投入冗余值增加，造成投入产出效率降低；反之，当回归系数为负时，说明环境变量值增加时会导致投入冗余值减少，从而提高投入产出效率。运用 Frontier 4.1 软件进行回归分析，结果如表 6 - 10 所示。

表 6 - 10　　　　　　　　　　　　相似 SFA 回归结果

项目	高新技术企业		国家高新区	
	年末从业人员冗余值	年末资产冗余值	年末从业人员冗余值	年末资产冗余值
常数项	- 30 660.84 （1）	- 43 908 807 （-1）	- 22 000.8 （1）	- 3.6E + 07 （1）

续表

项目	高新技术企业		国家高新区	
	年末从业人员冗余值	年末资产冗余值	年末从业人员冗余值	年末资产冗余值
入统企业数 （个）	19.15 (0.97)	45 444.51 (1)	18.74 (2.82)	-7 644.26 (1)
出口总额 （千元）	-0.00049 (0.00)	-1.139 (0.22)	-0.00046 (0)	-0.329 (0.18)
上缴税费 （千元）	0.002 (0.00)	5.333 (0.094)	0.004 (0)	3.896 (1.42)
σ^2	10 788 730 000	2.4482E+16	2.69E+09	9.68E+16
γ	0.99	0.99	1.00	1.00
LR 值	8.10	8.51	4.04	7.73

注：括号内为变量的标准差。

由表 6-10 可知，在高新技术企业载体中，高技术产业入统企业个数和上缴税费都与投入冗余成正比，而在国家高新区中，上缴税费与投入冗余成正比，而入统企业个数与年末从业人员冗余成正比，与年末资产冗余成反比。SFA 回归时检验 LR 值，即单边似然估计值和 γ 值，由于第二阶段进行 SFA 回归时环境变量均为 3 个，SFA 回归自由度为 3 的 5% 水平上单边似然估计临界值为 7.045，当 γ 接近 1 时，管理无效率是影响投入冗余的主要原因，当 γ 值接近 0 时，随机模型退化为确定性模型，使用 OLS 回归，而本书的四个回归模型的 γ 值均接近 1，虽然国家高新区年末从业人员冗余值与环境变量回归 LR 值小于临界值，但是该模型 γ 值为 1，可继续使用随机模型分离管理无效率项，调整投入变量。

①入统企业个数。SFA 回归结果表明，在高新技术企业载体和国家高新区载体中，入统企业个数与年末从业人员冗余和年末资产冗余回归系数为正，说明投入冗余会随着入统企业个数的增加而增加，导致技术效率降

低，这一方面是因为企业数量增多，企业规模效益并未同步增长；另一方面企业数量增加，促使产业规模扩张和更多人员投入，导致人员投入效率降低。入统企业个数与年末从业人员也是正比关系。

在高新技术企业载体中，企业个数与年末资产成正比，说明企业个数增加，年末资产冗余值也会增加，导致年末资产投入效率降低，主要是因为企业个数增加导致企业规模增加，而高新技术企业中均为高技术产业，因此资金投入会增加，导致年末资产投入效率减小。国家高新区企业个数与年末资产成反比，说明年末资产冗余会随着企业个数的增加而减少。相比高新技术企业载体的分散分布，国家高新区载体的集聚效应，资产投入的溢出效应，导致非高技术产业拥有资金优势，从而间接提高高技术产业的资产效率。

②出口总额。SFA 回归结果表明，高新技术企业和国家高新区载体中，出口总额与投入冗余均成反比，说明投入冗余会随着出口总额的增加而减少，有效提高载体技术的效率，主要是因为出口增加会促进外向经济的增长，激发高技术产业的创新活力，提高高技术产业的国际竞争力，从而进一步提高技术效率。

③上缴税费。上缴税费在一定程度上能够反映出政府对高技术产业的支持和扶持政策，从 SFA 回归结果可以看出，不管是在高新技术企业还是国家高新区，上缴税费与投入冗余均成正比，说明投入冗余会随着上缴税费的增加而增加，从而导致投入低效率，这主要是因为上缴税费增加意味着政府对高技术产业的扶持力度减小，在一定程度上会阻碍高技术产业规模的扩张，从而导致高技术产业载体效率的降低。

（3）第三阶段调整后技术效率分析。

第三阶段是在第二阶段相似 SFA 回归的基础上，进行管理无效率项的分离，再计算调整后的投入，在剔除环境因素的影响下，利用调整后的投入和原产出，重新测算高技术产业各载体 14 个行业的综合技术效率、规模效率和纯技术效率，测算结果如表 6 - 9 所示。

①调整后，国家高新区载体，高技术产业制造业技术效率上升，服务业技术效率下降；高新技术企业载体，高技术产业制造业、服务业技术效率均下降。调整后，两个载体的高技术产业制造业与服务业技术效率差异，超过 0.4。国家高新区对高技术产业制造业、服务业的载体效率，均高于高新技术企业载体，国家高新区集聚效应优势明显。

调整后高新技术企业技术效率与调整前进行比较，11 个行业被高估，电子及通信设备制造业和信息服务 2 个行业被低估。调整前后国家高新区载体技术效率各行业相差较大，9 个行业被高估，医药制造业、电子及通信设备制造业、信息化学品制造业和信息服务 3 个行业被低估。调整后高新技术企业与国家高新区各行业的载体技术效率较为接近，但计算机及办公设备制造业载体技术效率差异达到 0.544。调整后国家高新区各行业载体技术效率更高，一方面是因为在调整后高新技术企业与国家高新区处于同一外部环境中，而国家高新区中的非高新技术企业，增加了国家高新区高技术产业规模，弥补了高技术产业中高新技术企业劣势，技术创新效率更高；另一方面，国家高新区中非高新技术企业可为载体中高技术产业提供资金和技术支持，这也使调整后国家高新区载体技术效率高于高新技术企业载体技术效率。调整后高技术产业技术效率的行业分布如表 6 - 11 所示。

表 6 - 11 调整后高技术产业技术效率的行业分布

调整后技术效率	高技术产业制造业载体		高技术产业服务业载体	
	高新技术企业	国家高新区	高新技术企业	国家高新区
综合技术效率上升	电子及通信设备	电子及通信设备 医药制造业 信息化学品制造业	信息服务	信息服务

续表

调整后技术效率	高技术产业制造业载体		高技术产业服务业载体	
	高新技术企业	国家高新区	高新技术企业	国家高新区
技术效率 = 1	信息化学品制造业	计算机办公设备		
纯技术效率上升		医药制造业 信息化学品制造业	信息服务	信息服务
纯技术效率 = 1	电子及通信设备 信息化学品制造业	电子及通信设备 计算机办公设备		
规模效率上升	电子及通信设备 医药制造业	电子及通信设备 医药制造业 信息化学品制造业	信息服务	信息服务 高技术服务 研发设计服务 科技成果转化
规模效率 = 1	信息化学品制造业	计算机办公设备		

②在剔除环境因素和随机因素影响条件下，高新技术企业纯技术效率均值为0.421，制造业和服务业纯技术效率分别为0.65和0.25，调整后高新技术企业大部分行业的纯技术效率反而降低，而且调整后高新技术企业产业的纯技术效率为有效的仅有2个行业，分别为电子及通信设备制造业和信息化学品制造业，说明高新技术企业载体中多数行业纯技术效率被高估。调整后国家高新区纯技术效率均值为0.483，制造业纯技术效率均值为0.744，服务业纯技术效率均值为0.288。调整后国家高新区载体高技术产业服务业纯技术效率，仅信息服务业被低估，其余服务业纯技术效率均有所降低；但是制造业纯技术效率上升，信息化学品制造业技术效率调整前为0.78，调整后为1，医药制造业、信息化学品制造业纯技术效率被低估。调整后高技术产业纯技术效率，国家高新区载体低于高新技术企业载体的有医药制造业、信息服务、专业技术服务业的高技术服务3个行业。调整前国家高新区载体纯技术效率低于高新技术企业载体，而调整后国家高新区载体纯技术效率高于高新技术企业载体，国家高新区技术创新

的集聚效应是关键因素。

③调整后高新技术企业载体规模效率均值为 0.707，制造业规模效率均值为 0.856，服务业规模效率均值为 0.596。高新技术企业载体，调整后规模效率有效的行业仅信息化学品制造业，其他产业的规模效率都处于规模非效率。国家高新区调整后规模效率均值为 0.795，制造业规模效率均值为 0.979，服务业规模效率均值为 0.656，制造业规模效率基本接近规模效率有效，而服务业规模效率变化较小。调整后国家高新区规模效率整体较高，但也有被高估的现象，航空、航天器及设备制造业，医疗器械及仪器仪表制造业，电子商务服务检验检测服务，知识产权及相关法律服务，环境监测及治理行业 5 个行业规模效率被高估。

调整后国家高新区高技术产业规模效率普遍大于高新技术企业载体，而且国家高新区与高新技术企业规模效率相差较小。环境监测及治理服务行业，国家高新区高技术产业技术效率低于高新技术企业中高技术产业技术效率 0.3 以上，其他行业规模效率载体间差异较小。

6.3.2 企业类型差异对国家高新区技术效率

6.3.2.1 指标体系的建立

作为技术创新主要载体，运用单个产出投入测度国家高新区和高新技术企业技术效率，评估结果较为片面，因此需要多个投入及产出测度技术效率。借鉴国内学者对于国家高新区及高新技术企业的效率研究，大多数学者选用 R&D 活动人员数量、R&D 经费支出金额、R&D 人员数量、年末固定资产等作为投入指标，以技术性收入、专利申请量、新产品销售收入、营业总收入等作为产出指标。但是在对指标进行分析时，过多指标可能会产生一定相关性，因此在选择指标时需要适量。本书选用年末从业人员数、年末固定资产作为投入指标，一方面年末从业人员和年末固定资产反映了国家高新区或高新技术企业的投入规模，对于技术效率投入影响较大，另一方面这两项指标在一定程度上决定了产出大致规模。同时，选用工业总产值、营业收入作为产出指标，其中工业总产值反映了国家高新区或高新技术企业总体生产规模，而营业收入是两个主体的市场收入，在一定程度上反映了企业基于投入的直接成果，对于投入产出效率研究比较有效。

6.3.2.2　环境变量的选取

对国家高新区和高新技术企业进行效率测度时，在只考虑投入产出时得到的技术效率与实际效率会存在一定差异，主要是因为受到外部环境因素影响。由于国家高新区和高新技术企业之间会存在相互交叉的现象，所以不仅要对国家高新区和高新技术企业自身进行对比，还需要对两者进行效率对比，比较两者之间可能会存在的差异，因此本书选择出口总额、上缴税费、入统企业数量指标作为环境变量，三个指标分别从国际环境、政府支持、数量结构三个方面分析外部环境对于投入的影响，并利用排除这些环境变量对投入的影响对效率值重新测度。

6.3.2.3　数据来源及说明

在建立的指标体系中，所有变量数据均选自《2017年中国火炬统计年鉴》，其中所有的数据均为截至2016年底国家高新区和高新技术企业的经济指标数据，数据来源较为准确，能够真实地反映结果分析的可靠性。对于分析角度，选用了火炬统计年鉴中已经分类的企业类型，包括按照登记注册类型分类的9种类型企业，以及按照企业规模大小分类的4种类型企业，分析13种类型企业的技术效率差异，以及处于国家高新区企业和高新技术企业的技术效率差异。

6.3.2.4　技术效率评价与结果分析

（1）第一阶段效率分析。

作为三阶段DEA的初始阶段，基于基础DEA模型的规模报酬可变模型，选择年末从业人员、年末资产两个投入，工业总产值、营业收入两个产出，以投入为导向，运用 DEAP 2.1 软件对指标数据进行技术效率分析，得到表 6 - 12 所示的国家高新区与高新技术企业第一阶段技术效率对比。

表 6 - 12　　国家高新区与高新技术企业第一阶段技术效率对比

企业类型	国家高新区				高新技术企业			
	综合技术效率	纯技术效率	规模效率	规模收益	综合技术效率	纯技术效率	规模效率	规模收益
国有企业	0.921	1.000	0.921	drs	0.734	0.905	0.811	drs
集体企业	1.000	1.000	1.000	—	1.000	1.000	1.000	—
股份合作企业	0.869	1.000	0.869	irs	0.854	0.864	0.988	drs
联营企业	0.593	1.000	0.593	irs	0.901	1.000	0.901	irs
有限责任公司	0.843	0.882	0.956	drs	0.859	0.971	0.884	drs
股份有限公司	0.727	0.800	0.909	drs	0.734	0.922	0.796	drs
私营企业	0.894	0.895	0.999	irs	0.941	1.000	0.941	drs
港澳台投资企业	0.837	0.840	0.996	irs	0.893	0.893	1.000	—
外商投资企业	1.000	1.000	1.000	—	1.000	1.000	1.000	—
大型企业	0.946	1.000	0.946	drs	0.872	1.000	0.872	drs
中型企业	0.819	0.861	0.951	drs	0.800	1.000	0.800	drs
小型企业	0.525	0.527	0.997	irs	0.714	0.760	0.940	drs
微型企业	0.203	0.247	0.820	irs	0.196	0.218	0.898	irs
平均值	0.783	0.850	0.920		0.807	0.887	0.910	

由表 6 - 12 中可知，在不考虑环境变量等外部环境对于效率值影响的情况下，2016 年国家高新区企业平均技术效率为 0.783，尚未达到技术效率的前沿面，在未来发展中，高新区企业技术效率有 22% 的提升幅度。国家高新区企业平均纯技术效率为 0.850，平均规模效率为 0.920，规模

效率接近技术效率前沿面。导致技术效率较低的主要原因是纯技术效率较低，提高纯技术效率是提高国家高新区企业技术效率的主要途径之一。高新技术企业平均技术效率为 0.807，高于国家高新区企业，可见并不一定所有类型的企业都适合处于国家高新区环境中，反而有些企业更适合作为单独的高新技术企业去发展，避免了企业集聚的过度竞争。

从企业类型分析，国家高新区和高新技术企业中都是只有集体企业和外商投资企业效率达到前沿面，且规模收益不变。但是大部分企业没有达到技术效率前沿面，技术效率水平有待提高。国家高新区有四类企业的技术效率低于平均水平，微型企业技术效率值只有 0.203，其主要原因是该类型的企业纯技术效率过低，也充分解释了微型企业由于技术创新能力有限而导致最终技术效率过低的现象，而对于国有企业、大型企业等有国家或者较强资源支持的企业，有充分的资源支持科技创新，其纯技术效率可达到 1。国家高新区企业规模效率值都较高，且大都高于其纯技术效率，13 种类型企业中，10 种类型企业规模效率达到 0.9 以上，只有股份合作企业、联营企业、微型企业低于 0.9，而联营企业的规模效率最低，只有0.593。

与国家高新区企业对比发现，高新技术企业中几乎所有类型企业的技术效率值都比较高，仅微型企业技术效率为 0.196，也低于国家高新区中微型企业技术效率，说明微型企业更适合存在于国家高新区中。在未达到技术效率前沿面的企业中，高新技术企业的技术效率值基本都高于国家高新区，只有国有企业和股份合作企业低于国家高新区，说明这两种类型的企业更适合在国家高新区集聚发展，其他企业可以作为独立的高新技术企业形式存在。

（2）第二阶段 SFA 回归分析。

根据三阶段 DEA 分析，在第二阶段需要对第一阶段中的投入变量进行调整，排除投入变量因为环境变量的存在产生变化，而使技术效率值产生误差的影响。构建 SFA 回归模型，以第一阶段输出结果中的投入变量的松弛变量分别作为被解释变量，选择出口总额、上缴税费及入统企业数作为解释变量，分别对国家高新区及高新技术企业的变量进行回归分析。在回归系数为正值（或负值）时，对于被解释变量有积极影响（或负向影响），从而对效率值产生相反作用。对变量进行回归分析，得到表 6 – 13 所示的回归估计结果，并对表 6 – 13 中的回归系数及参数进行估计分析。

表 6 – 13　　　　　　　　国家高新区与高新技术企业估计结果

项目	国家高新区		高新技术企业	
	年末从业人员 松弛变量	年末资产 松弛变量	年末从业人员 松弛变量	年末资产 松弛变量
常数项	– 233 356.35 （1.00）	– 417 455 810 （1.00）	– 268 231.37 （1.00）	– 315 905 260 （1.00）
出口总额 （千元）	0.000016 （0.0003）	1.01 （0.84）	0.00042 （0.0005）	2.52 （1.11）
上缴税费 （千元）	0.000087 （0.0007）	– 2.20 （1.74）	– 0.00073 （0.0013）	– 6.48 （2.71）
入统企业数 （个）	– 34.27 （3.71）	– 25 986.29 （1.00）	– 21.63 （3.11）	– 5 338.32 （1.00）
σ^2	117 953 310 000	596 449 540 000 000 000	146 747 140 000	339 592 640 000 000 000
γ	0.755	0.843	0.999	0.872
log 似然值	– 179.94	– 284.29	– 179.09	– 280.62

注：括号内为标准差。

①出口总额。从表 6 – 13 中的回归结果中可以看出，对于国家高新区企业而言，出口总额变量与年末资产的松弛变量的回归系数为正值，与年末从业人员的松弛变量的回归系数虽然也是正值，但是数值较小。从国际环境上分析，随着经济实力提升，出口总额已成为国际影响力提升的一个

重要指标，而出口总额的增加在不影响人员冗余量的情况下，会导致每年的年末资产投入的增加，产生资产冗余，从而降低了国家高新区的技术效率值，因此高新区企业应避免投入过多资产，提高园区企业合作研发效率。对于高新技术企业而言，出口总额变量对于年末从业人员与年末资产的松弛变量与国家高新区的影响相差较小，但是对于高新技术企业的资产冗余会更多，因此在高新技术企业中，在尽量不影响人员冗余的情况下，应优化资产投入结构，避免产生过多资产冗余，提高企业技术效率。

②上缴税费。根据回归结果可知，对国家高新区而言，上缴税费变量与年末从业人员的松弛变量的回归系数虽然为正值，但是数值较小，而年末资产的松弛变量的回归系数为负值，表明在政府对企业上缴税费相关政策较严时，上缴税费的增加会相应减少资产投入，从而减少企业年末资产冗余，在资产投入减少时，技术效率值会提高。对于高新技术企业而言，对年末从业人员松弛变量可忽略不计，而年末资产松弛变量的回归系数为负值，说明在不影响人员投入冗余的情况下，政府政策趋紧会减少资产冗余，从而提高整体的技术效率值。同时该数值的绝对值要大于国家高新区该项系数的绝对值，上缴税费作为环境变量，更有益于减少高新技术企业的投入冗余，高新技术企业技术效率值也会更高。

③入统企业数。回归结果表明，不论是国家高新区企业还是高新技术企业，入统企业数变量对年末从业人员和年末资产的松弛变量的回归系数均为负值，说明当国家高新区或者高新技术企业的入统企业数量增加时，企业之间竞争会增强，因此企业会更加偏重投入更多的创新型人才或者高素质人才，反而减少总体的企业人力规模成本与人员冗余，同时企业会减少资本投入，提高自身的效率值，才能在众多竞争者中取得比较优势。

不同环境变量对于国家高新区企业和高新技术企业的年末从业人员和年末资产的松弛变量的影响效果及影响程度均不相同，因此基于这些环境变量所产生的技术效率值的误差也无法精确判别，同时也无法得到更为准确的效率值。因此，需要将所有投入变量置于相同环境中进行效率分析，排除管理无效率和随机误差对投入变量的影响，得到更为准确的效率值。

（3）第三阶段调整后效率分析。

在三阶段 DEA 分析的第三阶段，经过计算得到调整后的投入变量，重新运用 DEAP 2.1 软件对新的投入变量与原始产出变量进行投入产出效率分析，得到调整后的技术效率、纯技术效率、规模效率及规模收益，得到表 6-14 所示结果。在国家高新区企业中，处于技术效率前沿面的企业类型有外商投资企业和大型企业；而高新技术企业中，外商投资企业、大型企业、私营企业均处于技术效率前沿面。说明在剔除环境变量影响后，大型企业资源投入配置相对合理，不会产生过多地投入冗余，所有投入变量基本上都达到最大利用率。

表 6-14　　　　2016 年国家高新区与高新技术企业调整后效率对比

企业类型	国家高新区				高新技术企业			
	综合技术效率	纯技术效率	规模效率	规模收益	综合技术效率	纯技术效率	规模效率	规模收益
国有企业	0.817	1.000	0.817	irs	0.644	0.882	0.730	irs
集体企业	0.193	1.000	0.193	irs	0.083	1.000	0.083	irs
股份合作企业	0.101	1.000	0.101	irs	0.136	0.975	0.139	irs
联营企业	0.031	1.000	0.031	irs	0.044	1.000	0.044	irs
有限责任公司	0.783	0.806	0.972	irs	0.943	0.950	0.992	irs
股份有限公司	0.651	0.710	0.916	irs	0.831	0.877	0.948	irs
私营企业	0.812	0.846	0.960	irs	1.000	1.000	1.000	—
港澳台投资企业	0.667	0.794	0.840	irs	0.780	0.858	0.909	irs
外商投资企业	1.000	1.000	1.000	—	1.000	1.000	1.000	—
大型企业	1.000	1.000	1.000	—	1.000	1.000	1.000	—
中型企业	0.755	0.778	0.971	irs	0.959	1.000	0.959	drs
小型企业	0.385	0.438	0.879	irs	0.660	0.666	0.991	irs
微型企业	0.052	0.670	0.078	irs	0.035	0.801	0.044	irs
平均值	0.558	0.849	0.674		0.624	0.924	0.680	

①高新区和高新技术企业综合效率分析。从表6-14中可以发现，在考虑环境因素的情形下，国家高新区平均技术效率值为0.588，比调整前的0.783下降约24.9%，说明在未考虑环境变量误差的影响下，经典DEA使国家高新区平均技术效率值存在被高估的可能，未全面反映出实际效率值。同时可以发现平均纯技术效率为0.849，平均规模效率为0.674，相较于调整前，技术效率值比较低的主要原因发生变化，变为是规模效率比较低的原因，纯技术效率几乎没有改变，但是规模效率大幅度降低。从图6-5可以看出，调整后DEA模型效率中基本上所有样本的技术效率值均被高估，其中集体企业、股份合作企业、联营企业被高估的幅度最为显著，联营企业被高估94.77%。仅大型企业技术效率值调整到技术效率前沿面，效率值被低估，而外商投资企业调整前后均达到效率前沿面。

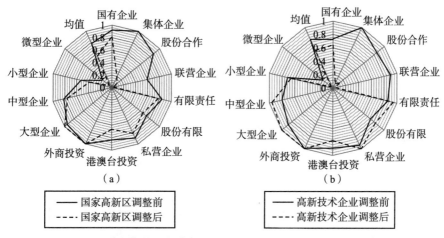

图6-5　国家高新区与高新技术企业调整前后综合技术效率对比

相比较而言，高新技术企业的平均技术效率值也同样被低估，与国家高新区相比，集体企业调整后较调整前技术效率前沿面降低，相反大型企业反而调整后较调整前技术效率前沿面上升。与国家高新区类似，高新技术企业的集体企业、股份合作企业、联营企业的技术效率值也被大幅度低估，调整前被高估的幅度分别为 91.7%、84.1%、95.1%，同样是联营企业被低估的幅度最大。从表 6-14 数据中可知，平均纯技术效率提高，而技术效率反而降低，因此调整后导致高新技术企业技术效率降低的原因主要为平均规模效率大幅度降低。

②国家高新区和高新技术企业纯技术效率分析。国家高新区和高新技术企业的平均纯技术效率在调整前后没有发生太大的变化，如图 6-6 所示。同时可以发现国家高新区和高新技术企业中都只有微型企业被低估的幅度最为明显，其余企业中，纯技术效率没有明显的高估或者低估的情况，处于纯技术效率前沿面的企业也基本没有发生变化，唯一一个在剔除环境变量后，从效率前沿面降低的是高新技术企业中的股份合作企业。

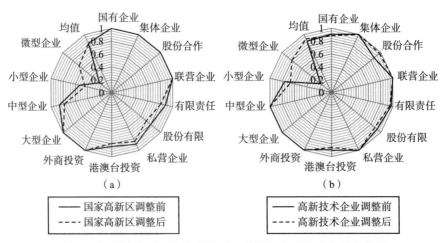

图 6-6　国家高新区与高新技术企业调整前后纯技术效率分析

③国家高新区和高新技术企业规模效率分析。对表 6-14 中的规模效率数据分析，国家高新区的平均规模效率从 0.920 下降到 0.674，下降幅

度约为 26.74%，高新技术企业的平均规模效率也下降到 0.680，下降幅度约为 25.74%，两者下降幅度大于纯技术效率被高估幅度，因此导致平均技术效率也大幅度下降。从单个类型企业分析，国家高新区中的集体企业、股份合作企业、联营企业及微型企业下降幅度明显，依次为 0.193、0.101、0.031、0.078；高新技术企业也是这四种类型的企业规模效率在剔除环境变量后下降的幅度最为明显，依次为 0.083、0.139、0.044、0.044，如图 6-7 所示。

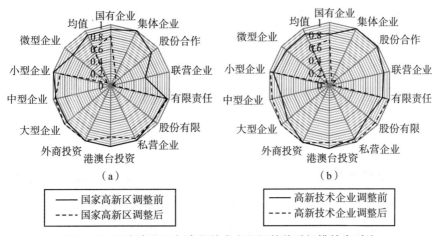

图 6-7 国家高新区与高新技术企业调整前后规模效率对比

从高新技术企业的规模效益来看，3 个达到技术效率前沿面的企业类型规模收益不变，中型企业的规模收益没有发生变化，仍为规模收益递减，也是唯一规模收益递减的高新技术企业，其余的 9 个高新技术企业的企业类型都是规模收益递增，比调整前数量增加。国家高新区有 11 种企业都是处于规模收益递增的状态，因此不论是国家高新区还是高新技术企业，都可以通过扩大投入规模来提高技术效率值。而对于高新技术企业中的中型企业，因为处于规模收益递减的状态，所以不能用扩大投入规模的方法提高技术效率值，反而应该对已经投入的资源进行优化配置，减少投入冗余，从而提高中型企业的技术效率值。

④国家高新区和高新技术企业综合分析。从表 6 - 14 的效率结果中可以得知，2016 年企业总体技术效率处于中效率阶段，还有较大发展提升空间。同时国家高新区企业发展过程中存在一些优势，比如外商投资企业和大型企业的各项效率值均已达到技术效率前沿面，也就是最优效率，因此在未来国家高新区发展中，可以将更多资源转向其他还未达到最优效率的企业。同时，在致力于技术效率提升时，更应该重点关注的是规模效率，而不是未剔除环境变量时的纯技术效率，因此环境变量的存在会影响到对于国家高新区不同企业类型未来发展方向的准确判断。

6.4 创新型产业集群集聚效应分析

创新型产业集群是具有跨企业、跨行业、跨区域、跨链条的战略性新兴产业组织形态，能够推动产业集群全产业链价值提升。依据《创新型产业集群试点认定管理办法》，科技部于 2013 年和 2014 年，先后认定两个批次共计 32 家创新型产业集群，2017 年认定第三批 29 家创新型产业集群。三批次共计 61 家创新型产业集群试点发展由资源要素模式转向国家高新区平台载体服务，最终转向全产业链集群生态培育。创新型产业集群依托产业链集聚产业创新资源（田颖、田增瑞、韩阳、吴晓隽，2019），能够有助于国家高新区形成鲜明的产业特色和主导产业，推动国家高新区自主创新力提升和自主创新示范区示范效应提升，成为国家高新区推动战略性新兴产业发展的重要途径（张骁、唐勇、周霞，2016），提升区域产业创新能力。

创新型产业集群结合战略性新兴产业布局一区一主导产业，依托全产业链推动科技型企业融通和梯次培育。创新型产业集群通过动态监测推动产业集群分类指导，科技部 2020 年印发的《创新型产业集群评价指标体系》是创新型产业集群 61 家试点和 48 家试点（培育）考核评价指标的主要依据，是对 2013 年开展创新环境、主导产业、服务体系评价的《创新型产业集群试点评价指标体系（试行）》的局部修订，指标体系如表 6-15 所示。

表 6-15　　　　　　　创新型产业集群评价指标体系修订比较

修订/变化	指标体系	指标体系（试行）
实施时间	2020 年	2013 年
一级指标环境	发展环境	创新环境
一级指标产业	集群产业	主导产业
一级指标服务	创新服务	服务体系
二级指标总量	9 个	12 个
三级指标总量	23 个	24 个
环境二级指标	位势 40%、政策 40%、社会 20%	政府引导 40%、政策措施 30%、协同机制 20%、文化氛围 10%
环境三级指标	创新创业活动	创新创业文化
产业二级指标	规模 35%、效益 30%、创新 35%	经济总量 50%、产业规模 15%、产品 15%、研发 10%、产权 10%
产业三级指标	产值净利润率 营收平均增长率 企业科技活动经费支出占比 人均知识产权数	国内市场占有率 省级知名产品数量 企业平均 R&D 投入占销售收入比 授权发明专利量
服务二级指标	培育 35%、技术 40%、金融 25%	企业培育 50%、技术 30%、金融服务 20%
服务三级指标	当年获得风险投资额	当年获得创业投资的企业数

创新型产业集群修订后评价指标体系结构性转换，在保持三级指标体

系和一级指标权重一致的基础上，注重单一主导产业培育转向集群产业培育，将主导产品的国内市场占有率和知名产品数量，转向效益主导的产值净利润率和营业收入平均增长率。产品数量转向结构比例，创新总量转向人均数量等，反映了创新型产业集群的生态培育主导特征（张凌，2020），产业集群创新能级全面提升，创新资源全链整合和全域推进，探索"一群一策"。

2017～2019 年创新型产业集群数量保持在 109 家的这三年期间，109家创新型产业集群企业数量年均增加 15.9%，营业收入年均增加 9.9%，而国际环境影响的出口创汇下降 7.1%。创新型产业集群 2019 年工业总产值、净利润、出口创汇都比 2018 年同比下降，产业集群集聚效应并未充分释放和协同推进。创新型产业集群的战略性新兴产业效益并未较好提升，与国家高新区产业融合优势不显著，不同区域省域间创新型产业集群企业规模集聚呈现较大差异。因此本书选用以投入产出效率评价方法为基础，选取创新型产业集群省域层面的投入产出指标，评价创新性产业集群集聚效应，分析环境差异对集聚效应的影响程度。

6.4.1　研究方法与变量选择

6.4.1.1　三阶段 DEA 模型

三阶段 DEA 方法剔除了环境因素及其他随机因素对技术效率的影响，通过利用 DEA 模型松弛变量所包含的冗余信息，对投入或产出变量进行调整，把创新型产业集群所有投入假定处在同一外部创新环境条件下来剔除不同区域环境因素的影响，再用 DEA 方法测算创新型产业集群投入的技术效率，使结果更加真实地反映创新型产业集群区域集聚的实际情况，能够较好测度高技术产业和创新型产业集群集聚效率（谢子远，2014）。相比设定参数的随机前沿方法，非参数的三阶段 DEA 方法更能有效地区分创新环境对各个创新型产业集群投入产出的集聚影响。

6.4.1.2 变量选取与数据来源

创新型产业集群集聚效应的投入产出指标选取，以区域差异度和规模导向度为选取原则，参照创新型产业集群评价指标体系规模导向，选取营业收入（亿元）和上缴税费（亿元）作为创新型产业集群产出指标，企业总数（个）和集群人员总数（万人）作为创新型产业集群集聚效应的投入指标。2019 年创新型产业集群营业收入最高的广东省是营业收入最低的贵州省的 367 倍，上缴税费广东省是贵州省的 351 倍，而广东省创新型产业集群企业数量仅是贵州集群企业数量的 22 倍。

环境变量选取依据创新型产业集群评价体系调整的创新导向为主要原则，考虑省域创新型产业集群的结构性差异，主要体现在创新型产业集群企业总量中的高新技术企业数量、企业科技活动经费投入、授权发明专利量、主持或参与制定的各类标准数量。为弱化创新型产业集群规模总量对环境变量的影响，以比例型指标作为环境变量，即创新型产业集群高新技术企业占比（高新技术企业数量占集群企业总数比值）、企业科技活动经费支出占比（企业科技活动经费支出占营业收入比重）、人均拥有知识产权数（集群知识产权数量与集群人员总数的比值）。投入产出及环境变量指标数据来源于《2020 年中国火炬统计年鉴》中的创新型产业集群统计数据，各项变量描述性统计如表 6－16 所示。

表 6－16　　　　　创新型产业集群集聚效应变量描述性统计

变量	最大值	最小值	均值	标准差	变异系数
企业营收（亿元）	13 413.30	36.50	2 049.90	2 615.30	1.28
上缴税费（亿元）	701.80	2.00	109.10	144.10	1.32
企业总数（个）	4 218.00	16.00	842.00	936.00	1.11
集群人员总数（万人）	83.1	0.65	15.00	16.70	1.12

续表

变量	最大值	最小值	均值	标准差	变异系数
高新技术企业占比（%）	0.88	0.23	0.47	0.16	0.34
企业科技活动经费支出占比（%）	0.10	0.01	0.04	0.02	0.58
人均拥有知识产权数（项/人）	0.120	0.005	0.040	0.030	0.750

6.4.2 集聚效应实证分析

6.4.2.1 第一阶段 DEA 模型实证结果

三阶段 DEA 的第一阶段，运用 DEAP 2.1 软件对不同省域的创新型产业集群的初始效率进行分析，具体的结果如表 6 – 17 中调整前的效率所示。2020 年创新型产业集群平均技术效率为 0.518，平均纯技术效率为 0.647，平均规模效率为 0.845，其中规模效率的均值大于纯技术效率的均值。由第一阶段的实证结果显示，各省域创新型产业集群内部的集群效应比技术创新更能提高企业投入产出的转化率。

表 6 – 17　　　　2020 年省域创新型产业集群调整前后效率比较

省区市	调整前效率				调整后效率			
	技术效率	纯技术效率	规模效率	规模收益	技术效率	纯技术效率	规模效率	规模收益
北京	1.000	1.000	1.000	—	1.000	1.000	1.000	—
天津	0.538	0.565	0.954	irs	0.393	0.659	0.596	irs
河北	0.499	0.500	0.997	irs	0.571	0.600	0.951	irs
山西	0.797	0.810	0.983	irs	0.435	0.847	0.513	irs
内蒙古	1.000	1.000	1.000	—	0.983	1.000	0.983	irs
辽宁	0.179	0.183	0.979	irs	0.251	0.330	0.762	irs
吉林	0.727	0.748	0.972	irs	0.806	1.000	0.806	irs

省区市	调整前效率				调整后效率			
	技术效率	纯技术效率	规模效率	规模收益	技术效率	纯技术效率	规模效率	规模收益
黑龙江	0.807	1.000	0.807	drs	1.000	1.000	1.000	—
上海	0.378	0.416	0.909	drs	0.837	0.853	0.982	irs
江苏	0.499	0.974	0.512	drs	0.952	1.000	0.952	drs
浙江	0.439	0.483	0.908	drs	0.736	0.744	0.989	irs
安徽	0.385	0.420	0.916	drs	0.515	0.589	0.873	irs
福建	0.213	0.215	0.991	drs	0.301	0.436	0.691	irs
江西	0.451	0.461	0.979	drs	0.418	0.735	0.569	irs
山东	0.435	0.941	0.463	drs	0.970	1.000	0.970	drs
河南	0.292	0.34	0.859	irs	0.466	0.724	0.644	irs
湖北	0.259	0.271	0.956	irs	0.266	0.441	0.603	irs
湖南	0.664	0.957	0.693	drs	0.877	0.937	0.936	irs
广东	0.535	1.000	0.535	drs	0.911	1.000	0.911	drs
广西	0.756	0.867	0.872	drs	0.710	0.858	0.827	irs
重庆	0.370	0.40	0.926	irs	0.286	0.604	0.474	irs
四川	0.337	0.340	0.992	irs	0.488	0.562	0.867	irs
贵州	0.153	0.838	0.183	irs	0.039	1.000	0.039	irs
云南	1.000	1.000	1.000	—	0.395	0.903	0.437	irs
陕西	0.485	0.493	0.983	drs	0.525	0.664	0.790	irs
甘肃	0.415	0.654	0.635	irs	0.113	0.774	0.146	irs
青海	0.240	0.244	0.982	drs	0.180	0.487	0.370	irs
新疆	0.661	1.000	0.661	irs	0.174	1.000	0.174	irs
均值	0.518	0.647	0.845		0.557	0.777	0.709	

在第一阶段的处理分析过程中，并未考虑环境变量与随机因素对创新型产业集群集聚效应的影响。海南省、西藏自治区、宁夏回族自治区没有

创新型产业集群入选，109 家创新型产业集群分布的 28 个省域中，北京市、内蒙古自治区、云南省的创新型产业集群技术效率居于前列，其中纯技术效率和规模效率均为 1，增加三省域创新型产业集群企业数量和人员数量，不会对集群的产出要素产生影响。黑龙江省、广东省、新疆维吾尔自治区的纯技术效率有效，而技术效率未达到有效，原因在于规模效率未达到有效性，提高创新型产业集群技术效率的重点在于如何更好地发挥规模效益的作用。江苏省、山东省、湖南省、贵州省、甘肃省创新型产业集群纯技术效率大于规模效率，提高规模效率，降低实际规模与最优规模差距，可以进一步提升创新型产业集群技术效率。

6.4.2.2 第二阶段 SFA 模型实证结果

三阶段 DEA 分析的第二阶段，将两个投入变量创新型产业集群企业总数和集群人员总数的松弛变量作为被解释变量，环境变量高新技术企业占比、企业科技活动经费支出占比和人均拥有知识产权数作为解释变量，分析环境变量对投入项的松弛变量的影响。若回归系数为正，表明增加环境变量会导致投入冗余增加；若回归系数为负，表明环境变量有利于减少松弛量以降低投入冗余。运用 Frontier 4.1 软件分别对创新型产业集群两个松弛变量进行测度，结果如表 6-18 所示。

表 6-18　　　　基于 SFA 的创新型产业集群第二阶段估计值

项目	集群企业总数松弛变量	集群人员总数松弛变量
常数项	-242.76 (-0.46)	-2.84 (1.001)
高新技术企业占比	60.99 (1 202.31)	-3.93 (1.0007)
企业科技活动经费支出占比	3 427.63 (116.87)	93.19 (1.000)

项目	集群企业总数松弛变量	集群人员总数松弛变量
人均拥有知识产权数	− 268.12 (100.77)	− 18.74 (1.000)
σ^2	497 673.65 (1.07)	7 540 628 700.00 (1.000)
γ	0.99 (0.0000005)	0.98 (0.0267)
log 似然值	− 200.72	− 341.19

注：括号内是标准差。

（1）高新技术企业占比。实证的结果显示高新企业技术占比与企业总数松弛变量的回归系数为正，说明高新技术企业占比的增加会导致企业总数投入冗余的增加，高新技术企业数量占集群企业数量越多，企业总数的投入冗余就会越多，高新技术企业占比的集群结构优势并未快速转化为集群企业总量优势，但是有助于创新型产业集群企业总量提升的结构转换。高新技术企业占比与集群人员数量松弛变量的回归系数为负，表明高新技术企业占据集群企业总量比重越大，集群人员投入冗余越少，由于高新技术企业中人员黏性较高，高新技术企业占比增加会有效提高创新型产业集群从业人员总量的高新技术企业分布结构。

（2）企业科技活动经费支出占比。结果显示企业活动经费支出占比与高新技术企业数集群人员总数的松弛变量回归系数均为正，说明企业科技活动经费支出占比增加，会导致企业总数和集群人员数量投入的冗余。创新型产业集群企业参与科技活动，增加企业科技活动经费支出的结构性比值，有助于集群企业技术效率的提升，并提高创新型产业集群行业竞争力和创新壁垒，同时企业科技活动的经费支出占比的增加，也提出更多研发人员总量的需求，一定程度上可能会导致集群从业人员数量投入冗余。

（3）人均拥有知识产权数。结果表明人均拥有知识产权数与企业总数和集群人员数量的松弛变量回归系数均为负，人均拥有知识产权数越高，企业总数投入冗余越少，集群内人力资源利用率就越高。人均知识产权数量增加能促进集群从业人员整体素质提升，人才密集型创新型产业集群更注重集群企业创新能力的提升，减少人员投入冗余，能推动创新型产业集群企业提质增效和产业价值链高端锁定。

6.4.2.3　第三阶段调整后 DEA 模型实证结果

依据创新型产业集群第一阶段和第二阶段的实证结果，得到消除环境变量和随机干扰因素影响的调整投入数据，利用调整后创新型产业集群投入数据，运用 DEAP 2.1 软件再次测度 28 个省域的创新型产业集群效率，结果如表 6-17 调整后技术效率所示。第三阶段调整后的实证结果显示，2020 年创新型产业集群平均技术效率为 0.557，平均纯技术效率为 0.777，平均规模效率为 0.709，规模效率均值与纯技术效率均值相差较小，第一阶段中调整前的技术效率由规模效率主导，而第三阶段中规模效率与技术效率的主导地位相近，并且纯技术效率主导作用对创新型产业集群集聚效应影响更显著。

28 个省域中，北京市创新型产业集群调整前后的技术效率并未发生变化，技术效率是有效的，且环境变量和随机干扰因素并不会影响技术效率和规模效率。广东省、山东省、江苏省创新型产业集群调整后的规模效益呈现递减趋势，黑龙江省的技术效率由调整前的未达到有效改变为调整后的有效，表明高新技术企业数量占比、企业科技活动支出占比、人均知识产权数量对黑龙江省规模效率影响较明显。吉林省、江苏省、山东省、贵州省创新型产业集群纯技术效率调整后达到 1，成为创新型产业集群集聚效应技术效率提升的关键支撑，调整后创新型产业集群纯技术效率优势代替规模效率优势。

各省域创新型产业集群调整前后技术效率的变化如图 6-8 所示，其中大部分东部沿海地区省域调整后的技术效率大幅度提升，表明相对发达地区省域创新型产业集群的集聚效应受环境因素和干扰因素影响较明显，投入要素总量过多一定程度也会对集群的投入转换效率产生抑制作用。云南省创新型产业集群调整前的技术效率为1，调整后的技术效率降低为0.395，说明高新技术企业占比结构、企业科技活动参与程度、知识要素投入能较强地推动云南省创新型产业集群集聚效果，同时云南省创新型产业集群企业数量在各省域企业数量中最低，仅16家，创新型产业集群结构性调整效果最明显。

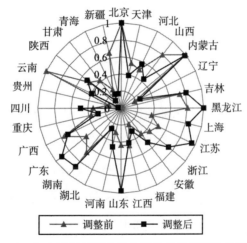

图 6-8 各省域创新型产业集群技术效率调整前后比较

6.4.2.4 区域集聚效应

为全面衡量不同空间创新型产业集群集聚效应区域差异和空间分异，按照东部地区、西部地区、中部地区和东北地区四大区域，将28个省域创新型产业集群划分到四大区域中，如表6-19所示。

表 6 - 19 四大区域创新型产业集群技术效率调整前后比较

地区	省区市	技术效率		纯技术效率		规模效率	
		调整前	调整后	调整前	调整后	调整前	调整后
东部地区	北京、天津、河北、上海、江苏、浙江、福建、山东、广东	0.504	0.741	0.677	0.810	0.808	0.894
中部地区	山西、安徽、江西、河南、湖北、湖南	0.475	0.496	0.543	0.712	0.898	0.690
西部地区	内蒙古、广西、重庆、四川、贵州、云南、陕西、甘肃、青海、新疆	0.542	0.389	0.684	0.785	0.823	0.511
东北地区	辽宁、吉林、黑龙江	0.571	0.686	0.644	0.777	0.919	0.856

由表 6 - 19 可以看出，东部地区创新型产业集群调整前后技术效率增幅较大，达到 0.237，东北地区技术效率增加 0.115，中部地区技术效率基本不变，而西部地区的省域调整前后技术效率降低 0.153。东部地区创新型产业集群剔除环境变量影响后，规模效率和纯技术效率均增加，表明东部地区创新型产业集群技术和规模优势都较为明显，集群创新集聚程度较高，创新资源利用率高，投入要素东部地区集聚效应明显。中部地区创新型产业集群调整后的纯技术效率增加而规模效率减少，表明相关环境要素能够促进集群创新效率提升，规模效率降低明显，中部地区创新型产业集群结构性优势不能弥补调整后规模优势降低，应提升高新技术企业占比等结构性集群优势，进而提高中部地区整体效率。环境变量对西部地区创新型产业集群规模效率呈现较大影响，剔除外部环境因素，规模效率大幅度降低 0.312，高新技术企业数量占比、科技活动经费支出占比、人均知识产权等结构性调整增加，能有效促进提升西部地区创新型产业集群集聚

效应。东北地区的创新型产业集群调整前后纯技术效率增加而规模效率降低，在总体技术效率上升的基础上，环境变量对东北地区创新型产业集群技术效率提升影响程度小于对规模效率降低影响程度。

创新型产业集群高质量发展，需要全域推进、全链整合。创新型产业集群集聚效应在集群营业收入、上缴税费、企业总数、人员总数等总量提升的基础上，注重创新环境对创新型产业集群的结构性调整影响，推动创新型产业集群一域一策、一群一策、一业一策。创新型产业集群应充分发挥纯技术效率和规模效率对技术效率提升的协同作用，通过优化企业总量中高新技术企业占比的布局结构，营业收入总量中企业科技经费支出占比的投入结构，人均知识产权数的人员结构和创新结构，推动总量结构与主导结构的同步优化，协同提升创新型产业集群集聚效应。弱化创新型产业集群集聚效应空间差异，东部地区创新型产业集群应强化技术主导为主的集聚效应优势，推动中部地区创新型产业集群集聚结构比例转换，带动西部地区创新型产业集群集聚规模总量提升，统筹创新型产业集群区域板块东连西进和中部增效。

6.5 创新型产业集群提高国家高新区集聚效应

6.5.1 作用机制与研究假设

某一产业在特定区域集聚进而逐渐形成产业集群，形成规模经济，能够有力地促进产业技术水平提高和地区经济发展（黄光阳，2012）。传统的产业集群主要是由于传统产业地理位置相近而集聚，产业内的企业技术门槛低，大多数为劳动密集型制造业，协同创新机制弱，创新能力弱。而创新型产业集群的核心在于其持续的技术创新扩散能力和有效的知识流动能力，是集群中企业不断从所处的正式和非正式的关系网络中，获取知识和信息，不断整合、并购、创造的过程。创新型产业集群内专业化集聚基础设施、基础设备，企业和研发机构资源共享、优势互补，协同发展，规模效应显著，促进了国家高新区健康发展，提高了持续创新能力。创新型产业集群不同于传统产业集群，它以国家高新区为载体，基础条件更优，集聚资金、人员、技术等各类创新要素资源，产业转型升级联动、技术创新知识溢出，有效地发挥了创新驱动作用，形成国家高新区及自主创新示范区高端发展的持续生命力，使国家高新区更好地发挥集聚效应。因此，本书提出 H1。

H1：创新型产业集群的试点设立能够进一步提高国家高新区的集聚效应。

对于国家高新区发展而言，不同地区要素禀赋差距，促使同一政策发挥不同作用效果。张莉（2017）和陈培阳（2012）等学者指出，我国东部地区、中部地区、西部地区三大经济区域政策、设施、资源等要素差异显著，发展不均衡，板块区域差异越大，资源集聚特征越显著。发达地区基础设施完善、享有较多优惠政策，产业集聚优势明显。发展较慢地区基础设施相对落后，资源优势薄弱，产业集聚优势较弱。对于要素禀赋较好或较差的地区，设立创新型产业集群，对国家高新区集聚效应的带动作用将会更加显著；但是对于区域经济发展差距较小、要素禀赋适中的地区，创新型产业集群试点，可能对国家高新区集聚效应发挥的作用影响较小。因此，本书提出 H2。

H2：各地区创新型产业集群试点政策效果受该地区原始要素禀赋的影响。

6.5.2　模型选择与变量说明

6.5.2.1　模型选择

为了评估创新型产业集群对国家高新区的集聚效应强弱,可以采用单差法进行检验,即通过比较创新型产业集群在试点之前与试点之后,这两个时期内对国家高新区集聚效应的影响,以此来检验该项政策制度的作用。但是这种单差法得到的结论可能有误差、不准确,对于不同区域的国家高新区而言,在创新型产业集群开展试点之前可能就存在差异,单差法并没有考虑到此种差异,会导致高估创新型产业集群对国家高新区集聚效应的影响。因此,采用双重差分法(Differences-in – Differences, DID),检验创新型产业集群是否提高了国家高新区集聚效应,则更为科学。

本书通过选用双重差分法,测量创新型产业集群和国家高新区发挥的集聚效应,进一步讨论了创新型产业集群是否提高了国家高新区的集聚效应。根据历年《中国火炬统计年鉴》公布的创新型产业集群名单,截至2018年我国已经有109个创新型产业集群开展试点工作,这为接下来的双重差分法提供了良好的"准自然实验",同时我国已建立168个国家高新区,但是已经开展试点的创新型产业集群并非完全对应设立的国家高新区。在选取的创新型产业集群样本中,有75个创新型产业集群布局在国家高新区内,这75个创新型产业集群就构成了处理组,其他不在国家高新区内的创新型产业集群就构成了控制组。创新型产业集群试点工作是逐年开展的,2014年开始试点,2014～2018年分别有71个、71个、70个、109个、109个创新型产业集群。因此,本书将创新型产业集群试点看成一项准自然实验,采用双重差分法进行测量估计。

由于创新型产业集群与国家高新区的设立是逐年批复的,并不是同一年统一规划实施，因此本书的变量设置与上述双重差分法的一般做法略有差异。此处对实验组的赋值为 1，对控制组的赋值为 0，同时考虑到创新型产业集群与国家高新区的设立时间先后差异，因此将设立当年及以后赋值为 1，设立之前赋值为 0，进而直接生成虚拟变量 did。由于本书采用面板数据并且政策分多期实施，参考袁航和朱承亮（2018）相关研究，选取双向固定效应模型进行估计检验，模型设定如式（6-3）所示。

$$Revenue_{it} = \beta_0 + \beta_1 did_{it} + \alpha X_{it} + u_t + v_i + \varepsilon_{it} \qquad (6-3)$$

式（6-3）中，i 表示的是区域（国家高新区），t 表示的是年份；被解释变量 $Revenue_{it}$ 表示的是国家高新区的集聚效应（经济效应）；did_{it} 则表示区域 i 在第 t 年是否具有创新型产业集群开展试点的虚拟变量，如果开展试点，则 $did_{it} = 1$，反之为 0；X_{it} 为控制变量；u_t 表示时间固定效应；v_i 是各个国家高新区的个体固定效应；ε_{it} 是误差项。该模型中关注的重点是系数 β_1，它衡量创新型产业集群对国家高新区集聚效应的净影响，如果系数为正，则表明创新型产业集群在国家高新区内开展试点后，对国家高新区的集聚效应起促进作用。

6.5.2.2　变量说明

本书研究的重点是创新型产业集群试点是否提高了国家高新区集聚效应，考虑到其他因素也会影响国家高新区的集聚效应，本书还引入了其他控制变量。

（1）被解释变量。

本书的被解释变量为集聚效应。参考谢子远（2014）的研究，集聚效应一般包括要素集聚、人才集聚、创新集聚、生产力促进效应（经济效应）。集聚概念包括：地理范围内的生产要素集中；基于地理集中的经济发展，如经济效益、社会效益等。考虑到数据的可操作性和科学性，本书选用经济效应来衡量集聚效应，采用国家高新区营业收入的对数进行估计。

（2）核心解释变量。

本书的核心解释变量为虚拟变量 did，根据历年《中国火炬统计年鉴》中的创新型产业集群名单，结合创新型产业集群设立时间先后统一赋值，最终得到核心解释变量 did。本书选取的数据时段是 2011~2018 年，根据国家科技部网站公布截至 2018 年试点的创新型产业集群名单，对国家高新区进行赋值。如果某一创新型产业集群在当年开始或者已经在国家高新区内试点，则赋值为 1，否则赋值为 0。

（3）控制变量。

基于已有研究，本书选取了以下控制变量：人均产值（Industry），选取国家高新区内从业人数人均工业产值的对数测度，国家高新区工业产值较高，拥有较多的人力资本和物质资本存量，人均产值更能反映国家高新区发展效率和可持续发展能力；企业规模（Enterprise），选取批准入驻国家高新区企业数量的对数测度，国家高新区不断发展，2018 年 168 个国家高新区，集聚企业超过 12 万家；人力资本（Employee），高素质高学历的人力资本对于区域发展也具有重要作用，选用大专及以上学历人数占年末从业人员的比重进行衡量。各个变量的描述性统计如表 6-20 所示。本书采用 2011~2018 年的相关统计数据，所用数据均来源于《中国火炬统计年鉴》。

表 6-20　　　　　　　　国家高新区集聚效应变量描述性统计

变量	变量描述	最大值	最小值	均值	标准差
Revenue	高新区营业收入的对数	22.391	12.795	18.324	1.123
did	创新型产业集群试点的虚拟变量	1	0	0.298	0.457
Industry	园区内从业人数人均工业产值的对数	8.413	4.039	7.005	0.449
Enterprise	入驻国家高新区企业数量的对数	9.999	2.565	5.654	1.123
Employee	大专以上学历人数占年末从业人员比重的对数	4.456	1.372	3.683	0.434

6.5.3 创新型产业集群对国家高新区集聚效应分析

6.5.3.1 基准回归结果

创新型产业集群选择在国家高新区开展试点工作，筛选国家高新区具有相对差异化的特征，这为国家高新区集聚效应研究提供了"准自然实验"，本书利用双重差分法测度创新型产业集群对国家高新区集聚效应的净影响，具体回归结果如表6-21所示。

表6-21　　创新型产业集群对国家高新区集聚效应的作用机制

变量	（1）	（2）	（3）
did	0. 695 *** （0. 145）	0. 146 *** （0. 045）	0. 139 ** （0. 042）
Industry		0. 815 *** （0. 046）	0. 717 *** （0. 042）
Enterprise		0. 793 *** （0. 021）	0. 802 *** （0. 019）
Employee		0. 179 *** （0. 050）	0. 205 *** （0. 046）
Constant	18. 223 *** （0. 058）	7. 424 *** （0. 360）	7. 962 *** （0. 331）
时间效应	是	是	否
地区效应	是	是	否
N	1 039	1 039	1 039

注：括号内的是标准差；*、** 和 *** 分别表示在10%、5%、1%的统计水平上显著。

表6-21中，第（1）和第（2）列为固定效应模型的回归结果，并

且同时控制了时间效应和地区效应，进而实现双重差分的效果。第（3）列是随机效应模型的估计结果，可以看到不管有没有加入控制变量，在所有的回归结果中，虚拟变量 did_{it} 的系数均为正并且显著，表明创新型产业集群的试点工作，使国家高新区发挥了更好的集聚效应。而随机效应的估计结果略低于固定效应，说明遗漏时间效应和地区效应会低估政策影响，带来估计误差。根据第（2）列的结果可以看到，人均产值、企业规模、人力资本三个控制变量的系数均为正且显著，表明其对国家高新区集聚效应有显著的促进作用，基本验证了本书的 H1。

6.5.3.2　分地区讨论

相对于初始要素禀赋不具备明显优势的国家高新区，创新型产业集群对初始要素禀赋具备明显优势的国家高新区，集聚效应提升作用更强。为了验证这一假设，本书加入东部地区、中部地区、西部地区虚拟变量与创新型产业集群虚拟变量的交叉项，划分不同地区不同样本，考察创新型产业集群的试点效果是否在不同地区存在显著差异，具体的回归模型如式（6-4）所示。

$$Revenue_{it} = \beta_0 + \beta_1 area_i \times did_{it} + \alpha X_{it} + u_t + v_i + \varepsilon_{it} \qquad (6-4)$$

式（6-4）中，$area$ 表示国家高新区所在的省市地区，分别表示东部地区（$east$）、中部地区（$medium$）、西部地区（$west$），其他符号的含义与式（6-3）相同，具体结果如表 6-22 所示。在东部地区、中部地区、西部地区，创新型产业集群的试点对于国家高新区集聚效应的影响都是正向的，有促进作用，但是这一政策在不同地区存在着差异。东部地区国家高新区的创新型产业集群政策效果最为显著，西部地区较为显著，东部地区的政策效果略高于西部地区，而中部地区国家高新区的创新型产业集群政策效果最不明显。基本验证了本书的 H2。

表 6 – 22　　　　创新型产业集群对国家高新区集聚效应的作用：不同地区

变量	东部地区	中部地区	西部地区
$did \times east$	0.15 *** (0.053)		
$did \times med$		0.019 (0.077)	
$did \times west$			0.226 ** (0.099)
$Industry$	0.821 *** (0.046)	0.814 *** (0.047)	0.816 *** (0.046)
$Enterprise$	0.802 *** (0.020)	0.816 *** (0.021)	0.809 *** (0.020)
$Employee$	0.195 *** (0.050)	0.2 *** (0.051)	0.191 *** (0.050)
$Constant$	7.301 *** (0.358)	7.273 *** (0.365)	7.316 *** (0.359)
时间效应	是	是	是
地区效应	是	是	是
N	1 039	1 039	1 039

注：括号内的是标准差；*、** 和 *** 分别表示在 10%、5%、1% 的统计水平上显著，下同。

　　东部地区各省份经济发展相对发达，成果交易市场发展较完善，国家高新区资源优势明显，初始条件较好，基础设施完备，高校科研院所较多，产业链协同发展能力较强。在东部地区国家高新区内开展创新型产业集群试点工作，进一步集聚了各类创新资源要素，辐射带动了国家高新区的创新发展，效果显著。西部地区的原始要素禀赋较差，发展相对落后，基础薄弱，区域内的国家高新区发展差距也较大。在西部地区国家高新区内开展创新型产业集群试点工作，为西部地区国家高新区聚集了更多资金、人才等要素资源，发挥了产业指向性优势，起到了"雪中送炭"的效果，因此政策效果明显。而中部地区国家高新区发展差距小，资源要素条件较均衡，开展创新型产业集群试点工作，政策效果相对弱化，推动作用不显著。

6.5.3.3 稳健性检验

为进一步检验结果的稳健性，借鉴范子英和田彬彬（2014）的研究，通过调整实际政策发生的时间来进行反事实检验。除了开展创新型产业集群试点这一政策，其他的因素或者政策也可能促使检验结果出现差异，导致结论不成立。因此，为了检验是否存在这些影响因素，将各个国家高新区开展创新型产业集群试点的时间，统一提前一年或者两年，设为虚拟变量。如果此时该假想政策的系数仍然显著，那么表明国家高新区的集聚效应可能来自其他随机因素或者政策变动；反之，如果此时假想政策的系数不显著，则表明国家高新区的集聚效应，来自创新型产业集群的试点效果。由表6-23的回归结果可以看出，第（1）、第（2）列是将政策时间点提前一年或者两年，结果均不显著，进一步表明了国家高新区范围内的创新型产业集群试点工作，能够提升国家高新区的集聚效应。

表6-23　　　创新型产业集群对国家高新区集聚效应的作用：
反事实检验和单差法

变量	提前一年	提前两年	单差法
did			0.319 *** (0.039)
*did*1	0.088 (0.056)		
*did*2		0.069 (0.072)	

续表

变量	提前一年	提前两年	单差法
控制变量	是	是	是
时间效应	是	是	否
地区效应	是	是	是
N	1 039	1 039	1 039

本书还采用"单差法"检验创新型产业集群对国家高新区集聚效应的作用影响，结果如表6-23的第（3）列所示，did 系数为正且显著，但是高于双重差分法测度的系数，表明单差法的测度结果是有误差的，高估了创新型产业集群试点政策，对于国家高新区集聚效应有影响，因此采用双重差分法测度得到的结果更为准确可信。

本书还利用郝克曼（Heckman，1997）提出的双重差分倾向得分匹配模型（Propensity Score Matching - Differences in Differences，PSM - DID）进行稳健性检验。倾向得分匹配法利用各个国家高新区的资源条件作为解释变量，对变量对照组和控制组进行匹配，通过评定（Logit）模型估计每个国家高新区开展创新型产业集群试点的概率，也就是倾向得分值。根据这个得分值，为每个处理组匹配在特征条件比较类似的国家高新区作为对照组，进而能够缩小变量的偏差。本书对处理组和控制组各协变量在匹配前后的差异进行检验，如表6-24所示。

表6-24　　　　　创新型产业集群对国家高新区集聚效应的
作用：协变量平衡检验

变量	匹配前			匹配后		
	处理组	控制组	标准化偏差	处理组	控制组	标准化偏差
Industry	6.991	7.011	-4.4	7.006	7.030	-5.5

变量	匹配前			匹配后		
	处理组	控制组	标准化偏差	处理组	控制组	标准化偏差
Enterprise	6.329	5.367	32.5	6.274	6.225	4.8
Employee	3.860	3.609	62.7	3.853	3.864	-2.6

可见经过匹配之后，处理组和控制组的协变量基本达到了平衡，变量的标准化偏差也较小，两组的样本具有较好可比性。模型删除了不满足共同支撑检验的样本，保证了匹配质量，采用 PSM – DID 得到的估计结果如表 6 – 25 所示，在国家高新区内开展创新型产业集群试点工作的处理效应为正且显著，创新型产业集群让国家高新区发挥了更好的集聚效应，表明本书结论具有稳健性。

表 6 – 25　　创新型产业集群对国家高新区集聚效应的

作用：**PSM – DID** 的测度结果

变量	模型 6 – 3	模型 6 – 4
did	0.572 *** (0.061)	0.144 *** (0.012)
Industry		0.077 *** (0.013)
Enterprise		0.724 *** (0.006)
Employee		0.757 *** (0.015)
Constant	18.204 *** (0.034)	10.918 *** (0.102)
时间效应	是	是
地区效应	是	是
N	968	968

6.6 创新型产业集群提升国家高新区创新效率

6.6.1 模型选择与变量说明

6.6.1.1 随机前沿模型

本书采用爱格纳（Aigner，1977）和洛弗尔（Lovell，1977）的随机前沿分析方法，构建创新型产业集群所在国家高新区创新能力投入产出模型，以工业总产值为产出变量，科技活动人员和 R&D 经费支出为投入变量，以 2011～2017 年国家高新区和创新型产业集群的市级层面数据为样本，测度创新型产业集群对国家高新区创新效率的作用机制。经典的随机前沿模型如式（6-5）所示。

$$Y_{it} = f(X_{it}; \beta) \exp(V_{it} - U_{it}), \ i = 1, 2, \cdots, n \qquad (6-5)$$

式（6-5）中，Y_{it} 表示第 i 个国家高新区创新产出，X_{it} 表示第 i 个国家高新区第 t 年科技活动人员投入与 R&D 经费投入的组合，β 表示待估系数，V_{it} 是不可控制项，且 $V_{it} \sim N(0, \sigma^2)$，$U_{it}$ 表示可控技术效率项，V_{it} 和 U_{it} 相互独立。参考唐纳（Donnell，2016）的做法，将投入与产出取对数处理，模型如式（6-6）所示。

$$\ln y_{it} = \beta_0 + \sum \beta_n \ln x_{it} + v_{it} - u_{it} \qquad (6-6)$$

$Innovation_{i,t}$ 用实际产出期望值与生产前沿面期望值之比确定，表示第 i 个国家高新区第 t 年的创新效率，$Innovation_{i,t}$ 介于 0～1，数值越大说明创新效率越高，第 i 个国家高新区第 t 年的创新效率计算如式（6-7）所示。

$$Innovation_{i,t} = \frac{E[f(x)\exp(v-u)]}{E[f(x)\exp(v-u)] \mid u = 0} = E[\exp(-u_{it}) \mid \varepsilon_{it}] = e^{-u_{it}}$$

$$(6-7)$$

6.6.1.2　双重差分模型

为了检验创新型产业集群对国家高新区创新效率的影响程度，可通过单差法比较高新区创新效率在创新型产业集群设立前后的差异，进而判断该政策对国家高新区创新效率的作用强弱，但是单差法结论可能存在偏差，除了创新型产业集群的设立时间，城市资源的分布状况也各有差异，产业结构、创新活力等其他因素也会影响国家高新区创新效率，单差法未将这些情况进行综合分析，可能会高估创新型产业集群建设对国家高新区创新的作用，因此本书选择双重差分法评价创新型产业集群设立对国家高新区创新效率的作用机制和影响程度。

本书的研究样本为创新型产业集群，创新型产业集群从 2014 年开始较大范围设立，截至 2017 年底，国家高新区达到 156 个，《中国火炬统计年鉴》2014～2017 年的创新型产业集群统计数量依次为 71 个、71 个、70 个、109 个。创新型产业集群虽然在国家高新区内设立，但是已经设立的创新型产业集群并非全部在国家高新区内展开，在 156 个国家高新区中有 75 个国家高新区获批创新型产业集群建设，为保证政策发生前后的创新型产业集群样本一致性和确保时间长度，经过最后的匹配和筛选，本书选取 70 个创新型产业集群，为双重差分法的使用提供了"准自然实验"，具体而言，选取国家高新区中获批设立创新型产业集群的 70 个高新区为实验组，未设立创新型产业集群的 86 个国家高新区则为对照组，设立了创新型产业集群的国家高新区赋值为 1，否则为 0。再考虑到设立时间的先后，设立当年及以后赋值为 1，设立之前赋值为 0，因此可以构造双向固定效应模型，来检验创新型产业集群对国家高新区创新效率的净效应，模型如式（6-8）所示。

$$Innovation_{i,t} = \alpha_0 + \alpha_1 did_{i,t} + \eta y_{i,t} + \lambda_t + \nu_i + \zeta_{i,t} \qquad (6-8)$$

式（6-8）中，$Innovation_{i,t}$是国家高新区创新效率，表示第i个国家高新区第t年的创新效率，$did_{i,t}$是设立创新型产业集群的虚拟变量，其系数α_1衡量创新型产业集群对国家高新区创新效率的净影响，如果创新型产业集群提高了国家高新区创新效率，则α_1显著为正，λ_t代表时间固定效应，ν_i代表各国家高新区的个体固定效应。$y_{i,t}$为其他控制变量，包括科学技术水平、城市开放程度、人力资本水平，$\zeta_{i,t}$为误差项。

6.6.1.3 变量说明

本书重点探讨创新型产业集群的设立对国家高新区创新效率的影响程度，另外还考虑到其他因素也会影响国家高新区创新效率，因此本书还引入了其他控制变量。

（1）被解释变量。本书被解释变量$Innovation_{i,t}$为随机前沿模型测算的实验组和对照组的国家高新区创新效率，文中原始数据来源于《中国火炬统计年鉴》。

（2）核心解释变量。本书的核心解释变量是创新型产业集群虚拟变量$did_{i,t}$，根据历年《中国火炬统计年鉴》创新型产业集群名单，结合创新型产业集群设立时间先后统一赋值，创新型产业集群设立当年及以后赋值为1，未设立赋值为0，最终得到核心解释变量$did_{i,t}$。

（3）控制变量。考虑到国家高新区创新效率受多种因素的综合影响，因此选取了三项控制变量：在国家高新区发展过程中，科学技术投入起了重要的作用，借鉴连立帅（2016）等的观点，创新型产业集群是一个投入产出系统，采用"技术收入/营业收入"测算得到技术支出比重，衡量技术支出对国家高新区创新效率的作用机制；出口总额代表了一个区域的对外交流程度，与国外贸易往来加速了知识技术交流，有力促进了国家高新区创新，因此本书选用出口总额测度区域的开放程度；借鉴袁航（2018）等的观点，区域的发展离不开创新型人才，采用大专以上从业人员/年末从业人员测量区域的人力资本，以上控制变量数据均来源于历年《中国火炬统计年鉴》，主要变量及计算方法如表 6 – 26 所示。

表 6 – 26 主要变量及其计算方法

变量类别	变量	计算方法
被解释变量	城市创新能力（innovation）	详见模型（3）
核心解释变量	创新型产业集群（did）	（虚拟变量 0，1）
控制变量	科学技术水平（technique）	技术收入/营业收入 ×100
	出口总额（export）	出口总额取对数
	人力资本水平（edu）	大专以上从业人员/年末从业人员 ×100 的对数

各项变量的描述性统计如表 6 – 27 所示，国家高新区创新效率最大值为 0.992，最小值为 0.129，均值为 0.786，标准差 0.161，这表明国家高新区创新效率差距较大，其他变量在样本值期间浮动更为明显，这为测度创新型产业集群对国家高新区创新效率的影响提供了良好的研究样本。

表 6 – 27 主要变量描述性统计

变量	最大值	最小值	均值	标准差
innovation	0.992	0.129	0.786	0.161
did	1	0	0.309	0.462
technique	29.525	0	4.356	6.143
export	19.549	0	15.379	2.522
edu	4.412	1.372	3.679	0.431

6.6.2　高新区创新效率的平行趋势

双重差分法使用的前提是实验组和对照组在创新型产业集群设立之前，创新效率变化趋势基本平行，通过对《中国火炬统计年鉴》的数据进行综合分析处理，测算得到实验组和对照组的创新效率，并绘制国家高新区创新效率的时间平行趋势，以直观反映创新型产业集群建设对国家高新区创新效率的影响程度（如图 6 - 9 所示）。创新型产业集群在 2013 年、2014 年、2017 年，分三批设立实施，2014 年开始较大范围设立创新型产业集群，比 2013 年增加 61 个，在 2014 年之前，实验组和对照组创新效率时间趋势基本一致，并且创新效率普遍不高，在 2014 年创新型产业集群设立数量显著增加后，实验组创新效率大幅提升并相对稳定，与对照组创新效率差距明显变大。具体而言，实验组与对照组创新效率差距 2013 年仅为 0.13，但是 2014～2016 年开始逐步上升，依次为 0.19，0.25，0.26，2017 年有所下降，效率差距仍为 0.20，创新型产业集群纳入统计后的 2014～2017 年这 4 年间实验组与对照组效率差距均值达到 0.23，对国家高新区创新效率变化产生了一定程度的影响。

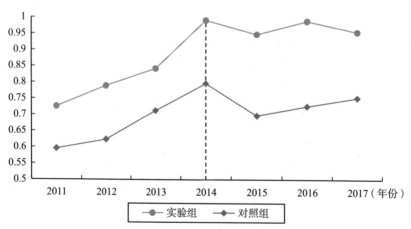

图 6 - 9　实验组和对照组国家高新区创新效率平行趋势

6.6.3　创新型产业集群对国家高新区创新效率的影响

为验证 H1，本书首先用双重差分法测量创新型产业集群对国家高新区创新效率的净影响，结果如表 6 - 28 所示。第（1）、第（2）列为固定效应模型估计法测算结果，第（3）列为随机效应模型估计法测算结果，第（3）列的随机效应的回归结果略低于固定效应，说明遗漏时间效应和地区效应会低估政策影响，带来估计误差。表 8 - 28 中第（1）列显示，没有加入任何控制变量，虚拟变量 *did* 在 1% 水平上显著为正，第（2）、第（3）列引入科学技术水平、城市开放程度、人力资本水平等控制变量后，*did* 仍然显著为正，这表明创新型产业集群的设立显著提高了国家高新区创新效率，基本验证了 H1。

表 6 – 28　　　创新型产业集群对国家高新区创新效率的作用

变量	（1）	（2）	（3）
did	0.162 ***	0.159 ***	0.155 ***
	(11.88)	(11.60)	(12.69)
technique		− 0.001	− 0.0011
		(− 1.34)	(− 1.10)
export		0.022 ***	0.015 ***
		(7.63)	(6.88)
edu		− 0.050 ***	− 0.041 ***
		(− 3.07)	(− 2.91)
常数项	0.736 ***	0.587 ***	0.582 ***
	(109.95)	(8.33)	(9.05)
时间效应	是	是	否
地区效应	是	是	否

变量	(1)	(2)	(3)
N	727	727	727
R^2	0.215	0.266	0.271

注：括号里的是 t 值；*、**、*** 分别表示在10%、5%、1%的统计水平上显著。

控制变量的回归结果显示，区域对外交流能够有效地促进国家高新区创新效率的提升，技术支出对国家高新区创新效率提升作用不太明显，可能是技术支出"不均衡"所致，无法使产业链上下游协同创新或者创新成果转化无法实现规模化，大专以上从业人员人数对国家高新区创新效率的影响系数在固定效应模型中为 -0.050，说明创新型产业集群建设发展需要更多专业高端人才，创新型人才的缺乏在一定程度上抑制国家高新区创新效率的提升。

6.6.4　区域异质性检验

经济发展水平和区域差异会影响创新型产业集群对国家高新区经济增长的作用（梁涵、姜玲，2013），东部沿海地区由于经济发展水平更高、地理位置优越、基础设施完备，创新型产业集群的各类效率值都较高。位于不同地区的创新型产业集群对国家高新区创新效率的高低是否存在类似影响？为验证 H2，本书引入地区 region 变量，分为东部地区、中部地区、西部地区和东北地区四大区域等级分类指标，具体模型如式（6-9）所示。

$$Innovation_{i,t} = \alpha_0 + \alpha_1 did_{i,t} \times region + \eta y_{i,t} + \lambda_t + \nu_i + \zeta_{i,t} \qquad (6-9)$$

式（6-9）中，考察东部地区的创新型产业集群对国家高新区创新效率的影响时，东部地区的国家高新区取值为1，其他地区为0；考察中部地区的创新型产业集群对国家高新区创新效率的影响时，中部地区的国家高新区取值为1，其他国家高新区取值为0；西部地区和东北地区国家高新区同理取值。进行4次检验后，具体结果如表6-29所示。

表6-29　　　创新型产业集群对城市创新效率的区域异质性检验

变量	东部地区	中部地区	西部地区	东北地区
$did \times east$	0.043 ** (2.01)			
$did \times med$		0.108 *** (4.62)		
$did \times west$			0.141 *** (4.68)	
$did \times northeast$				0.006 (0.16)
$technique$	0.001 (0.12)	−0.001 (−0.04)	−0.001 (−0.12)	0.003 (0.24)
$export$	0.021 *** (7.03)	0.022 *** (7.58)	0.022 *** (7.61)	0.023 *** (7.82)
edu	−0.024 *** (−1.41)	−0.036 ** (−2.10)	−0.029 * (−1.72)	−0.024 (−1.35)
常数项	0.564 *** (7.88)	0.5975 *** (8.44)	0.569 *** (8.13)	0.543 *** (7.63)
时间效应	是	是	是	是
地区效应	是	是	是	是
N	727	727	727	727
R^2	0.104	0.124	0.133	0.099

注：括号里的是 t 值；*、**、*** 分别表示在10%、5%、1%的统计水平上显著。

观察结果发现，东部地区、中部地区、西部地区的创新型产业集群都对国家高新区创新效率有显著的正向作用，但是中部地区和西部地区的创新型产业集群对国家高新区创新效率提升的作用更为显著，东北地区的创新型产业集群都对国家高新区创新效率影响不显著，从交互项系数来看，中部地区和西部地区的交互项系数更大，在一定程度上验证了 H2，中西部地区后发优势较为明显。东部地区具备经济发展水平高、区位条件优越、基础设施完善、人力资源质量高等优势，东部地区本身就有较高的区域创新能力，创新型产业集群的设立对东部地区的国家高新区创新效率提升具有"锦上添花"的作用。而东北地区创新型产业集群设立较少，无法较好起到集聚作用，不能有效促进国家高新区创新效率的提升。与东部地区的城市相比，中部地区和西部地区初始条件较差，创新型产业集群的设立，为中部地区和西部地区提供了资金、人才、技术等支持，强化了国家高新区发展活力和创新动力，创新型产业集群对中西部地区的国家高新区创新效率的提升作用更为明显。

6.6.5　稳健性检验

为了避免其他因素对国家高新区创新效率的影响，本书借鉴范子英（2014）等基于时间的安慰剂检验，在保持实验组和对照组分组不变的情况下，分别将政策实行时间提前一年或者两年，观察创新型产业集群变量是否显著，如果其系数显著，则说明有其他因素导致国家高新区创新效率提升，如果其系数不显著，则国家高新区创新效率提升归因于创新型产业集群设立。表6-30回归结果显示，设立创新型产业集群的时间提前一年或者两年，实验组和对照组的创新效率未产生显著变化，检验结果表明，创新型产业集群设立是提升国家高新区创新能力的关键因素，排除了其他随机因素的干扰，检验结果具有一定的可信度。

表 6 – 30　　创新型产业集群提高了国家高新区创新效率：反事实检验

变量	提前一年	提前两年
did 2013	0. 185 （0. 54）	
did 2012		0. 159 （0. 15）
technique	– 0. 001 （– 1. 12）	– 0. 001 （– 0. 45）
export	0. 015 *** （5. 48）	0. 015 *** （5. 61）
edu	– 0. 053 *** （– 3. 56）	– 0. 051 *** （– 3. 28）
常数项	0. 681 *** （10. 35）	0. 5975 *** （8. 44）
时间效应	是	是
地区效应	是	是
N	727	727
R^2	0. 254	0. 305

注：括号里的是 t 值；* 、 ** 、 *** 分别表示在 10% 、5% 、1% 的统计水平上显著。

7

案例：中国光伏企业全球
价值链的成长路径

7.1 嵌入全球价值链的中国光伏企业成长风险

7.1.1 全球光伏企业破产的风险传导

7.1.1.1 美国、德国42家企业破产引发中国7成光伏企业倒闭

太阳能是最清洁、安全和可靠的能源，发达国家把太阳能的开发利用作为能源革命长期规划的主要内容，光伏产业成为国际上继 IT、微电子产业之后又一爆炸式发展的行业。然而 2008 年金融危机的爆发，波及各行各业，快速发展并深受资本市场追捧的光伏行业受到影响。美国 GTM Research 的调查数据显示，2011 年美国、德国 9 家大型光伏企业破产重组，美国光伏产能减少 20% 以上。2012 年美国、德国破产企业高达 33 家，破产企业中 40% 从事电池组件制造，35% 从事多晶硅制造，25% 从事光伏

应用系统及电站设计。国际光伏市场变动及接踵而至的双反波及过度依赖国际市场的中国光伏企业，2012年4月德国最大多晶硅生产商Q-Cells破产致其产品供应商江西赛维LDK万吨多晶硅滞销。2013年3月中国最大光伏企业无锡尚德宣布破产，2014年10月江西赛维LDK宣告破产，中国两大光伏龙头企业破产给中国光伏市场带来了巨大打击。2011年美国、德国42家企业破产已引起中国接近7成光伏企业倒闭，如图7-1所示。

图7-1　2011～2014年美国、德国光伏破产企业传导中国企业破产

资料来源：据美国绿色科技GTM Research统计整理。

在全球光伏产业价值链中，中国光伏企业主要从事产品附加值低的中游太阳能电池组件制造，属于劳动力密集型企业；美国、德国、日本等发达国家光伏企业主要从事附加值高的上游的多晶硅和下游的光伏应用系统制造，属于资金和技术密集型企业。中国光伏企业现阶段仍然处于价值链低端，需向高技术、高附加值的全球价值链高端方向发展（如图7-2所示）。

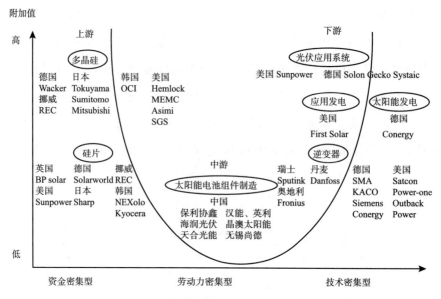

图 7 - 2　全球光伏产业价值链微笑曲线

资料来源：据中国光伏太阳能网 Solarzoom 统计整理。

7.1.1.2　光伏补贴德国削减15%引致中国组件利润摊薄

中国光伏行业产业链各环节利润率不匹配，中游光伏组件企业大部分利润是靠出口退税获得。2011～2014年世界主要国家光伏政策补贴逐年削减。2014年全球第一大光伏安装市场德国下调光伏电价补贴15%，对全球第一大光伏组件制造国中国带来冲击。德国削减光伏补贴，市场需求降低（如图7-3所示），同时国内企业竞争激烈，光伏企业利润受到一定程度的挤压，中国组件企业的利润摊薄，组件利润由2011年的35%下降至2014年的5%。

2013年以来中国光伏发电产业飞速发展，成为全球第一大光伏发电产品生产大国。然而与巨大的生产能力相比，中国光伏产业的技术和市场保护力度相对欠缺。从专利申请状况来看，日本申请专利40 978件，美国申请专利22 228件，在全球84 827件光伏发电专利申请中分别占比

48.3%和26.2%，而中国仅为18.2%。此外中国光伏发电行业主要是一个典型的出口导向型产业，受国际市场影响大，国外削减光伏政策补贴直接导致中国光伏产品利润下滑，如图7-4所示，箭头表示中国、美国、日本、欧洲四方之间一方向另一方的专利申请量。

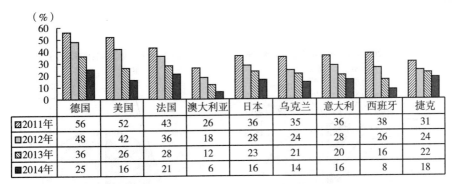

（%）	德国	美国	法国	澳大利亚	日本	乌克兰	意大利	西班牙	捷克
2011年	56	52	43	26	36	35	36	38	31
2012年	48	42	36	18	28	24	28	26	24
2013年	36	26	28	12	23	21	20	16	22
2014年	25	16	21	6	16	14	16	8	18

图7-3　2011~2014年主要国家光伏电价补贴占比

资料来源：据美国绿色科技GTM Research统计整理。

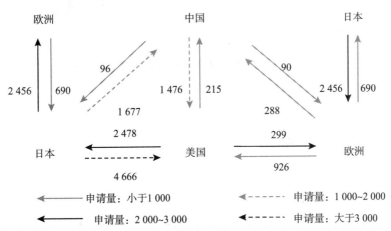

图7-4　美国、日本、欧洲、中国光伏发电领域专利申请动向（件）

资料来源：据国家知识产权局统计整理。

7.1.1.3　光伏市场美国、德国、日本萎缩压制中国90%出口产品

2007~2014年全球光伏市场需求波动明显，美国、德国、日本光伏

装机容量逐年下降，美国装机容量全球占比由 2007 年的 6.91% 下降到 2013 年的 3.7%。由于过于依赖国外市场，国际市场的萎缩引发中国光伏企业出口量大幅下滑，致使中国光伏企业 90% 产品出口受阻，出口额从最高值 2011 年的 358 亿美元下降到 2013 年的 123 亿美元（如图 7 - 5 所示）。

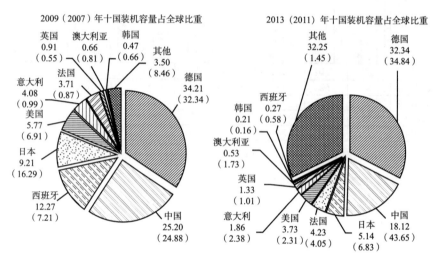

图 7 - 5　世界主要国家 2007 ~ 2013 年光伏装机容量占全球比重（%）

资料来源：据彭博新能源财经 BNEF 统计整理。

7.1.2　中国光伏政策非均衡异化波动

7.1.2.1　重电站应用补贴与轻前端技术研发

通过对 2005 ~ 2014 年 15 个国家部委发布的光伏政策文本进行量化研究发现（如表 7 - 1 所示）：传统能源较强竞争性和短期经济性远高于太阳能等新能源，出于缓解资源环境压力和降低新兴技术应用成本考虑，国家出台财政补贴和税收减免政策对新能源予以支持。就阶段性来看，补助政策短期内有利于解决光伏发电初级阶段面临的成本问题，然而只有快速提高光伏发电经济效益才能寻求长远可持续发展。就国家层面政策涉及领域而言，生产型政策占比44%，主要集中在光伏电站等下游应用的补贴，前端硅料提纯等关键技术的研发和创新仅占16%，研发因此成为制约中国光伏产业高端跃迁的短板。

表7-1　　　　　2005～2014年中国光伏产业国家层面政策文本
颁布时间及涉及部委统计

政策主体	2005年	2006年	2007年	2008年	2009年	2010年	2011年	2012年	2013年	2014年	总计
财政部	4	9	7	0	2	0	0	0	0	1	23
发改委	0	2	7	5	8	0	0	0	0	0	22
住建部	0	4	7	0	0	0	0	0	0	4	15
国务院	0	0	0	0	0	0	0	2	10	0	12
能源局	0	3	0	0	0	7	2	0	0	0	12
工信部	0	0	0	0	7	0	0	0	0	0	7
国税总局	0	2	0	0	0	0	0	1	0	0	3
全国人大	0	0	0	0	0	0	0	0	0	2	2
海关总署	0	0	0	0	0	0	0	0	1	1	2
科技部	0	2	0	0	0	0	0	0	0	0	2
商务部	0	0	0	0	1	0	0	0	0	0	1
环保部	0	0	0	0	1	0	0	0	0	0	1
认监委	0	0	0	0	0	0	0	1	0	0	1
国家电网	0	0	0	0	1	0	0	0	0	0	1
电监会	0	0	0	0	1	0	0	0	0	0	1
总计	4	22	21	5	21	7	2	4	11	8	105

7.1.2.2　国家政策多元化与东部、中部、西部区域趋同

10年间国家层面出台政策大致分为规范型、规划型、补助型、工程

型四类政策，呈现出多元化格局和全方位设计的特征。而中国四大经济区域中，东部、中部、西部区域均以结构性强制工具为主，合同式诱导工具为辅，互动式影响工具最少，如表7－2和表7－3所示。东部经济发展水平居首，西部太阳能资源优于东部、中部，东部、中部、西部政策同质化反映出政策并未按照各区域实际情况来制定，给光伏企业的区位选择带来了困难。

表7－2　　　　　　　　　　四大经济区域政策类型分布比较

地区	结构性强制工具	合同式诱导工具	互动式影响工具
东部地区	37.9%	34.2%	28.0%
中部地区	40.5%	31.1%	28.4%
西部地区	40.0%	35.0%	25.0%
东北地区	37.5%	50.0%	12.5%

表7－3　　　　　　　　　　中国各省区市光伏产业政策文本数量

数量	各省区市政策文本情况
1～2	青海（1）、新疆（1）、宁夏（1）、甘肃（1）、辽宁（1）、吉林（1）、湖南（1）、北京（1）、福建（1）、湖北（2）、陕西（2）、河南（2）、河北（2）、黑龙江（1）
3～5	上海（3）、安徽（3）、山东（4）、江苏（5）、山西（5）、内蒙古（5）
6～8	江西（6）、广东（8）
8以上	浙江（17）

7.1.2.3　中部地区各省导向差异与湖北省定位困境

中部地区六省中江西省各类光伏政策数量最多，湖北省、湖南省各类光伏政策偏少。中部地区相比东部地区经济优势并不明显，相比西部地区太阳能资源尤显不足，虽在政策制定上各有侧重，但是光伏发展仍然参差不齐，如表7-4所示。与其他五省相比，湖北省光伏产业整体发展明显滞后，光伏企业少、总产值低，并网电站和分布式发电规模小。湖北产业投资规模小，短期内难以逾越其他省份，同时财政扶持力度弱，光伏发展初期面临较大资金困难。相比湖北科教大省人才优势，光伏系统集成应用起步较早，湖北光伏产业发展不协调，导致总体难定位。

表7-4 　　　　　　　　2013年中部各省光伏发展能力评价指标

政策偏向类型	光伏企业数量	光伏总产值（亿元）	区域内光伏龙头企业	并网光伏电站（兆瓦）			分布式发电（兆瓦）	
				并网容量	电站个数	市场份额	并网容量	市场份额
项目建设	30	57	日新科技	千瓦	无	弱	100	3.2%
政府规划	30	50	神州光电	千瓦	无	弱	300	9.7%
规范秩序	21	34	保利协鑫	3	1	弱	66	2.1%
财税减免	47	78	晨洋光伏科技	275	10	1.7%	31	1.0%
工程建设	170	862	瑞晶太阳能	25	2	0.2%	158	5.1%
推广应用	80	113	海润光伏	2	1	弱	150	4.8%

7.1.3　产业链利润摊薄的一体化成长风险

7.1.3.1　产业链成本剧增致使企业竞争力减弱

光伏企业打造全产业链是为了降低成本，但是因核心技术对外依赖性高，关键产品和设备多从国外进口。中国光伏产品在2004年和2005年进出口额比达到72%（如图7-6所示）。产业链一体化过程中，工程建设成本与核心技术研发成本激增，导致后期生产成本居高不下，产品价格难以压低，光伏企业失去价格优势，产品竞争力减弱。

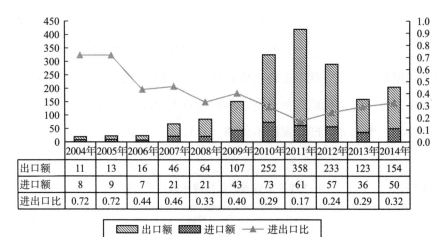

	2004年	2005年	2006年	2007年	2008年	2009年	2010年	2011年	2012年	2013年	2014年
出口额	11	13	16	46	64	107	252	358	233	123	154
进口额	8	9	7	21	21	43	73	61	57	36	50
进出口比	0.72	0.72	0.44	0.46	0.33	0.40	0.29	0.17	0.24	0.29	0.32

图 7 – 6　2004～2014 年中国太阳能光伏产品进出口额（亿美元）

7.1.3.2　外企技术钳制使企业产品难以革新

技术创新能力不高、核心技术对外依存度高体现在光伏产业链各环节，制约了光伏企业的发展（如图 7 – 7 所示）。核心技术外企掌控，技术钳制普遍存在，美国、德国、日本 7 家公司 10 家工厂掌控多晶硅核心技术，控制下游产品生产。即使是在中国光伏企业所占优势的组件环节，核心生产设备也是从国外进口，在这种形势下光伏企业想要革新产品的可能性微乎其微。

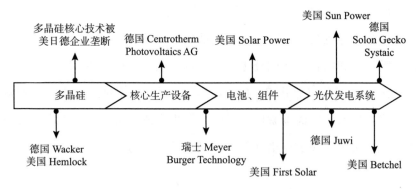

图 7 –7　掌握光伏产业链各环节核心技术的外国企业

7.1.3.3　各阶段平衡管理能力差企业难以盈利

相对于专业化企业而言，一体化企业管理风险更高。一体化涉及全产业链，而产业链各环节盈亏直接影响整体产业链盈利。光伏企业主要通过管控各环节风险，来提高产业链平衡管理能力。赛维 LDK 光伏产业链硅料生产环节存在技术难突破和市场萎缩风险（如图 7－8 所示），赛维在后期因不顾自身资金紧张盲目向硅料领域扩张，最终企业持续负债，难以实现盈利。

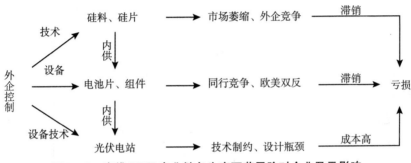

图 7－8　赛维 LDK 产业链各生产环节风险对企业盈亏影响

7.1.4　多晶硅提纯垄断的专业化成长风险

7.1.4.1　量产居首负债偏高的保利协鑫大而不强

多晶硅行业在光伏市场发展初期主导了整个产业链，是典型技术资本密集型行业。受技术和生产工艺限制，多晶硅提纯已经成为制约中国光伏产业发展的关键环节。保利协鑫作为最大多晶硅生产企业，2014 年净利达 19.55 亿元，全年多晶硅产量 6.69 万吨，全球市场占有率达 28%，硅片产量 13 吉瓦，占有率为 29%。从表 7－5 可以看出，保利协鑫公司负债率高、短期贷款多，光伏企业负债率不断攀升，行业负债率超过 80%。

表 7 - 5 保利协鑫 2011 ~ 2014 年财务报表

保利协鑫	2011 年	2012 年	2013 年	2014 年
总资产（亿元）	66.15	80.92	88.77	92.43
所有者权益（亿元）	28.76	33.28	37.36	38.05
总负债（亿元）	37.38	47.64	51.41	54.38
总债务（亿元）	29.88	37.14	41.32	43.67
营业总收入（亿元）	42.08	47.86	53.90	66.30
EBIT（亿元）	3.99	5.95	8.56	10.62
EBITDA（亿元）	6.83	9.00	11.85	13.85
经营活动净现金流（亿元）	4.53	7.27	5.60	2.29
营业毛利率（%）	13.09	16.95	21.18	13.85
EBITDA/营业总收入（%）	16.24	18.81	21.98	25.79
总资产收益率（%）	6.14	8.09	10.09	13.46
资产负债率（%）	56.52	58.87	57.91	58.83
总资本化比率（%）	50.96	52.74	52.52	53.44
总债务/EBITDA	4.37	4.13	3.49	3.23
EBITDA 利息倍数	3.82	4.26	5.03	5.35

资料来源：2014 年度保利协鑫有限公司信用评级报告。

7.1.4.2 专业化融资受限的尚德赛维破产重组

国际危机下，中国光伏产业发展曲折，破产企业数量不断上升。主要生产光伏电池与组件的中国最大光伏企业无锡尚德在 2013 年 3 月破产重组，尚德破产表明全球光伏产业竞争加剧了企业淘汰，产业整合诉求迫在眉睫。从图 7 - 9 可以看出，中国在遭遇全球产能过剩、欧美对华双反等系列危机后，多晶硅、电池片、组件产量增速 2012 年急剧下降，2013 年开始回升，而硅片产量增速拐点为 2013 年。在光伏市场萎缩的影响下，企业的专业化融资也将受到更多限制。

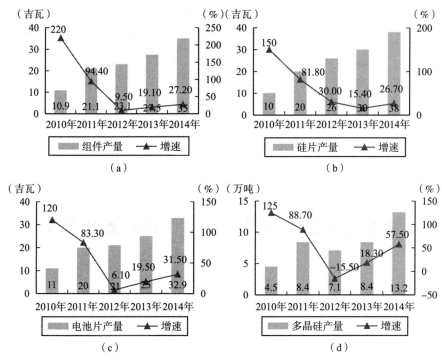

图 7-9   2010~2014 年中国组件、硅片、电池片、多晶硅产量及其增速

7.1.4.3   外资控股丧失自主权的昱辉阳光品牌风险

随着资本市场国际化，中国越来越多的光伏企业国外上市，英国公司 100% 控股的英国上市企业昱辉阳光，专注硅片生产，加工成本低于市场平均水平，硅片品牌溢价 5%~10%。在遭遇欧盟委员会对违反光伏最低价格协议核查后，欧洲出货量占总出货量 37% 的昱辉阳光损失巨大。2014 年昱辉阳光刚从亏损泥潭挣脱又陷入危机，出货量增长但还是处于负债状态（如表 7-6 所示）。

表 7-6   2014 年昱辉阳光全年业绩

项目	2012 年	2014 年	增长百分比
总太阳能组件出货量（兆瓦）	712.8	1 728.8	142.5%

项目	2012 年	2014 年	增长百分比
总太阳能硅片组件出货量（兆瓦）	2 209.0	3 146.5	42.2%
毛利润（亿美元）	-0.4	1.1	6.8%
运营亏损（亿美元）	1.8	2.2	-14.6%

资料来源：昱辉阳光 2014 年财务报表。

7.2　全球价值链下中国光伏企业成长能力调查

7.2.1　中国供需分布与全球光伏产业布局

中国太阳能资源丰富，全国 2/3 以上地区年日照时数大于 2 000 小时，年辐射量在 5 000 兆焦耳每平方米以上，76% 国土光照充沛。西北地区太阳能资源丰富，其中西藏自治区、青海省、甘肃省太阳能资源最丰富，然而西北地区受经济条件制约，光伏产业发展欠佳，光伏电池产量低；江西省、江苏省等地太阳能资源不足，但是电池产量最高；中部及沿海地区光伏产业发展较好，但是太阳能资源欠缺。总体而言，中国光伏产业发展呈现地域不平衡状态，发达国家制造业在工业化背景下，中国太阳能产业发展起步晚，与发展太阳能产业较成功的国家相比，仍然存在较大的差距。光伏产业全球价值链低端嵌入到高端跃迁，需要国家政策引导、区域差异定位、产业整体升级、促进光伏企业的健康发展。

基于全球价值链下光伏产业发展不平衡现状，通过搜集 2007～2013 年上游多晶硅产量、中游太阳能电池及光伏组件产量、下游装机容量、研

发投入占 GDP 比重、太阳能年辐射量等 13 项指标数据，评价全球十国光
伏产业竞争力。在全球价值链下，中国光伏产业规模大、产量高，在国际
上具备一定竞争力，但是光伏研发投入相比发达国家仍有待提高，亟须加
大上游研发投入，提升技术创新能力，提高中国光伏话语权，详见文后附
表 1 - 5。

7.2.2　国际危机下中国光伏企业盈利能力

在欧美双反政策下，中国光伏企业盈利状况堪忧，尤其是中下游主要
依靠欧美市场的中小型企业更难以生存。双反政策直接导致中国光伏产品
出口额大幅下降，中国光伏企业产品销售量降低，营业收入锐减（如
表 7 - 7 所示），营业收入增长率同比下降39%，中国企业在欧美高额税
率下，净利润增长率急速下降96.4%。中国光伏企业大部分靠低价销售
中游光伏产品来获利，而净资产收益率下降，说明企业通过净资产赚取的
利润下降，低价不再成为优势。

表 7 - 7　　双反前后中国光伏企业盈利情况对比（2010 ~ 2013 年）

企业	经营财务指标 （%、亿美元）	双反前	双反后	变化率 （%）	企业	经营财务指标 （%、万元）	双反前	双反后	变化率 （%）
全国 光伏 企业	营收增长率	103.3	63.1	-39.0	力行 远方 公司	营收增长率	87.5	34.9	-40
	净利润增长率	34.6	10.8	-96.4		销售利润率	51.5	35.0	-68
	负债率	68.2	77.1	14.5		利润率	93.7	44.9	-48
	净资产收益率	120.9	60.4	-50.3		单产能耗降低率	4.3	4.7	15
	出口额	251.8	122.8	-48.8		纳税总额	170.0	75.0	-44

资料来源：据 Solarbe 索比光伏网以及力行远方公司调研报告。

双反政策下的中国光伏企业发展艰难，不少光伏企业开始转行向其

他领域。力行远方公司是其中典型，其双反前后盈利情况对比如表 7-7 所示。在未转型之前，力行远方公司是湖北省光伏产业中发展较好预计占领光伏逆变器市场 5% 份额的企业，但是面对双反等国际问题及国内同行之间的恶性竞争，力行远方公司不得不从光伏行业转型为新能源汽车行业。

中国光伏企业 2007 年主要分布在电池组件制造，少部分分布在上游多晶硅及硅片制造，在下游应用系统中仅有几家大型中外合资企业（如图 7-10 所示），在经过 2008 年的金融危机后，不少光伏企业破产，上游硅料成本的上升，导致企业规模缩减，并转向中游利润率高的组件制造环节。

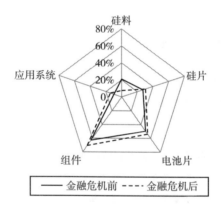

图 7-10　金融危机前后中国光伏企业产业链分布差异

7.2.3　中国光伏企业创新能力与专利转化

从研发经费投入、技术引进与改造费用、研发人员占比、申请专利占比、政府政策补贴、R&D 经费支出占 GDP 比重等几个方面对中国光伏企业进行统计分析（如表 7-8 所示）。国外光伏企业在研发经费方面投入较大，占 GDP 的 4.5% 以上，中国仅占 GDP 的 0.75%，中国光伏上市企业英利的年均研发费用为 1.02%，阿特斯不到 0.6%。

表7-8　　　　　　　　中国光伏企业创新能力与专利转化

创新能力指标	中国	美国	德国
研发经费投入占比（%）	0.7	4.5	3.7
技术引进与改造费用（万元）	>1 000	>800	>800
研发人员占比（%）	10	25	23
申请专利占比（%）	18.3	26.2	24.3
政府优惠税率（%）	15	10	6
R&D 经费支出占 GDP 比重（%）	1.5	4.6	5.2

资料来源：据 Solarbe 索比光伏网整理得来。

中国光伏企业专利申请数量少，仅占全球 18.3%，落后美国 26.2%。尚德在国内企业中研发投入比例最高为 0.8%，而发达国家光伏企业最低的研发投入比例为 1.4%。中国专利在相关技术领域只占 1/3，而多晶硅提纯技术基本被国外七大公司垄断，即美国 Hemlock、德国 Wacker、日本 Tokuyama 和 Sumitomo、挪威 REC、美意合资的 MEMC、日美合资的 Mitsubishi。

中国为扶持高新技术企业 2012 年起享有 15% 优惠税率，同期，德国政府宣布削减对光伏补贴，全球光伏市场萎缩，导致需求大幅下降。中国光伏产业产能过剩，供需失衡更严重。综合分析可知，中国光伏企业技术创新专利质量较低、产出结构不合理、研发经费投入较低，只有打破国外专利围堵，加强光伏高端制造能力，加紧完善光伏产业上下游专利布局，从战略高度构建光伏企业专利战略和企业技术创新战略，中国光伏企业才能在全球价值链中占据主导地位。

7.3 全球价值链下中国上市光伏企业成长方式

7.3.1 海外上市光伏企业盈亏并存的规模扩张型

7.3.1.1 规模低价型转向品质高效型

选取中国9家海外上市光伏龙头企业2014年年报数据，运用DEA交叉效率模型，通过横向比较发现影响企业成长能力的因素，从而为企业成长方式选择提供参考依据（如表7-9所示）。

表7-9　　　2014年海外上市光伏企业财务数据及效率

海外上市光伏企业	上市地点	营业收入（百万美元）	资产（百万美元）	流动资金（百万美元）	组件出货量（兆瓦）	交叉效率值	效率排名
阿特斯	美国	1 654	2 454	1 719	1 894	0.82	5
浙江昱辉阳光	美国	1 521	2 140	1 206	1 729	0.98	1
韩华新能源	美国	769	1 464	654	1 280	0.82	6
晶科能源	美国	1 153	1 753	883	1 765	0.96	2
晶澳太阳能	美国	1 170	1 963	1 048	1 170	0.85	4
天合光能	美国	1 777	2 567	1 564	2 585	0.91	3
大全新能源	美国	109	610	91	1 225	0.53	8
英利新能源	美国	2 185	4 534	1 879	3 234	0.78	7
中电光伏	美国	317	765	500	1 005	0.53	9

资料来源：海外上市企业公司年报。

由表 7 - 9 可知，资产总值排名第一的英利新能源，效率排名倒数第三。效率排名第二的晶科能源，资产在所有企业中排名第六，处在较低的规模水平。可以看出，光伏行业上市企业的效率水平与规模不成正比，且无显著关系。英利新能源在 2014 年效率较低，原因在于其典型的规模低价型成长方式、盲目扩张产能及多晶硅长单和成本的拖累，最终导致企业长期处于亏损和高负债率、现金储备少、流动比率低的境地。晶科能源在 2014 年转向品质高效型，注重企业产品质量提升，企业出货量排名第四，成为其盈利的重要因素。

在光伏行业迅猛发展的势头下，光伏产品质量良莠不齐，而光伏组件的质量优劣不仅会影响光伏系统的正常运行，也影响着光伏行业的未来发展。转向品质高效型，不盲目扩张产能可以保持企业财务结构稳健，避免当市场组件价格低迷时，出货量过大而产生坏账风险，造成亏损。因此，光伏企业应该转向品质高效型，注重产品质量的提升，以质取胜，从而提升企业核心竞争力。

7.3.1.2 微利制造端转向稳收应用端

中国光伏企业转型的主要思路是从光伏产品制造商转型为太阳能能源供应商。在国内多变政策环境下，向太阳能能源供应商转型更多地体现在开发光伏电站上。阿特斯在 2009 年加快企业转型，由微利制造端向稳收应用端转型，开始在光伏电站储备项目。2014 年在全球的大型光伏项目储备 1.26 吉瓦，而电站项目业务占公司总营业收入的四成。阿特斯加快转型使其在 2013 ~ 2014 年连续两年盈利水平位居海外上市光伏企业之首。

负债率高达 80% 的英利新能源从 2014 年开始从中下游发展转向围绕光伏下游谋划和推进的电站项目，投资下游电站可以获得长期稳定收入，但是流动性较差，增加了融资难度，且回款周期漫长，增加了光伏企业短期负债。因此，以运营电站模式实现盈利对英利新能源并不现实，应根据自身情况选择成长方式。

7.3.2 国内上市光伏企业盈利递减的区域分化型

7.3.2.1 40%企业集聚广东省、江苏省、浙江省的空间两极分化

2014 年在中国上市的光伏企业共计 103 家，上市光伏企业各省区市分布如表 7 - 10 所示。广东省数量最多，达到 16 家，占总上市光伏企业数量的 15.6%。广东省、浙江省、江苏省企业数量共计 41 家，约占总体的 40%。湖北省有 4 家，企业数量在全国城市排名第九，在中部地区城市中排名第二；按区域划分，东北地区有 3 家，西部地区有 12 家，中部地区有 21 家，东部地区有 67 家，东部地区最多，东北地区最少。

表 7 - 10　　　　2014 年中国上市光伏企业 103 家省区市分布

省区市	企业数量（个）	资产总计（万元）	利润总额（万元）	省区市	企业数量（个）	资产总计（万元）	利润总额（万元）
辽宁	2	109.6	1.4	山东	4	350.7	5.9
黑龙江	1	14.4	0.6	广东	16	767.4	47.6
北京	10	3 178.9	107.3	河北	5	425.2	-41.8
天津	1	106.6	0.9	四川	3	248.8	16.5
上海	7	753.7	47.9	陕西	3	161.6	2.9
江苏	13	627.1	-5.5	宁夏	4	155.3	70.9
浙江	12	358.3	12.4	新疆	1	19.1	-0.1
福建	4	157.3	12.8	河南	7	191.8	16.1
内蒙古	1	390.2	14.0	湖北	5	483.9	18.9
安徽	1	21.3	1.7	江西	2	154.1	8.3
山西	1	151.8	21.1	总计	103	8 827.1	359.8

提升光伏上市企业规模化发展能力依托于技术创新型光伏企业的规模化发展，有利于提高企业自主创新能力和企业规模经济效益，进而提高光伏企业的国际竞争力。光伏上市企业规模化发展能力的评价指标体系包括光伏企业规模总量（资产总额、主营业务收入、利润总额）、投入产出效率（每股收益、主营业务利润率、净资产收益率、总资产报酬率）、增长速度（2012～2014 年净资产增长率、净利润增长率、主营业务增长率）三个维度。从 103 家光伏上市企业中随机选取 38 家，运用 SPSS 21.0 软件，采用因子分析法进行综合统计分析，结果如表 7 - 11 所示。

表 7 - 11　　　　中国光伏行业上市企业规模化因子综合得分与排序

光伏上市企业股票名称	规模边际效益		规模总量效益		规模结构效益		规模化发展能力	
	得分	排序	得分	排序	得分	排序	综合得分	排序
南玻 A	0.284	4	0.361	3	0.463	11	0.225	3
三花股份	0.410	1	0.160	12	0.489	9	0.233	2
横店东磁	0.243	5	0.111	22	0.461	13	0.163	8
大港股份	0.039	18	0.154	13	0.385	27	0.091	20
中环股份	-0.080	32	0.231	9	0.461	14	0.077	25
拓日新能	-0.080	34	0.116	19	0.528	6	0.061	28
中利科技	0.043	17	0.335	4	0.387	25	0.128	13
科华恒盛	0.243	6	0.044	36	0.460	15	0.150	10
七星电子	0.018	22	0.109	23	0.385	26	0.075	26
东山精密	0.113	13	0.102	24	0.392	23	0.108	15
南洋科技	-0.040	30	0.090	28	0.431	16	0.057	30
云南锗业	0.021	19	0.098	27	0.631	1	0.106	17
科士达	0.187	10	0.067	34	0.461	12	0.135	12
天龙光电	-0.620	38	0.034	38	0.630	2	-0.120	38
南都电源	0.226	9	0.118	18	0.334	30	0.142	11
新大新材	-0.090	35	0.145	14	0.564	4	0.067	27
奥克股份	0.378	2	0.242	7	0.305	33	0.214	4

光伏上市企业	规模边际效益		规模总量效益		规模结构效益		规模化发展能力	
股票名称	得分	排序	得分	排序	得分	排序	综合得分	排序
金刚玻璃	− 0.040	29	0.083	32	0.393	22	0.052	32
乾照光电	0.018	21	0.085	30	0.492	8	0.085	24
向日葵	− 0.020	26	0.086	29	0.399	19	0.059	29
东方日升	− 0.020	25	0.142	16	0.555	5	0.091	21
秀强股份	0.107	14	0.062	35	0.370	28	0.095	19
特变电工	− 0.030	27	1.058	1	0.413	18	0.246	1
乐凯胶片	0.241	8	0.036	37	0.277	35	0.124	14
航天机电	− 0.080	33	0.210	10	0.579	3	0.086	23
光电股份	0.063	15	0.115	20	− 0.090	37	0.032	35
有研新材	− 0.040	28	0.083	31	0.392	24	0.052	33
江苏阳光	0.127	11	0.100	25	0.353	29	0.107	16
鄂尔多斯	− 0.010	23	0.705	2	0.393	21	0.182	6
海润光伏	− 0.050	31	0.266	6	0.157	36	0.052	31
亿晶光电	0.045	16	0.136	17	0.429	17	0.096	18
金晶科技	0.021	20	0.198	11	0.324	32	0.086	22
棱光实业	− 0.010	24	0.077	33	0.325	31	0.051	34
乐山电力	− 0.140	36	0.144	15	− 0.330	38	− 0.060	37
三安光电	0.119	12	0.275	5	0.526	7	0.160	9
综艺股份	− 0.330	37	0.099	26	0.398	20	− 0.040	36
宏发股份	0.359	3	0.114	21	0.489	10	0.206	5
宝胜股份	0.242	7	0.235	8	0.287	34	0.164	7

对于规模边际效益，中部、东部地区的光伏企业经济发展水平较高，科技创新能力强，因此整体优于西部地区。对于规模总量效益，西部地区太阳能资源丰富，因此整体优于中部、东部地区。对于规模结构效益，中部、东部、西部地区差别不大。规模总量、规模结构大于0，规模边际小

于 0 的企业有 15 家，数量较多，说明了并不是规模越大，光伏企业盈利
水平就越高。控制规模总量、调整规模结构、形成以技术为核心的资产路
径运营模式，能更好地提升光伏企业规模化发展能力。

7.3.2.2　营业收入与净利润反向变化的金字塔结构

2012～2014 年中国上市光伏企业的成长规模分层结构呈现出中小企
业数量多、大企业数量少且数量增加缓慢的特点，光伏企业两极分化明
显，呈现顶部小、底部大的金字塔架构，如表 7－12 所示。

表 7－12　　　　　　 2012～2014 年中国 103 家上市光伏企业
营业收入、资产规模分层次统计

规模区间	企业数量（营业收入规模）			企业数量（资产规模）		
	2012 年	2013 年	2014 年	2012 年	2013 年	2014 年
0～50 万元	86	84	82	66	67	61
50 万～100 万元	6	11	14	22	17	23
100 万～150 万元	9	5	3	5	8	5
150 万～200 万元	1	1	2	6	6	9
200 万～250 万元	1	2	0	1	1	1
250 万元以上	0	0	2	3	4	4

资料来源：来自 103 家上市光伏企业年报。

103 家上市光伏企业 2012～2014 年净资产增长率为 -0.2%，平均净
利润增长率 -1.4%，平均营业收入增长率 0.2%。其中，东部地区上市
光伏企业的净资产增长率最低，仅为 -126.5%，中部地区最高，为
25.7%；净利润增长率中东部地区仍然最低，仅为 -323.8%，东北地区
最高，为 -64.8%；营业收入增长率中，中部地区最高，为 68.4%，西
部地区最低，仅为 -2.8%。中部、西部、东北地区上市光伏企业的净资

产增长率远高于平均值0.2%，说明这三个地域的上市光伏企业净资产呈现递增趋势。在净利润增长率中，上市光伏企业增长率均为负值，表明中国上市企业投资所带来的收益呈递减趋势。中部、东部地区企业的营业收入增长率均高于均值，说明中部、东部地区企业的运营能力较优，中部地区企业的运营能力上升趋势较东部地区更明显，比东部地区运营能力更有效。

7.3.3 上市光伏企业集团多元化成长方式

7.3.3.1 汉能薄膜的合并收购成长型

汉能市值在2015年破3 000亿港元超过保利协鑫、阿特斯、英利光伏上市企业总和。汉能先后收购了四家国际领先的薄膜太阳能技术公司，分别是美国阿尔塔设备公司 Alta Devices、德国 Q - Cells 薄膜光伏子公司 Solibro、美国薄膜太阳能企业 Miasole、美国 Global Solar Energy 公司。汉能通过兼并重组，横向延伸光伏产业价值链，迅速扩大集团的规模与实力，增强了集团的核心竞争力，提升了汉能行业市场地位。运营状况良好、技术实力领先的骨干光伏企业可以通过对上下游环节企业实施兼并重组，进一步完善产业链结构，从而提高全产业链盈利能力。

7.3.3.2 海润光伏的垂直一体化成长型

以海润光伏为代表的垂直一体化成长类型，具备从硅棒（硅锭）→硅片→太阳能电池片→太阳能组件生产的较完整的光伏产业链（如表7－13所示），采用垂直一体化的生产和服务模式使集团整个价值链纵向延长，继而控制了更多价值链环节，扩大了经营范围，增强了核心竞争力。在海润光伏垂直一体化成长过程中，企业应提升上游整体产品质量，对于中游的环节，提升太阳能电池制造品牌价值，提高下游规模效率。

表7-13   海润光伏垂直一体化成长模式

年份	海润成长历程	年份	海润成长历程
2004	第一批硅片试产成功	2011	开始投资海外光伏电站
2005	单晶硅锭生产线投入运营	2012	挂牌上市
2007	开始多晶铸锭、硅片的生产	2013	A股最大的垂直一体化制造企业
2008	组件生产	2014	电站业务成为公司重要的利润增长点

7.3.3.3 保利协鑫的产融结合成长型

保利协鑫构建环保电力、光伏新能源、天然气三大产业链体系，从而实现产融结合。保利协鑫在2014年与国家开发银行签署规划合作协议，通过产融结合方式，以国家开发银行开发性金融、融资推动和综合金融服务，为保利协鑫快速发展注入强大动力。通过将产业资本与金融资本结合，在光伏产业链的不同环节分别设立了上市融资平台，有利于适应专业化发展趋势，降低融资成本，提升融资效率。随着国家相关扶持政策的逐步落地，光伏产业风险将逐渐降低，而金融产品开发创新同步加快，光伏企业产融结合趋势将更加明显。

7.4 全球价值链下中国光伏企业成长能力提升对策

7.4.1 中国光伏企业区域成长能力评价

通过参考中国光伏企业评价现有研究成果结合现今中国光伏企业发展的全球环境，从支撑能力、效益能力和创新能力三个维度选取32项指标建立中国光伏企业成长能力综合评价指标体系，运用多级模糊综合评价法找出光伏企业区域成长差异（如表 7 - 14 所示）。

表 7 - 14　　　　　　　中国光伏企业区域成长能力评价指标体系

目标	一级指标	二级指标	三级指标	四级指标
我国光伏企业成长能力 A	支撑能力（B_1）	基础支撑（C_1）	规模水平（D_1）	太阳能资源（E_1）
				企业密度（E_2）
			服务水平（D_2）	基础设施（E_3）
				交通设施（E_4）
				税收政策（E_5）
		环境支撑（C_2）	政策环境（D_3）	资金扶持政策（E_6）
				专利保护政策（E_7）
				产权保护政策（E_8）
			社会环境（D_4）	经济社会发展指数（E_9）
				科技进步环境指数（E_{10}）
	效益能力（B_2）	效益规模能力（C_3）	基础指标（D_5）	资产平均总额（E_{11}）
				负债平均总额（E_{12}）
			利润指标（D_6）	平均营业收入（E_{13}）
				利润平均总额（E_{14}）
				平均净利润（E_{15}）
		效益产出能力（C_4）	财务绩效指标（D_7）	平均主营业务利润率（E_{16}）
				平均净资产收益率（E_{17}）
				平均资产报酬率（E_{18}）
			技术绩效指标（D_8）	综合科技进步水平指数（E_{19}）
				科技活动产出指数（E_{20}）
	创新能力（B_3）	科技要素环境（C_5）	科技人力资源（D_9）	万人 R&D 人员数（E_{21}）
				万人大专以上学历人数（E_{22}）
			科研物质条件（D_{10}）	每名 R&D 人员仪器和设备支出（E_{23}）
				科研新增固定资产比重（E_{24}）

续表

目标	一级指标	二级指标	三级指标	四级指标
我国光伏企业成长能力 A	创新能力（B_3）	科技活动投入（C_6）	人力投入（D_{11}）	R&D 人员数（E_{25}）
				企业 R&D 研究人员占比重（E_{26}）
			财力投入（D_{12}）	R&D 经费支出与 GDP 比值（E_{27}）
				企业 R&D 经费占主营业务收入比重（E_{28}）
		科技活动产出（C_7）	产出水平（D_{13}）	获国家级科技成果奖系数（E_{29}）
				万人发明专利拥有量（E_{30}）
			产出效率（D_{14}）	万人输出科技技术成交额（E_{31}）
				万元生产总值技术国际收入（E_{32}）

根据表 7 – 14 建立的光伏企业成长能力评价指标体系，分布在北京市、天津市、河北省等 21 个省域，对 21 个省域光伏企业成长能力进行综合评价和排序，选取中华人民共和国工业和信息化部 180 家光伏准入企业作为成长能力评价对象，运用变异系数法确定指标权重，评价结果如表 7 – 15 所示。

表 7 – 15　　中国光伏企业区域成长能力评价分项指标值及综合评价排名

省域	综合能力	排名	支撑能力	排名	效益能力	排名	创新能力	排名
江苏	0.444	1	0.033	1	0.177	15	0.234	4
上海	0.611	2	0.425	5	0.156	12	0.030	2
北京	0.620	3	0.353	4	0.251	19	0.016	1
广东	0.736	4	0.124	2	0.358	20	0.254	5
浙江	0.821	5	0.334	3	0.148	10	0.339	6
天津	1.017	6	0.726	13	0.165	13	0.126	3
陕西	1.255	7	0.714	11	0.179	16	0.362	7
湖北	1.270	8	0.648	8	0.169	14	0.452	10
山东	1.278	9	0.658	9	0.137	7	0.484	11

省域	综合能力	排名	支撑能力	排名	效益能力	排名	创新能力	排名
福建	1.331	10	0.679	10	0.113	4	0.540	13
辽宁	1.335	11	0.780	16	0.152	11	0.404	8
四川	1.381	12	0.740	15	0.140	8	0.501	12
河南	1.475	13	0.632	7	0.145	9	0.698	19
山西	1.506	14	0.823	20	0.039	1	0.643	16
安徽	1.512	15	0.817	19	0.126	5	0.569	14
河北	1.514	16	0.609	6	0.208	17	0.697	18
江西	1.531	17	0.731	14	0.096	2	0.704	20
内蒙古	1.551	18	0.825	21	0.101	3	0.625	15
宁夏	1.634	19	0.718	12	0.245	18	0.671	17
新疆	1.669	20	0.794	17	0.126	6	0.748	21
黑龙江	7.652	21	0.799	18	6.434	21	0.420	9
东部地区	0.930	1	0.438	1	0.190	3	0.302	1
中部地区	1.474	2	0.746	3	0.113	1	0.615	4
西部地区	1.485	3	0.741	2	0.173	2	0.571	3
东北地区	4.494	4	0.789	4	3.293	4	0.412	2

从一级指标层的权向量分布来看，效益能力的权重最大，表明中国21个省域光伏企业效益能力差异明显，发展的不均衡度最大。而衡量光伏企业核心竞争力的创新能力权重最小，表明21个省域光伏企业在创新和科技投入上的离散程度不大，也就是说即使是发展水平较高的光伏企业，产品研发和创新等方面也没有突破性进展。综合来看，江苏省、上海市、北京市、广东省等经济发展状况较好区域的光伏企业成长能力较强。效益能力较强的多为中部地区的太阳能产业，北京市、上海市、天津市、江苏省创新能力最强；从四大区域来看，中国经济发展较快的东部地区光伏企业综合成长能力最强，而中国太阳能资源较差的东北地区，光伏企业

成长受到制约，较其他地区弱，中国光伏企业成长能力与地理位置分布、地区经济发展水平存在较强的关联性。

7.4.2　中国光伏企业区域差异化成长路径

根据前文评价结果，将中国光伏企业区域成长能力分为生产制造、系统集成和规则设计三大方面，基础配套、资源人力、品牌技术、资本推动、政府主导、区域创新六个维度（如图7-11所示）。

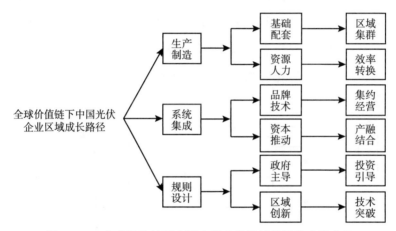

图7-11　全球价值链下中国光伏企业区域差异化成长路径

7.4.2.1　品牌技术推动型全链条布局成长

品牌技术推动型处于系统集成板块，由较强的品牌张力和技术支撑形成全链条布局成长模式。中国东部地区光伏企业通过企业创新、技术服务等形成区域品牌、龙头企业。东部地区人口稠密、土地资源稀缺，使大规模建设光伏电站成为难题，可运用渔场发电站的"渔光一体"模式充分利用水面资源，集约经营形成成本优势，使全产业链健康持续发展（如图7-12所示）。

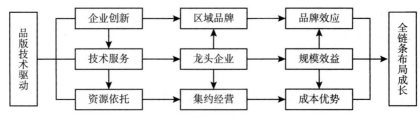

图 7 - 12　中国东部地区光伏企业的全链条布局成长模式

7.4.2.2　基础配套拉动型组件及设备成长

基础配套拉动型处于生产制造板块，是由产业基础和配套设施的支撑形成的组件及设备成长模式。在经济区位上，毗邻长三角、珠三角的江西光伏产业规模最强，可以同时接受发达地区经济辐射，但是工业基础薄弱，不容易找到经济对接点。因此，中部地区光伏企业应借助区际联动，加速推动科技成果的转化（如图 7 - 13 所示）。

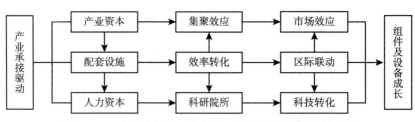

图 7 - 13　中国中部地区光伏企业的组件及设备成长模式

7.4.2.3　资源人力带动型晶硅及电站成长

资源人力带动型处于生产制造板块，是依托自然资源和人力资本形成的晶硅及电站成长模式。中国西部地区光伏企业以自然资源和人力成本优势为主要特征，且综合成长能力排名第三位，宁夏回族自治区凭借区位资源依托优势形成光伏应用专业市场。在生产制造环节下，应发挥资源优势加强经济链接，通过兼并重组等方式形成若干具备生产成本和市场资源优势的光伏企业集团；金融创新、互联网＋众筹、建立光伏融资银企合作平台等也是推动光伏企业发展的新举措（如图 7 – 14 所示）。

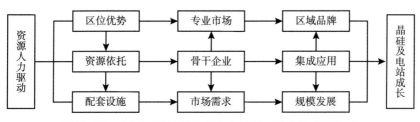

图 7 – 14　中国西部地区光伏企业的晶硅及电站成长模式

7.4.2.4　政府主导型集群成长开发新模式

政府主导型集群成长模式由政府引导、政策依托。浙江省作为中国政府政策支持最多的省份，综合能力排名全国第五位，已形成嘉兴市、宁波市、杭州市等光伏产业集群，制定了"政府为主导，相关政策为配套"的光伏应用策略。政府主导型企业创新能力不强，因此仍需深度培育和开发产业新模式，在新能源发展的长效机制构建基础上进一步提升科研创新水平（如图 7 – 15 所示）。

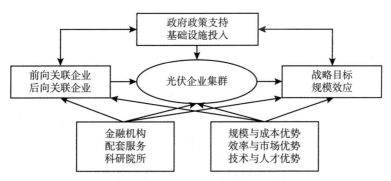

图 7 – 15　政府主导型光伏企业集群

7.4.2.5　资本推动型集群成长重内核创新

资本推动型是由资本优势传导发展形成的企业集群，河北省光伏企业综合能力位列第十六，形成了保定市、邢台市等光伏企业集聚区。保定英利产能利用率82%，规模居全球第二位。太阳能利用受自然条件、产品研发、制造水平和政策扶持力度影响，只有通过核心技术在制造和应用间形成良性循环，才能确保光伏产业持续健康发展（如图7-16所示）。

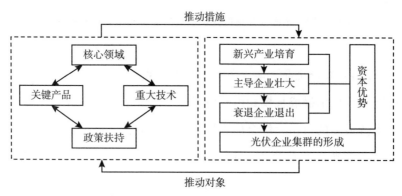

图7-16　资本推动型光伏企业集群

7.4.2.6　区域创新型集群成长转换高效率

区域创新集成是光伏产业园互动优势转换的基础，生产制造服务推动区域创新集成向各城市资源要素集聚拓展。江苏省综合成长能力排名全国第一位，已形成了常州市、江阴市等区域企业集群，是国内最大的光伏产业基地。江苏省创新能力较强，仅天合光能的专利申请就超过600件，其中有效专利占比50%，居全国光伏企业首位。江苏省虽然国际竞争力较强，但是还应该力争在产业前沿技术和产品领域取得突破，推动系统集成产业发展，走全球价值链高端路线。因此，在全球市场供过于求的大背景下，光伏技术突破显得尤为迫切，提高转换效率才是推动市场发展的关键（如图7-17所示）。

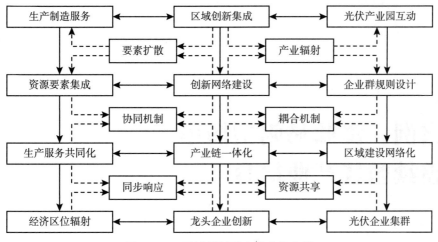

图 7-17　区域创新型光伏企业集群

8

案例：资源枯竭型城市
接续替代产业培育

    2013 年 12 月 4 日，国务院发布《全国资源型城市可持续发展规划》，全国 262 个资源型城市中 67 个城市被列为资源衰退型城市，湖北省潜江市江汉油城位列其中，成为湖北省资源衰退型城市。

    资源枯竭型城市往往存在产业结构单一、失业人口增长、经济发展缓慢、生态环境破坏、民生保障乏力等问题，这些城市的可持续发展成为政府工作的重要内容。为此，国家发改委通过实施资源枯竭城市接续替代产业培育行动计划，提出了扶持劳动密集型企业和中小微企业发展，打造一批特色鲜明的专业化产业园区和集聚区，支持资源枯竭城市承接发达地区产业转移，对问题严重、困难突出的资源枯竭城市，"一城一策"研究制定针对性较强的扶持措施。2017 年 1 月 6 日国家发改委制定《关于加强分类引导培育资源型城市转型发展新动能的指导意见》，提出大力培育接续替代产业的转型升级思路。3 月 5 日，李克强总理在政府工作报告中将"支持资源枯竭、生态严重退化等地区经济转型发展"列为 2017 年重点工作任务。

    历史上，潜江市地下富藏油气盐等自然资源，随着油气资源的枯竭，潜江市"一油独大"的经济格局遭受巨大冲击，成为全国第二批资源枯竭型城市。重新寻找油气产业的接续替代产业，寻求产业转型升级的新燃点，是湖北省和潜江市产业发展中的重大问题。

8.1 "无"中寻"有"：潜江市产业转型升级的基础调查

2013 年 12 月，潜江市被国务院认定为衰退型城市，油气资源基本枯竭，直接倒逼产业转型升级。传统石油产业的衰败，使潜江市处于"无"的转型困境，为顺利实现产业转型升级，寻求潜江市转型优势，开展"无"中寻"有"势在必行。

8.1.1 潜江市产业转型面临问题：资源枯、产业竭、就业乏、经济缓

8.1.1.1 资源枯：油气资源基本枯竭，土地资源供给短缺

潜江市地处江汉平原，地上盛产粮油，地下富藏石油，以油气闻名天下。改革开放以来，潜江用丰富的油气资源，大力发展石油经济，由一个小县城跨入直管市行列。然而，经过近半个世纪的持续开采，潜江石油资源已不再取之不尽，长期支撑潜江"半壁江山"的石油经济急剧下滑，"一油独大"的经济格局遭受巨大冲击。2013 年 12 月，潜江市被国务院认定为衰退型城市。单一依靠消耗资源的传统经济增长方式难以为继，石油资源枯竭和市场同质化竞争，对潜江形成了"倒逼"之势。跳出油、延伸油、超越油，走出资源依赖，才能实现科学发展、可持续发展。

潜江市土地总面积 2 894 263.5 亩，占全省的 1.04%。该市地处平

原，地势平坦，地下水资源丰富，土地适宜性好，适合多种作物种植和水
产养殖。伴随城市化进程，农业内部结构调整频繁，农业结构调整占耕地
达到全部耕地减少量的 80%。根据《潜江市土地利用总体规划 2006～
2020 年》，到 2020 年末未用面积为 13 783.03 公顷，占土地总面积
7.14%，比 2005 年下降 1.81 个百分点。经济社会的快速发展和生态环
境保护对土地利用管理提出了更高的要求。人多地少、土地后备资源不
足及土地利用管理中存在的现实问题，是潜江市经济发展亟待解决的现
实问题。

8.1.1.2 产业竭：油气产业根基动摇，产业接续任务紧迫

潜江作为曾经的"江汉油城"，资源依赖性和资源消耗性产业—石油
产业一家独大，传统化工产业结构偏重，新兴产业占比过小，产业结构不
尽合理，传统产业与新兴产业难对接，产业转型升级空间拓展受限，偏传
统、偏重化、单一化的工业产业结构难以适应现代工业绿色化、循环化、
信息化发展新趋势，产业转型升级迫在眉睫。

然而，潜江市产业转型升级基础薄弱，动力不足，科技创新能力弱，
科技人才流失严重，科技服务体系尚未建成，使传统依赖型化工产业转型
缺乏技术层面支持；产业功能定位模糊，龙头企业引领作用不明显，企业
内部协同性差，同质化竞争激烈，差异性、高端化发展受限，产业集聚效
应难以发挥，使传统消耗型化工产业转型缺乏协调管理机制；产业基础设
施建设滞后，园区路网和专业化污水处理等公用设施不健全，专业物流体
系未形成，专业市场欠缺，物流、金融、信息服务支持力度不够，使传统
单一型化工产业转型缺乏配套服务支持，产业转型升级乏力。

8.1.1.3 就业乏：就业创业难度加大，人力资源外流加剧

由于潜江市油气资源枯竭，直接导致传统化工产业陷入僵局，引致
传统化工产业失业率攀升，大量化工从业者被迫解雇，进入待业状态。
然而，面对潜江市新兴产业占比小，石油产业一家独大的现状，失业者

难以寻求其他方式谋生，无奈之下背井离乡，外出打工，使潜江市人力资源外流形势恶化，留存劳动力数量锐减，就业创业问题突出。在南水北调和三峡大坝移民迁至潜江市安置点后，使就业形势更加严峻。移民搬迁后，收入来源减少，而且刚性支出增加，除了人均1.5亩质量不高的耕地外，其他资源和优势尽失。大部分移民家庭年总收入偏低，物质生活水平难以满足生存发展需求，需采取措施帮助移民提高收入，解决就业问题。

此外，潜江市被誉为湖北的裁缝之乡，"一刀剪"和"量体裁衣"是潜江市裁缝的拿手绝活。然而，潜江市却面临着裁缝外流、招工用工难的问题，因为除了薪酬以外，沿海发达城市完善的生活娱乐配套设施尤其吸引了年青一代劳动力。据统计，全市约10万人从事纺织业，但是大多数在沿海经济发达地区务工，留在潜江本土从事纺织业的仅约3万人，导致许多本土企业陷入"人员招不满、订单不敢接"的窘境。裁缝队伍不稳定，流动性大，流失率高，劳动力大量流向东部地区沿海城市，严重影响了潜江市本土企业的发展。

8.1.1.4 经济缓：经济发展后劲不足，转型升级压力巨大

潜江市经济严重依赖石化工业，在石油资源枯竭现状下，城市发展过程中积累了许多矛盾和问题，在经济方面表现为经济增长缓慢、税收收入减少、投资缺乏活力、失业及贫困人口增多等，可持续发展受到挑战。资源型城市一旦进入衰退期，经济发展将会后劲不足，并以乘数效应的方式，蔓延到城市的方方面面，造成负的"马太效应"，积重难返。2016年潜江市第二、第三产业增加值分别比上年增长23.7%、35.9%，而同期我国第二、第三产业增加值分别比上年增长39.8%、51.6%，这表明潜江市在失去资源优势后，经济增速明显放缓，第二、第三产业结构急需转型，接续替代产业培育迫在眉睫。此外，由于传统资源型产业缺乏竞争力，科技含量不高，目前潜江市石化产业呈现逐渐衰落的状态，相关现代

产业和服务业较落后。

因经济结构欠佳，产业发展不平衡而衍生出的水体污染、土壤重金属污染等需要大量财力治理，入不敷出，经济效益低下，市场对潜江市经济投资兴趣并不高。对于潜江市政府来说，经济增速减缓带来了税收减少、财政收入不足等问题，经济下行压力加大，实体经济运行艰难，政府对于招商引资所能给出的政策优惠、财政支持等十分有限，不够吸引众多投资公司来潜江市进行经济投资。

8.1.2 潜江市产业转型升级的基础分析：区位优、市场大、人脉广、技术高

虽然潜江市在进行产业转型升级时存在资源枯竭、产业单一、人才外流、经济缓慢等资源枯竭型城市的共性问题，但是潜江市也有其独特的基础优势，具体表现在其区位优势、市场需求、政策引导、工艺基础上。

8.1.2.1 区位优：区位固有优势尚在，区域产业政策优势集聚

潜江市北通郑州市，南达长沙市，西达重庆市，东达武汉市，是众多市场区域的节点。同时，潜江市还是资源富集区，周边拥有丰富的林木资源，特别是国家出台封山育林政策之后，平原林业的优势更加凸显。

"十三五"期间，中部、西部地区成为全国区域的战略重点，潜江市工业发展将迎来多重利好叠加的战略机遇期。长江经济带建设和长江中游城市群建设，汉江生态经济带、江汉运河生态文化旅游带及国家战略油气储备库建设；湖北省"一元多层次"战略及"两圈一带"战略布局和武汉城市圈建设，进一步凸显了潜江市在中部地区和全省经济战略中的重要地位，必将为潜江市工业企业发展搭建更大的发展平台。

8.1.2.2 市场大：华中市场空间巨大，产业发展市场优势明显

潜江市立足自身特色与优势，推进产业集群发展，现已形成了石油化工、装备制造、纺织服装等八大主导产业。利用智能制造和互联网＋，深入推进传统产业全面转型，升级发展高端装备制造；走品牌化之路，实现资源优势向品牌优势的跨越，延伸纺织服装产业链，建设中国户外休闲服装名城；配套发展高端家居产业，打造中国家具制造基地第五极；整合发展大健康产业，建设宜居宜养的幸福之城；精细发展生物医药产业，建成中部地区医药制造基地；深度融入武汉城市圈，协同发展光电子信息产业，建设全球光纤光缆生产基地；开拓发展新能源新材料产业，培育新的经济增长点。

潜江市北枕汉江，南接长江，东邻仙桃市通武汉市，西接荆州市达宜昌市。境内有318国道和汉宜高速公路横穿东西，潜监和荆潜两条省道纵贯南北，是江汉平原唯一的路网建设试点城市。交通基础设施密度和通达度居全省前列。内河航运四季畅通，流经北面的汉江，并建有2个港口，年吞吐量达300万吨以上。潜江市正处武汉市、宜昌市中间，距武汉天河机场、宜昌三峡机场均只有90分钟车程，特别是随着高铁时代的到来，汉宜高速铁路、城际铁路建成后，形成了产城联动作用，并由此打开了华中消费市场。

8.1.2.3 人脉广：区域人才政策灵活，"引""流"作用逐渐加强

潜江先后获批多个国家级和省级试点项目，一系列鼓励转型升级、循环发展的国家省市政策为工业发展带来难得的政策机遇，基于此，潜江顺势而为，陆续出台了一系列扶持工业发展的有关招商引资、金融服务、要素供给等方面的政策措施，招商引资、汇聚人才的政策支撑体系基本形成。潜江"十二五"时期（2011～2015年）期末，工业技术改造投资超千亿元，占工业总投资比例50%以上。潜江经济开发区、园林经济开发区、张金经济开发区三个省级开发区工业产值稳步增长，占全

市工业总产值比重近 40%。功能完善的产业园区、体系健全的政策体系、素质不断提升的人力资源等，为潜江市产业转型提供了良好的支撑条件。

在全国资源枯竭型城市都在积极寻找接续替代产业之际，潜江籍外出务工人员是一笔巨大的财富。广东汉淇家具有限公司董事长邓承旭怀着对家乡深厚的"故土情结"，于 2010 年 10 月 19 日在潜江市建立华中家具产业园。邓承旭之所以选择潜江主要是"故土情结"的因素，当然潜江市也是家具制造业的栖息之地。家具生产并不是湖北主导产业，全国已形成以广东省、四川省、江苏省、浙江省、河北省为中心的家具产业集聚地，由于湖北省地处中部核心，四省域产品都可以流向湖北省市场，乍然一看，在湖北省建立家具产业园成功可能性也许并不大。

但是籍贯潜江市的邓承旭却坦言，既然外地产品可以流向湖北省，自然湖北省的产品也可以流向外地。如果能在中部地区建立一个家具产业园，其他四个省域的家具产业都可以被湖北省所代替。正是基于这样的想法，邓承旭回到了他的家乡潜江市。

8.1.2.4 技术高：传统工艺技术精湛，产业特色化发展基础好

2009 年潜江木雕被列为省非物质文化遗产，潜江市作为木雕技艺的传承城市，具备发展家具产业的技术支持。潜江木雕的文化根基可溯自远古，拥有悠久的历史文化。根据最新的调查显示，潜江市内目前仅存 10 多位老艺人，传承和发扬潜江木雕技艺，培育新一代潜江家具手艺人，将为促进潜江市家具产业兴盛，打造中国家具产业第五极奠定坚实的基础。

整合非遗文化资源，多元包容，择善而行，实现合作双赢，不仅可为潜江市家具产业发展提供创新思路，而且在培养高校学生实践能力的同时，可为潜江市家具产业培育新兴技术人才，满足未来需要。

8.2 "无"中生"有"：潜江市接续替代产业的选择

资源枯竭型城市转型实质，是由自然资源利用向技术、人力和市场资源利用转化的过程，是由低附加值资源利用向高附加值资源利用转化的过程，是由粗放型和外延型经济增长方式向集约型和内涵型经济增长方式转化的过程。其中，经济转型是资源枯竭型城市顺利转型的核心，而经济转型的核心在于培育接续替代产业，摆脱城市经济对资源的过度依赖，通过产业转型实现资源枯竭城市的可持续发展。

8.2.1 资源枯竭型城市产业选择比较

8.2.1.1 经济增长的推拉模型

资源枯竭型城市经济发展的"推拉模型"由消费、投资、财政三个维度构成，经济发展对消费有较强的依赖性，社会零售品消费是城市新兴市场发展的基础；地方公共财政收支是城市经济体系的一部分，不仅影响城市结构转型动力，而且对城市化发展有着不可忽视的作用；投资是稳定经济发展的重要手段，加大固定资产投资能有效地拉动城市发展。三个维度间的动态联动协调，能使城市更好地发展（如图 8-1 所示）。

全国 67 个资源枯竭型城市包括 24 个地级行政区、22 个县级市、5 个县、16 个市辖区，考虑经济数据的可得性和可比性，选取 46 个地级行政区和县级市，以所在省内和国内的区位熵，衡量其经济基础（如表 8-1 所示）。

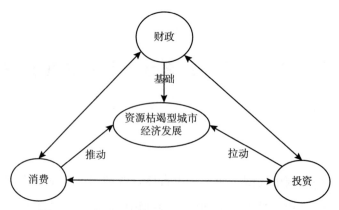

图 8-1　资源枯竭型城市经济发展的"推拉模型"

表 8-1　　46 个资源枯竭型城市 2016 年人均 GDP（万元）与经济基础

所属省域	资源枯竭型城市	人均 GDP（元）	投资基础		财政基础		市场基础		消费基础	
			省内	国家	省内	国家	省内	国家	省内	国家
广东	韶关市	4.1	◕	⊕	◔	⊕	◕	◑	◑	⊕
山东	新泰市	5.8	●	◕	⊕	⊕	◕	◕	●	◑
	枣庄市	5.2	●	◑	◑	◑	◑	◑	●	◑
山西	霍州市	2.4	◑	◑	◑	⊕	◑	◑	◑	⊕
内蒙古	乌海市	10.3	◑	◑	◕	◔	◑	◑	◑	◑
	阿尔山市	3.8	◑	●	◑	◑	◑	◑	◑	●
辽宁	阜新市	3.0	◑	⊕	◑	◑	◑	◑	◑	◑
	抚顺市	5.6	●	⊕	◑	◑	◑	◑	◑	◑
	北票市	0.4	⊕	⊕	◑	◑	◑	◑	◑	◑
吉林	辽源市	6.8	◑	◑	◑	◑	◕	◕	◑	◑
	白山市	5.5	◑	◑	◑	◑	◑	◑	◑	◑
	九台区	1.1	⊕	⊕	⊕	⊕	◑	◑	◑	⊕
	舒兰市	3.3	◑	⊕	◑	⊕	◑	◑	◑	⊕
	敦化市	4.0	◕	◑	◑	◑	◕◕	◕	◕	◑

续表

所属省域	资源枯竭型城市	人均GDP（元）	投资基础		财政基础		市场基础		消费基础	
			省内	国家	省内	国家	省内	国家	省内	国家
黑龙江	伊春市	2.0	⊕	⊕	◐	◐	◔	◔	⊕	⊕
	鹤岗市	2.5	⊕	⊕	⊕	◐	◔	◔	⊕	⊕
	双鸭山市	2.9	⊕	⊕	◕	◐	◔	◔	◔	⊕
	七台河市	2.3	⊕	⊕	◐	◐	◔	◔	⊕	⊕
	大兴安岭市	2.9	⊕	⊕	◐	◐	◔	◔	◐	◐
	五大连池市	0.6	⊕	⊕	●	●	◔	◔	◔	⊕
安徽	淮北市	3.7	◐	◐	◕	◐	◔	◐	◐	◐
	铜陵市	5.6	◕	◐	◕	◐	◐	◔	◔	◔
江西	景德镇市	5.1	◐	◐	◐	◐	◔	◐	◐	◐
	新余市	8.8	◕	◐	●	●	◐	◐	◐	◐
	萍乡市	5.2	◐	◐	◕	◕	◐	◐	◔	◔
河南	焦作市	5.9	◕	◐	⊕	◐	◔	◐	◐	◐
	濮阳市	3.7	◐	◐	◐	◕	◐	◔	◐	◐
	灵宝市	6.6	◐	◐	◐	◐	◐	◐	◐	◐
湖北	黄石市	5.0	◐	◐	◐	◕	◔	◕	◐	◕
	钟祥市	3.7	◐	◐	◐	◐	◐	◕	◔	◔
	大冶市	5.5	◕	◐	◐	◐	◐	◕	◐	◕
	松滋市	2.8	●	◐	◕	◔	◐	●	◔	◔
	潜江市	6.3	◐	◐	◐	◐	◐	◕	◐	◐
湖南	资兴市	9.4	●	◕	◔	◔	◔	◔	◔	◔
	冷水江市	7.8	◐	◐	●	◕	◔	◔	◔	◔
	涟源市	2.0	⊕	⊕	⊕	◔	◔	◔	◔	⊕
	常宁市	3.2	⊕	⊕	◕	◔	◔	◕	◐	⊕
	耒阳市	3.0	◕	⊕	⊕	◔	⊕	◐	◔	⊕
广西	合山市	2.6	⊕	⊕	◕	⊕	◔	◕	⊕	⊕

续表

所属省域	资源枯竭型城市	人均GDP（元）	投资基础		财政基础		市场基础		消费基础	
			省内	国家	省内	国家	省内	国家	省内	国家
四川	泸州市	2.9	◓	◓	⊕	⊕	◑	◑	◓	⊕
	华蓥市	4.8	◓	◓	⊕	⊕	◑	◑	⊕	◓
云南	个旧市	4.8	●	◑	◑	⊕	◔	◑	◑	◖
陕西	铜川市	3.7	◓	◓	◑	⊕	◑	◑	◑	◓
甘肃	白银市	2.6	◓	◓	◑	◑	◑	◑	◓	◓
	玉门市	6.5	●	●	●	●	◔	◑	◑	◖
宁夏	石嘴山市	6.1	◑	◑	◓	◑	◑	◑	◓	◓

注：⊕表示基础薄弱；◓表示基础较弱；◑表示基础一般；◖表示基础较强；●表示基础优越。

　　资源枯竭型城市在省内或国家的经济基础处于中下等水平，较强水平的城市很少。资源枯竭型城市经济基础的典型类别如图8-2所示。

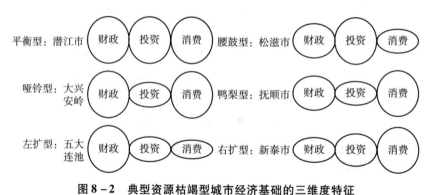

图8-2　典型资源枯竭型城市经济基础的三维度特征

8.2.1.2　城市转型与产业升级的关联效应

（1）测度方法及数据来源。

　　为判断城市转型与产业升级所需条件，运用回归分析预测法，分析转型所需条件对资源枯竭型城市的相关性及影响程度。分别从固定资产投资、地方财政支出、人均可支配收入、人均社会消费品、第二产业和第三产业占 GDP 比重等方面分析其对城市人均 GDP 的影响程度，从而得出最具优势发展条件及有待加强的条件。

选择国务院发布的 46 个资源枯竭型地级市和县级市，依据国家统计局 2016 年《中国统计年鉴》及各省市统计公报中的数据，建立指标并计算出各资源枯竭型城市在其省内及国家的区位熵，具体指标名称如表 8 - 2 所示。

表 8 - 2　　　　　　　　　资源枯竭型城市转型条件影响因素

变量名称	指标名称	变量符号
经济发展水平	人均国内生产总值	PGDP
资金支持	固定资产投资	CAPI
政策扶持	地方财政支出	POLI
收入水平	人均可支配收入	PCDI
消费能力	人均社会消费品总额	PCCS
工业发展水平	第二产业占 GDP 比重	MANU
服务业发展水平	第三产业占 GDP 比重	SERV

（2）关联效应影响因素分析。

根据表 8 - 2 中的指标，从两个角度分析影响资源枯竭型城市转型因素：

①城市转型基础关联效应，以资本、政策优惠、人均可支配收入、人均社会消费品作为自变量，人均国内生产总值作为因变量，分析 46 个资源枯竭型城市的资本、政策优惠、人均可支配收入、人均社会消费品在省内和国内区位熵，及其对人均 GDP 的影响程度，如式（8 - 1）所示。

$$PGDP = \beta_0 + \beta_1 CAPA + \beta_2 POLI + \beta_3 PCDI + \beta_4 PCCS + \varepsilon \qquad (8-1)$$

②产业升级基础关联效应，以城市第二、第三产业占 GDP 比重作为自变量，人均 GDP 为因变量，分析 46 个资源枯竭型城市第二、第三产业分别在各省和国家的区位熵，对人均 GDP 影响程度，如式（8-2）所示。

$$PGDP = \sigma_0 + \sigma_1 MANU + \sigma_2 SERV + \varepsilon \qquad (8-2)$$

运用 Stata 12.0 软件对模型线性回归，选择固定效应估计，得相关标准系数，结果如表 8-3、表 8-4 所示。

表 8-3 资源枯竭型城市转型基础的关联效应

参数	省内（区位熵）	t	$P > \mid t \mid$	R^2	国内（区位熵）	t	$P > \mid t \mid$	R^2	OBs
资本（CAPI）	1.049 ** (0.631)	1.66	0.104	0.388	1.521 *** (0.459)	3.32	0.002	0.370	46
政策（POLI）	0.405 * (0.405)	1.00	0.323	0.138	0.264 * (0.337)	0.78	0.439	0.073	46
人均可支配收入（PCDI）	0.380 * (0.758)	0.50	0.619	0.068	1.734 ** (1.045)	1.66	0.105	0.164	46
人均社会消费品（PCCS）	0.625 * (0.839)	0.74	0.461	0.156	4.315 *** (0.874)	4.94	0.000	0.474	46
CONS	1.879 *** (0.883)	2.13	0.039		-1.738 * (1.026)	-1.69	0.098		46

注：括号内数值为标准差；***、**、* 分别表示在 1%、5%、10% 的统计水平上显著，模型为固定效应（FE）。

表 8 – 4　　　　　　　　资源枯竭型城市产业升级的关联效应

参数	省内 （区位熵）	t	P > |t|	R^2	国内 （区位熵）	t	P > |t|	R^2	OBs
第二产业 （MANU）	2.920 *** （0.771）	3.79	0.000	0.523	3.136 *** （0.747）	4.20	0.000	0.584	46
第三产业 （SERV）	1.638 * （1.458）	1.12	0.268	0.155	0.630 * （1.509）	0.42	0.678	0.058	46
CONS	0.901 * （1.627）	0.06	0.956		0.679 * （1.586）	0.43	0.671		46

注：括号内数值为标准差；*** 、** 、* 分别表示在1%、5%、10%的统计水平上显著，模型为固定效应（FE）。

从表 8 – 3 可以看到四项指标中，资本（CAPI）的 t 值最大，p 值最小，说明资本对资源枯竭型城市转型影响因素大，城市转型所需资金充足。相较之下，人均可支配收入（PCDI）的 t 值最小，p 值最大，说明人均可支配收入对资源枯竭型城市转型影响因素小，人民生活水平有待提高。

四项指标在国家占比中，人均社会消费品（PCCS）的 t 值最大，p 值最小，说明人均社会消费品对资源枯竭型城市转型的关联效应最强，在全国的消费水平良好。相较之下，政策（POLI）的 t 值最小，p 值最大，说明相较全国其他城市，资源枯竭型城市政策扶持有待加强。

从表 8 – 4 可以看出第二、第三产业两项指标在省占比中，第二产业（MANU）的 t 值超过第三产业（SERV）的 t 值，第二产业（MANU）的 p 值更能说明第二产业对资源枯竭型城市转型升级影响更大。在国家占比中，其差距更甚明显，第二产业（MANU）的 t 值高达 4.20，p 值依旧为 0.000，这更进一步说明第二产业对资源枯竭型城市转型升级的关联效应较强。

8.2.2 潜江市接续替代产业选择

8.2.2.1 东西南北苏川粤冀的四极格局

东西南北四极及潜江区位优势如表 8 - 5 所示。

表 8 - 5　　　　"十二五"时期家具制造业总产值及

区位优势比较（规模以上企业）

指标	时间	全国	家具四极				湖北省	潜江市	家具产业阶段判别
			广东省	江苏省	河北省	四川省			
家具占全国比重（%）	2016 年	100.0	22.4	4.2	3.0	6.2	1.9	0.3	高于 GDP
家具制造增速（%）		10.9	10.5	8.7	14.7	16.9	22.2	20.3	快速增长
区位商		1.0	2.1	0.3	0.7	1.8	0.5	3.5	区位优势
专业化系数		0.0	0.5	-2.1	-0.4	0.4	-0.9	0.7	专业性强
人均 GDP（万元）		4.67	6.35	8.19	3.99	3.51	4.71	5.7	消费优势
家具制造占工业总产值比重（%）	2012 年	0.59	1.21	0.18	0.37	1.17	0.18	1.5	主要省份家具比重持续上升高于各省
	2013 年	0.61	1.27	0.18	—	1.12	0.25	1.7	
	2014 年	0.63	1.44	0.19	—	1.08	0.31	2.0	
	2015 年	0.66	1.41	0.21	0.47	1.18	0.34	2.3	
木材加工与家具制造比值（上游/下游）	2013 年	1.78	0.50	6.77	1.19	0.75	3.85	—	上/下游比值：全国增加湖北省减少
	2014 年	1.81	0.40	7.31	—	0.81	3.38	—	
	2015 年	1.86	0.41	7.80	—	0.76	3.07	—	

国内家居产业已形成四个分销中心：一是广东省顺德分销中心，产品辐射全国，面向中高端市场，如乐从总面积 300 万平方米，年销售 300 亿元，70% 是出口；二是四川省成都分销中心，产品辐射西部中小城市，面

向中低端市场，如武侯总面积 100 万平方米，年销售 60 亿元；三是江苏省蠡口分销中心，产品辐射上海市、江西省、浙江省、江苏省、安徽省、山东省中小城市，面向中低端市场，蠡口总面积 120 万平方米，年销售 80 亿元；四是北京香河分销中心，辐射东三省、京津冀、蒙晋等地，面向中低端市场，香河总面积 120 万平方米，年销售 60 亿元。

8.2.2.2　家居产业重心转向中部第五极

家具行业区域竞争格局呈现较为明显的集聚特征：全国 80% 家具行业规模由 10 省域集聚，但是这 10 省域家具行业规模以上总产值合计占全国比重由 2010 年 86.3% 降至 2015 年 80.2%，前三位的粤鲁浙占比高于 45%，集聚显著。

我国家具产业区域重心逐渐由东部沿海地区向中西部地区转移：2015 年家具行业规模以上产值增速前三位的省域依次是安徽省 22%，四川省 20.3%，河南省 18.7%，东部地区省市仅山东省、广东省增速高于 10%。传统的家具产业发达地区市场份额减少，增速放缓。中西部地区新兴家具产业核心区正在形成，增速较快，市场份额逐渐扩大，中部地区六省后发优势不断显现，如图 8 - 3 所示。

图 8 - 3　2010～2014 年家具产值占全国比重前十位的省市及湖北省变化（单位：%）

　　潜江市家具制造业占全国家具制造业 0.3%，区位优势突出，区域专业化程度高，适合在潜江市快速增长。潜江市人均 GDP 为 5.7 万元，本地消费优势推动家居市场扩张及周边区域辐射。潜江市家具制造占工业总产值比重达 2.3%，家具制造对潜江市工业主导作用逐步显现。潜江市规模以上家居企业（产值 2 000 万元）中，全友家具年产值、利税、规模占 1/3，全友家居、好迪家居两家企业合计年产值、利税、规模占 50% 以上，家居龙头企业优势明显，中小企业形成合力优势共同推动了园区的成长（如图 8 - 4 所示）。

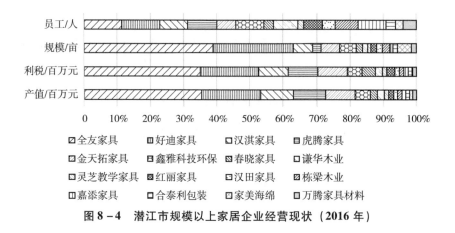

图 8 - 4　潜江市规模以上家居企业经营现状（2016 年）

8.2.3　潜江市家居产业成长方向

8.2.3.1　存量提质增效，产业延伸接续

　　资源枯竭型城市通过发展服务型制造和生产型服务业，建立起融设计研发、电商服务等于一体的制造服务业体系。加快制造与服务的协同发展，引导和支持生产企业延伸服务链条，发展个性化服务、在线服务等多种形式服务，从主要提供产品向提供"产品 + 服务"转变，将利润空间由制造环节向服务环节转移。

华中家居产业新城借鉴同行业先进经验，在全友家居企业试点建设智能工厂，加快推进人机智能交互在接续替代产业生产过程中的应用。加强了产品生命周期管理、客户关系管理、供应链管理，促进了设计与制造、产供销一体和财务衔接等关键环节集成（如图 8-5 所示）。

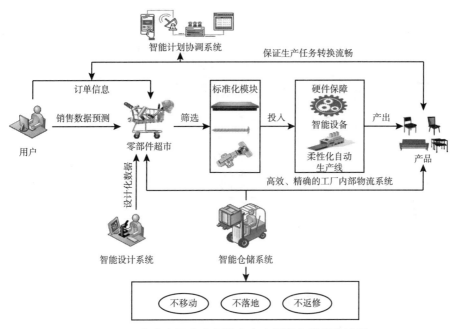

图 8-5　华中家居产业新城全友家居服务型制造过程

（1）提高省内转化率。产业新城全力打造高端智能家居产业，建设融研发设计、原料采购、智能宅配、电商展销为一体的全产业链，形成华中宅配模式，实现园区产业链上下游协调运转。通过潜江市"家居 1+8"模式，充分利用周边资源，提高省内转化率（如图 8-6 所示）。

（2）提高本地配套率。充分借鉴全友家私潜江有限公司的生产制造模式，强化经济、社会、环境的综合效益。将潜江市水乡园林 30 万亩优质速生丰产林基地、每年 3.9 万方木材采伐量的资源优势，水杉第二故乡的地域优势，形成家居制造优势。同时就地取材，充分利用本地金华润企业的三聚氰胺副产品，作为板木家具面板。潜江木雕 2009 年入选湖北非物质文化遗产，为潜江市定制家居品牌培育提供了方向，结合本地职业艺校专业优势，形成了家居设计特色。

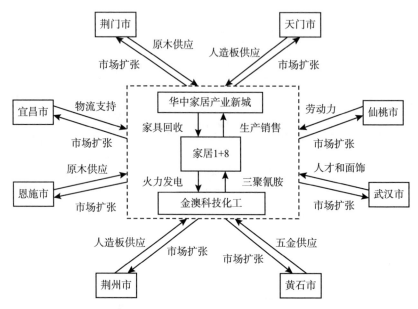

图 8 – 6　华中家居产业新城"家居 1 + 8"华中宅配模式

（3）提高市场外销率。欧洲、美国、日本等境外需求市场成为华中家居产业新城拓展销售渠道的主要目标，华中家居产业新城通过门户网站，建立线上线下一体化的 O2O 销售模式，利用电商平台激活存量资产、克服空间约束，不断拓展市场辐射半径（50 千米→100 千米→200 千米），并进军海外市场。

（4）提高产品增值率。近几年家居电商年复合增长率超 100%，"互联网 + 家居"推动传统家具产业转型。华中家居产业新城围绕接触潜客、塑造品牌、长尾销售、汇聚产业，到标准服务全链条，推动了传统品牌与互联网更深度融合，打造了个性化 C2F 订单中心，为家居电商用户提供最初的设计、风格、品牌、挑选，再到安装、施工、售后服务的全产业链。

（5）提高循环再生率。以分工协作、本地结网形成家居产业集聚和招商引资导向。对于需要入驻园区企业的区位选择，华中家居产业新城以完善的家具产业网络体系为主导，形成大中小企业紧密配合、专业分工与协作完善的园区共生网络体系。积极引导家具回收，尝试政府试点提供补贴的家具以旧换新模式。

8.2.3.2 增量升级配套，产城循环替代

（1）接续替代产业园区保障。

对优质企业加大扶持，培育龙头企业，以点带面，推动资源枯竭城市新兴产业园区做大做强。依托龙头企业带动园区发展，实现优势资源存量高端化。在存量上找增量，提升企业的发展效益。积极推进龙头企业的市场扩张，带动其他企业产品的创新意愿，从源头提升新兴产业园区的核心竞争力，并坚持产业发展五个导向，园区建设五个维度（如图 8 - 7 所示）。

整合纵向、横向、前向、后向的新兴产业园区"四向"资源：形成"采购—加工—研发—生产—销售"的全产业链一体化纵向集成；横向整合产业集群内企业优势，形成业务叠加、优势互补，增强龙头企业带动效应；从消费端建立入口，前向整合销售、设计、施工环节，构建"线上 + 线下"全渠道体系，搭建集群产业虚拟零售和分销网络；后向布局互联网"金融 + 物流"服务，加速资源支持向消费流的转化，有效提高新兴园区产业的投资经营效益。

（2）产城一体化的三类循环。

"产城一体"是指产业与城市整合发展，以城市为基础，承载产业空间和发展产业经济，以产业为保障，驱动城市更新和完善服务配套，以达到人、产、城三者之间有活力、持续向上发展的模式，实现生活、生产、

生态三类空间相协调。2011 年潜江市政府提出把园区当城区建，以城市建设理念建设工业园区，这与"产城一体"理念不谋而合。"产城一体"推动了工业园区建设与城市功能定位相适应，并依托自循环、内循环、外循环、微循环四类体循环方式，实现了华中家居产业新城的落地生根。

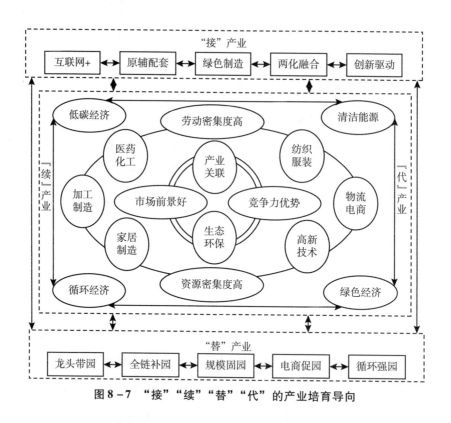

图 8-7 "接""续""替""代"的产业培育导向

依托沿海产业转型和家具产业转移的机遇，促进了华中家居产业新城由工业开发向功能开发转变，由外延开发向集约式开发转变，由依靠政策优势向依靠综合环境优势转变。制定科学合理的园区财政利益分配办法，鼓励城区企业积极向华中家居产业新城集中，并积极探索"以园建园、以园养园、以园扩园"的新经营模式和新型园区管理体系（如图 8-8 所示）。

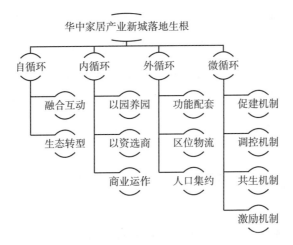

图 8-8 华中家居产业新城产城一体的循环体系

8.3 "有"中出"新"：潜江市新兴产业培育与模式创新

非资源型接续替代产业发展，有力地推动了资源枯竭型城市的转型。而新兴产业园区作为接续替代产业载体，应以创新、协调、绿色、开放、共享五大发展理念为指导，依托投入、主体、内容、功能、产出"五五结构"，形成资源枯竭城市新增长极点；依托钻石结构，提升园区竞争力；围绕创新链、产品链、市场链三链螺旋推动，培育接续替代产业新优势。

中国共产党第十八届中央委员会第五次全体会议（简称"十八届五中全会"）强调实现"十三五"时期发展目标，破解发展难题，厚植发展优势，必须牢固树立五大发展理念。创新是产业发展的驱动因素，技术投入、产品设计、自主品牌研发等均体现了创新的重要性；协调是产业健康发展的内在要求，区域协调、产城协调、经济建设和环境保护协调等均体现了协调的必要性；绿色是建设宜居园区的必要条件，低碳经济、生态城市等规划体现了绿色的方向性；开放是产业发展的强大生命力，发展定位充分体现了园区开放性；共享是园区发展的最终目标，加快打造高效政务环境，完善公共服务体系，深化共建共享机制等体现了共享的目标性。五大发展理念指导了新兴产业园区的发展方向。

8.3.1 依托"五五结构"，巩固新的极点

资源枯竭型城市新兴产业园区成长模式包含投入、主体、内容、功能、产出五个维度，每个维度均由五个要素组成，称为"五五结构"。新兴产业园区"五五结构"如图8-9所示。

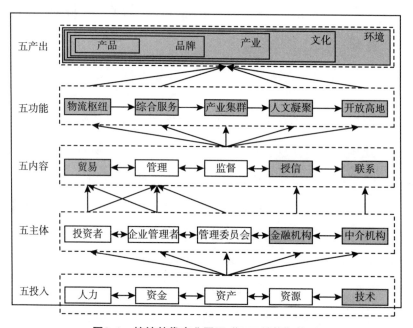

图8-9 接续替代产业园区"五五结构"体系

注：□表示资源枯竭型城市，▨表示接续替代产业。

（1）五投入：包括人力、资金、资产、资源和技术五要素。人力、资本（资金、资产、资源）属于资源枯竭型城市固有投入要素，与新兴产业园区的区别在于人力资源质量低、资金链短缺、资金投入力度不足、资源多为不可再生自然资源等；技术属于新兴产业园区特色要素，推动新生产业园区生根发芽。

（2）五主体：包括投资者、企业管理者、管理委员会、金融机构、中介机构五大主体。投资者提供资金支持；企业管理者履行受托企业责任；管理委员会解决入园企业征地、融资后顾之忧；金融机构实行稳健金融授信；中介机构畅通园区内外资源。五大主体协同推进，共同助力园区的目标实现。

（3）五内容：包括贸易、管理、监督、授信、联系五个方面。投资者用人脉优势积极寻求贸易合作伙伴，企业管理者通过科学运营管理积极开拓贸易市场，管理委员会实时监督园区发展状况，引导园区发展方向，金融机构提供稳健金融政策，缓解入园企业融资贷款难问题，中介机构提供园区资源，连接内外市场。

（4）五功能：包括物流枢纽、综合服务、产业集群、人文凝聚、开放高地五大功能。物流枢纽即依托交通运输枢纽，承担区域间物流中转、交换、衔接功能；综合服务形成一个完整产业链，由生产型制造向服务型制造转变；产业集群利于降低成本，提高规模经济，提高产业市场竞争力；人文凝聚即用当地历史人文文化，带动园区高端旅游业发展；开放高地即全面提升集聚辐射能力，建成国际性区域中心城市。

（5）五产出：包括产品、品牌、产业、文化、环境五大要素。五大要素由小到大、层层递进，唯有高质量产品才能实现品牌效应，唯有品牌效应才能助力产业集聚，唯有产业聚集才能凝聚产业文化，唯有注重产业文化才能打造宜居环境。

8.3.2　构建"钻石结构"，寻找新的燃点

在依托园区五大发展理念及"五五结构"转型后，需对新兴产业园区核心竞争力进行分析，研究园区合理性构建及发展条件，为产业园区的发展提供完善的参考。为适应资源枯竭型城市特点及新兴产业园区的竞争优势，将钻石理论拓展到园区发展核心竞争力中，形成了园区竞争力钻石模型（如图8－10所示）。

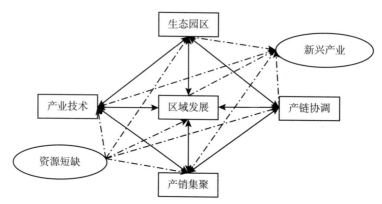

图8－10　新兴产业园区"钻石结构"模型

（1）生态园区是基础，改善资源枯竭型城市因持续大规模资源开发而导致的生态破坏问题，提高园区可持续发展能力。

（2）产链协调是前提，通过改造传统优势产业、加快发展接续替代产业，促进产业多元化、集群化、高端化发展，提高经济效益。

（3）产销集聚是支撑，为整个园区循环生产能力提供重要支持。建立物流集散基地能为产业园创造品牌效应，使园区内企业更接近消费市场，了解客户需求，制造出符合市场的新型产品。

（4）产业技术是动力。通过掌握市场动态，创造出符合市场需求的

新产品；销售渠道与电商结合，提高市场接受度，获得经济收益。

（5）区域发展是重心，体现园区发展的蝴蝶效应。通过发挥地缘优势，依托城市特色，实现城区联动发展。只有发展接续替代产业，建立新兴产业园区才能提供更多就业岗位，扩大财政收入，提高民生保障。

五个核心竞争力相互制约，共同影响园区产出与收益。

8.3.3　三链螺旋推动，培育新的优势

创新（Innovation）链、产品（Product）链、市场（Market）链组合构成 IPM 三螺旋，三链协调促进园区的健康发展，三链间的相互作用及交叉重叠的边界在不同阶段、不同角度会因环境而变化。三链在结构网络中定位不同，具有多维性和复杂性。如何让三链混合组织结构完美结合是实现三螺旋协同的首要解决问题。为保持螺旋的稳定和有效推进，三链的动力支撑必须保持均衡。将 IPM 三链协同结构类比于一个立体的三螺旋结构，如图 8 – 11 所示。

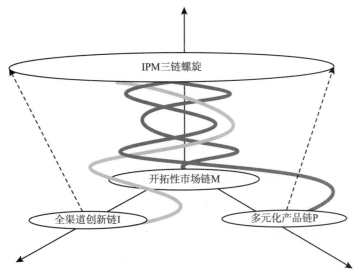

图 8 – 11　新兴产业园区创新—产品—市场 IPM 三螺旋立体结构模型

8.3.3.1 由点向面，多点嵌入的创新价值链

多点集聚向多点嵌入转换，渗透于创新链各环节。国内新兴产业已基本嵌入到国际采购者价值链中，但嵌入方式根植性弱，具有很强的全球移动性，对产业竞争力提升不利。应突破价值链"低端锁定"，实现设计要素先行、功能模块主导、多点嵌入跟进、多环节合作共赢的价值链创新，提升研发能力，走联合、品牌、高端、多元化路线。

8.3.3.2 由横向纵，纵横协作的产品复合链

构建较为完善的产品复合链，从制造产业链向制造业外部扩展，形成原材料供应、配套产品制造、商贸流通的完整产品链。完善生产和销售两端，为企业提供技术支撑，产品研发、设计服务为工业制造服务，信息化系统为仓储物流提供技术服务。

8.3.3.3 由内向外，辐射全球的市场空间链

实施质量兴业战略，完善园区企业进退机制，推进标准化建设，提升产品质量形象，建立可溯源的产品质量认证体系，引导企业开展自主进出口，积极融入"一带一路"和长江经济带，开拓国际市场。

8.4 推动双循环平衡，促进接续替代产业培育

2020年5月14日，中共中央政治局常委会中首次提出构建国内、国际双循环相互促进的新发展格局。随后，党的十九届五中全会通过《中共中央关于制定国民经济和社会发展第十四个五年规划和二〇三五年远景目标的建议》，明确"加快构建以国内大循环为主体、国内国际双循环相互促进的新发展格局"。新发展格局是基于发展新阶段、新环境和新的条件和变化提出来的，是重塑中国国际合作和竞争新优势的战略决策。新中国

成立以来，国内经济循环格局是不断变化的，经过了多次的调整。在全球化背景下绝大多数国家都或多或少地参与了国际经济循环，极少数的国家只存在国内经济循环。内循环和外循环不是矛盾的对立面，实际上是辩证统一的。内循环带来了量，提高了生活水准，实现了社会全面脱贫；外循环提高了质，保证了在全球竞争中保持竞争力，推动了经济的全方位发展。国内大循环是国内、国际双循环的坚实基础，国内大循环为主体的发展模式下能更好地吸引全球资源要素和优化资源要素配置。国内大循环畅通、国际大循环稳定成为布局发展格局的侧重点，而阻碍国内大循环畅通的根本矛盾是供给与需求的矛盾。

"十四五"规划建议中指明，在把握供给侧结构性改革主线同时，注重需求侧管理，打通堵点，补齐短板，贯通生产、分配、流通、消费各环节，形成需求牵引供给、供给创造需求的更高水平动态平衡，提升国民经济体系整体效能。双循环的新发展格局从供求互动出发，同时又超出了简单的供求关系。深化供给侧结构性改革与扩大内需并不矛盾，供给与需求之间的逻辑关系不是单方指向性的，两者相互促进、相互影响。推动供给侧改革，要不断地提升供给与需求的适配性，发挥好规模效应作用。在生产、分配、流通、消费的经济活动中，消费既是终点，也是新的起点，是加快释放内需潜力、增强经济发展动力的主要着力点，也是促进国内、国际双循环的重要抓手。消费是由于生产力水平的不断提高，自然而然产生的迭代效应，不断提高的生产力水平是促进消费增长的重要推手、拉动经济增长的关键。据国家统计局统计，2020年国内社会消费品零售总额首次出现下降，反向表明中国的经济发展任重而道远。实现更高层次的供需动态平衡，更多依托于国内大市场，并打通制约经济发展的消费堵点，一方面以消费升级来引领供给创新，另一方面通过供给来创造消费新的增长点，持续增强社会再生产的循环动力。国内市场是全球最大且最有潜力的消费市场，居民消费优化升级具有巨大的成长空间。在双循环发展的新格局下，实现供需的高水平动态平衡刻不容缓。

8.4.1　TRIZ 创新应用及分离原理

发明问题解决理论（Teoriya Resheniya Izobreatatelskikh Zadatch，TRIZ 理论）是由苏联发明家、教育家根里奇·阿奇舒勒及其研究团队分析世界近 250 万高水平发明专利总结得出的发明问题解决理论。TRIZ 是一种以知识为基础、以人为本的系统方法，是解决创新问题的方法的知识，最初主要应用于技术领域的创新，并取得了丰硕成果。管理问题存在非结构化特性，TRIZ 工具和解决问题的流程很难直接应用到实际的管理问题中。随着对 TRIZ 研究的不断深入，TRIZ 理论在管理创新领域的应用有了更进一步的尝试，国内外已出现较多将解决技术领域创新问题的 TRIZ 理论应用于解决管理创新问题的研究成果，包括论证 TRIZ 中的 40 条发明原理应用于管理领域的适应性，及在市场营销、生产运营、质量管理、财务管理、服务运营管理和供应链管理等专业领域管理中的应用（纪建明、张东生，2009）。TRIZ 理论虽然产生于工程领域，但其发展趋势就是要成为通用的、"超专业"的创造和解决问题的方法，可以运用到包括管理创新领域的所有领域（杨雅文、郭新宝，2013）。丁俊武（2004）等指出 TRIZ 理论不仅是针对或者局限于某个特定的创新问题，其原理和工具不局限于任何特定的应用领域，它对所有创新问题的解决都有指导的作用，其核心的思想是要建立解决问题的模型并指明解决问题的方案。TRIZ 理论从工程技术领域的广泛应用，再到管理领域问题的逐步探索，都印证了 TRIZ 理论在解决一系列创新问题中存在着普适性。从应用对象来看，技术上的创新和管理上的创新对象截然不同，但是从解决的问题来看，两者又具有一定的相似性。TRIZ 理论体系在工程技术以外领域的应用，也是在创新基础上的又一次创新。TRIZ 理论在不同领域的创新应用，从微观层面来讲，TRIZ 理论在企业管理创新上有一定的价值；在产业、区域等宏观层面上也能有所作用（如表 8-6 所示）。TRIZ 理论的应用并不是一成不变，表明 TRIZ 理论处于发展和完善的状态，对 TRIZ 理论的创新性应用，是由 TRIZ 本身特性决定的。

表 8-6　　　　　　　　TRIZ 理论在不同领域的创新应用

领域	代表作者	TRIZ 理论具体应用	应用对象
企业创新	巩继莹 杨波 文竹、文宗川等	最终理想解 最终理想解、冲突与分离原理 物场分析、最终理想解	科技型小微企业 科技型小微企业 小微企业
产业创新	谢志明、张媛等 尚杰、鄂力铁	进化路线 最终理想解	新能源汽车产业 低碳环保产业
区域创新	祁明、林晓丹	TRIZ 发明原理	区域创新生态系统

在众多创新方法中，TRIZ 分离原理主要解决的是事物的物理矛盾，核心的思想是实现矛盾双方的分离。矛盾普遍存在于各种产品或服务的设计之中，也普遍存在于生产生活的方方面面。矛盾冲突是解决管理创新问题的一大阻碍，TRIZ 理论中的矛盾冲突原理对于解决管理创新问题具有现实意义。TRIZ 理论在总结物理矛盾解决的各种研究方法的基础上，将各种分离原理总结为四种基本类型，即空间分离、时间分离、条件分离和整体与部分分离。TRIZ 分离原理将工程技术问题中矛盾的对象进行一定条件的分离，满足矛盾的双方从而取得更优的结果。TRIZ 分离原理主要解决实际的物理矛盾，在管理创新问题中少有深入的研究。本书在双循环发展的格局背景下，利用 TRIZ 分离原理的思想，探究双循环导向下的分离模式，寻找供需高水平动态平衡的实现路径，为建立新的平衡模式提供一种尝试方法。

8.4.2　双循环导向的供需分离模式

系统是一个由不同的相互联系相互作用的各种要素组成的具有一定功能的有机整体。系统中要素的关系是多样的，不同要素的联系具有差异性。系统的优化就是对系统中要素关系的优化，关系之间的优化离不开系统组成要素的分离。在以国内大循环为主体、国内国际双循环的发展格局导向下，供需平衡的实现也应追求系统性的脚步。供需之间的平衡是处于动态的、发展的、变化的，特征符合系统变化的特征。追求供需之间的平衡，并非否定了供需之间平衡动态性的变化，在变化的过程中寻找平衡是实现高水平平衡的切实之路。分离是指将一个系统中"干扰"部分分出去，或者将其关键的部分挑选出来，可以因为某部分是整个系统中的弱势或不和谐部分而分离，也可以因为其是核心部分而将其分离，突出重要性并对其进行重点管理。本书根据 TRIZ 分离原理的思想，基于时间、空间、条件和整体与部分四个层面对矛盾主体进行分离，对应供应链、产业链、国内和国际市场、产业生态四个层面展开（如图 8 – 12 所示）。

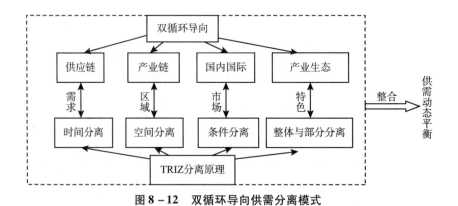

图 8 – 12　双循环导向供需分离模式

8.4.2.1 基于供应链的时间分离

时间分离表现为在不同的时间段实现对同一个参数的两个不同的要求。供应与需求之间是相互作用、相辅相成的关系，供应创造新的需求，需求牵引供给创造新的变化。实现供需高水平动态平衡的过程中，供应链的优化可以很大程度上提高供给端创造需求的效率。根据产品需求特性，供应链可以划分为有效性供应链和反应性供应链，有效性供应链主要体现供应链的物理功能，即将原材料转化成成品及在供应链中的运输；反应性供应链主要体现供应链的市场中介功能，即把产品分配到满足用户需求的市场，对未预知的需求做出快速反应。不同的供应链类型，其运作会有不同的表现形式，在不同的时间段内，根据需求进行一定的调整，可以更大效率地实现供应和需求。在时间上基于需求对供应链进行分离，则对供应链柔性提出更高要求，制造型企业可以根据市场需求情况和前后工序的流动性，动态性地主动调整生产批量的大小。

8.4.2.2 基于产业链的空间分离

空间分离是对在不同的空间实现同一个参数的两个不同的要求。产业链是一个包含价值链、企业链、供需链和空间链四个维度的概念，产业链的形成离不开其中任何一个组成要素。国内产业呈现区域性的分布，并在此基础进一步形成产业集群。产业链的分布分为全球、国家、地区三个层次，在客观上要求产业链在这三个层次之间相互协调，在双循环格局的背景下，产业链在空间区域上的分布态势显得更为重要。地区产业趋同现象越来越严重是当前国内产业升级中一个比较突出的问题。产业的发展应该呈现出空间上的分布，产业链的形成也应具有空间上的差异，但是产业链在空间维度上没有形成良好的衔接。产业链整合是产业价值实现和增值的根本途径，任何产品只有通过最终消费才能实现其本身的价值，产业链的形成也体现了产业价值的分割。双循环模式下的发展，产业链不应该圈于一条单纯的链条，应该充分利用各个地理位置上的资源和优势，发挥好每个部分的作用。产业链的形成，与其所处的地理位置也有相应的联系。利用不同地理位置的优势、打破区域间的产品和要素流动的藩篱和充分发挥国内资源优势对于产业链的形成有积极作用。在某一个空间地理位置上包含一条完整的产业链是不合理且不现实的，在分布上应该存在地理上差异，一条高水平产业链的发展能带动不同地域、地理位置上相关产业的发展。产业链大而全是基础，大而强、大而优则是提升竞争优势的关键。

8.4.2.3　基于国内与国际的条件分离

条件分离通过在不同的条件下满足不同的需求。随着内需的不断扩大和外部发展环境的进一步变化，外向型为主的发展模式转变为以内循环为主的发展模式成为必然。中国拥有 41 个工业大类、207 个工业中类、666 个工业小类，是全世界唯一拥有联合国产业分类中所列全部工业门类的国家，齐全的工业体系是发展国内大循环的坚实基础。中国拥有巨大的市场优势和内需潜力，在双循环发展格局的背景下，坚持国内大循环发展为主体，则更应抓住世界上最大的消费市场的优势。国内市场与国际市场的分离不代表要放弃开放，而是把主体放在国内市场。优化配置国内市场要素、外循环不可或缺，其对于中国的经济发展有着助燃剂的作用，进一步刺激了自身的提质增量。参与国际竞争是推动国内、国际双循环的一大着力点，分清主次要矛盾是重要抓手。改革开放以来，中国对外的主要经营模式是将加工制造的各类工业制成品供给全球市场，形成了市场和资源两头在外的国际大循环，并成为驱动中国经济增长的重要力量。面对严峻的经济形势和新一轮科技革命的兴起，不论是内循环还是外循环，都需要迫切提高自主创新能力，特别是牢牢掌握关键领域的核心技术。

8.4.2.4　基于产业生态的整体与部分分离

整体与部分分离通过在不同的层次上满足不同的需求来解决物理矛盾。新发展格局下要求产业进行高质量的发展，而要推动产业的高质量发展，更多的是要聚焦于提升产业基础能力。尽管近年来对产业基础的重视程度不断增加、支持力度持续提升，但是在许多基础领域还未掌握核心技术。产业基础能力的提升是系统性的，不是一个环节、领域或是某一样技术的革新，而是需要所有要素的协同发展。产业的发展是有序的，在层次上进行分离可以使不同产业相互整合，形成发展良好的产业集群态势。不同的产业的双循环模式是不同的，在经济发展过程中的"生态位"也是不同的。所谓的生态位，指的是生物界中亲缘关系接近的或者具有同样生活习性的物种不会在同一地方竞争同一生存空间。对于不同的产业，应找准自己的定位，利用自身的优势形成自己的特点错开生态位，各自形成产业特色。任何产业的发展都脱离不了外部环境的影响，只有产业间协同进步，避免无效竞争，形成良好的产业生态格局，才是产业共同发展的必由之路。

8.4.3　双循环供需平衡创新方法的实现路径

依托供需链参与主体和生态位选择，将供需之间的实现过程划分为供应、流通、需求三个部分，供应指的是一切产品或服务的提供，需求是消费者购买商品或劳务的欲望和能力，流通是商品或者货币的流转，分为有形和无形的流动过程。流通是供需之间的桥梁，在实现消费品所有权转移的过程中，流通作为辅助手段，其主体不仅包括商品的流通，也包括虚拟产品、信息和货币等相关要素的流通。三个不同的组成部分，按照不同的排列组合能够形成六条不同的路径（如图8-13所示）。路径的形成，由供给正向推动、需求逆向牵引和两者并行运作三种方式助力，是供需动态平衡驱动、双循环为导向。不同的产品乃至不同的产业之间，供需实现的路径可能相同也可能存在着差异，因此需要根据实际的情况来判断不同的产品、产业供需平衡实现路径。

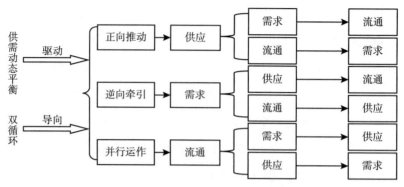

图 8 – 13　双循环供需平衡实现路径

　　主体的性质决定了供需实现的路径可能相同也可能存在着差异，需要根据实际情况来判断。从路径形成过程可以看出，路径是一条具有方向性的链式结构，链条的形成，离不开外部环境的冲击及各个环节要素的影响。冲击会产生断裂点，从而分离产生不同的环节，形成由相同主体组成的不同路径。路径的实现并不是一蹴而就的，需要对路径的弱势环节进行策略上的修补，增强其韧性，从而提高其运作效率，降低断裂风险。不同行业供需平衡路径的实现过程如表 8 – 7 所示。

表 8 – 7　　　　　　　　　双循环的六类导向路径实现过程

路径导向	冲击环节	断裂风险	修补能力	韧性调控	产业典型环节
供应→流通→需求	大众化、通用化	创新能力低、技术含量低	提高创新能力	构建产业价值	传统制造
供应→需求→流通	标准化、通用化	供应时间长、多样化需求	延迟差异时间	加快反应速度	延迟制造
需求→供应→流通	个性化、定制化	制造要求高、生产效率低	运用数据分析	优化模型配置	个性化定制
需求→流通→供应	多样化、定制化	标准不统一、信息不同步	统一设计标准	扩大智能应用	规模化定制

路径导向	冲击环节	断裂风险	修补能力	韧性调控	产业典型环节
流通→需求→供应	分享化、平台化	资源的浪费、公众意识崛起	供需重新匹配	提高社会价值	分享经济
流通→供应→需求	共享化、融合化	互联网技术、快捷支付兴起	完善制度体系	强化政府调控	共享经济

供需之间平衡并非绝对，而是相对状态，是不断由低能级平衡到高能级平衡的动态演化过程。在社会经济系统中，各主体间联系相互交叉耦合，形成多阶段、多链接的多能级循环。系统论中的超循环，是一种可以通过借助于各循环相互联系的所有参与主体在某种程度共存共生、循环演化过程。在超循环演化系统中，每一个复制单元既能指导自己的复制，又能对下一个中间物的产生提供催化帮助，依次进行反应循环、催化循环、最终超循环。在国内大循环为主体、国内和国际双循环的动态发展格局下，以国际循环为引领，巩固国内大循环的主体地位，明确了内外循环间发展重点方向。超循环系统，借助于系统本身，实现各主体的生态位跃迁，以及系统的能级动态提升，成为双循环发展的高层次平衡方式。依据超循环动态调控过程，不断实现双循环脆弱环节的修复，以及产业链、供需链的建链、补链、强链，如表8-8所示。

表8-8　　　　　　　　供需环节脆弱性的超循环调控过程

序列	超循环调控过程	脆弱环节修复的供需动态平衡
1	关系密切的突变体（RNAI1 I2）	供给体系、供给侧结构，与需求体系及需求侧结构
2	复制酶（由RNA编码的信息E1E2）	需求牵引供给，供给创造需求，供给需求互为共生

序列	超循环调控过程	脆弱环节修复的供需动态平衡
3	突变体复制	新发展格局下供给侧结构性改革、需求侧层级性管理
4	复制酶有（不）利于突变体自身复制	国际循环对国内循环贡献比对单循环贡献大（小）
5	复制酶有（不）利于另一个突变体复制	国内循环对国际循环合作方的贡献比对自身贡献大（小）或国际循环的合作方倾向于诚信（不）合作
6	突变体产生变异（复制中产生的与 I1 竞争的 I1′个体）	双循环供需链出现另一个有合作意向创新主体或循环链接，该创新主体或循环链接，可能与双循环网络中其他主体或生态位产生竞争
7	变异是无意义的（I1′的复制酶 E1′不利于 E1 复制，当 E1′更有利于 I2 复制时，则 I1′取代 I1，反之 I1′被逐出超循环）	当新的可进行双循环合作的创新主体 I1′合作倾向不利于 I1 国内循环主体时，两者竞争结果要么 I1′取代 I1，要么 I1′被逐出国内循环
8	变异是有意义的（当变异体 I1′复制酶 E2′比 E2 更有利于 I1 的复制，则 I1′成为 I3 加入超循环）	新的可进行双循环合作的创新主体 I1′合作倾向是国内循环 I2 所需，且更有利于国内循环 I2 方合作，从而加入双循环供需链合作网络

　　双循环发展的现实意义是实现以国内为主体和高水平开放的有机统一，在国际大循环动能减弱的背景下，增强经济韧性，需着眼于国内大循环为主体，畅通国内大循环的主要矛盾是供需之间的矛盾。供需之间的平衡是动态的，也是相对的。基于 TRIZ 分离原理和应对国际复杂经济形势的现实需求，研究双循环格局下供需平衡机制，建立基于时间、空间、条件和整体与部分分离原理，对应供应链、产业链、国内和国际市场、产业生态的分离模式，形成双循环导向下供需平衡的实现路径，根据超循环调控过程，模拟双循环导向下供需平衡高层次调节机制。分离原理的应用是系统性的，分合结合，在对分离原理的应用基础上，并非单纯只着眼于分

离单方面，更多的是依托模块间分离与耦合，增强了市场弹性，在分离调整过程中各主体协调运作才能形成链条整体优势，增强了系统抵御风险和抗冲击能力，提高了经济发展的质量和韧性。一类能级的分离，也是另一类能级的整合，供需链能级梯次提升、高层次协同发展和柔性切换使供需达到高水平动态平衡。

参 考 文 献

[1] 白恩来，赵玉林. 战略性新兴产业发展的政策支持机制研究 [J]. 科学学研究，2018，36 (03)：425 – 434.

[2] 白俊红，卞元超. 要素市场扭曲与中国创新生产的效率损失 [J]. 中国工业经济，2016 (11)：39 – 55.

[3] 白俊红，蒋伏心. 协同创新、空间关联与区域创新绩效 [J]. 经济研究，2015，50 (07)：174 – 187.

[4] 白俊红，刘怡. 市场整合是否有利于区域创新的空间收敛 [J]. 财贸经济，2020，41 (01)：96 – 109.

[5] 陈培阳，朱喜钢. 基于不同尺度的中国区域经济差异 [J]. 地理学报，2012，67 (08)：1085 – 1097.

[6] 陈巍巍，张雷，马铁虎，刘秋燧. 关于三阶段 DEA 模型的几点研究 [J]. 系统工程，2014，32 (09)：144 – 149.

[7] 程慧平. 基于 DEA 和 SFA 方法的信息服务业技术效率研究 [J]. 科学学与科学技术管理，2013，34 (04)：28 – 34.

[8] 程杰，程言美，胡树华等. 基于"四三结构"的城市群创新体系运行分析与同步非均衡评价 [J]. 中国科技论坛，2014 (02)：72 – 78.

[9] 丁俊武，韩玉启，郑称德. 创新问题解决理论——TRIZ 研究综述 [J]. 科学学与科学技术管理，2004 (11)：53 – 60.

[10] 董明放，韩先锋. 研发投入强度与战略性新兴产业绩效 [J]. 统计研究，2016，33 (01)：45 – 53.

[11] 范子英，田彬彬．出口退税政策与中国加工贸易的发展［J］.世界经济，2014，37（04）：49 – 68.

[12] 巩继莹．基于 TRIZ 的科技型小微企业管理创新研究［J］.企业改革与管理，2015（08）：6.

[13] 顾强，董瑞青．我国战略性新兴产业研究现状述评［J］.经济社会体制比较，2013（03）：229 – 236.

[14] 贺正楚，吴艳．战略性新兴产业的评价与选择［J］.科学学研究，2011，29（05）：678 – 683 +721.

[15] 洪兴建．中国地区差距、极化与流动性［J］.经济研究，2010，45（12）：82 – 96.

[16] 洪银兴．科技创新阶段及其创新价值链分析［J］.经济学家，2017（04）：5 – 12.

[17] 胡树华，兰飞．产业评价的"三力"模型分析［J］.工业技术经济，2009，28（04）：73 – 74.

[18] 黄光阳．创新型产业集群技术扩散和知识流动均衡模型研究［J］.哈尔滨商业大学学报（社会科学版），2012（06）：97 – 104.

[19] 黄海霞，张治河．基于 DEA 模型的我国战略性新兴产业科技资源配置效率研究［J］.中国软科学，2015（01）：150 – 159.

[20] 纪建明，张东生．基于 TRIZ 的管理创新解的理想化水平判定方法［J］.科技进步与对策，2009，26（18）：129 – 131.

[21] 李柏洲，王雪，苏屹等．我国战略性新兴产业研发——转化两阶段创新效率［J］.系统工程，2019，37（04）：48 – 56.

[22] 李宝庆，陈琳．战略性新兴产业空间演化及区域经济耦合发展研究：以长三角区域为例［J］.人文地理，2014，29（01）：94 – 98.

[23] 李丹，王欣．辽宁省高技术产业创新能力评价研究［J］.科技管理研究，2016，36（07）：83 – 88.

[24] 李东霖. 区域战略性新兴产业选择探究 [J]. 发展研究, 2016 (01): 73 - 77.

[25] 李荣. 国家高新区的极化与扩散效应 [J]. 技术经济, 2015, 34 (11): 8 - 14.

[26] 李荣. 国家高新区集散效应转换过程研究 [J]. 经济体制改革, 2016 (02): 106 - 111.

[27] 李向前, 李东, 黄莉. 中国区域健康生产效率及其变化——结合 DEA、SFA 和 Malmquist 指数的比较分析 [J]. 数理统计与管理, 2014, 33 (05): 878 - 891.

[28] 李新宁. 创新价值链构建的战略路径与发展逻辑 [J]. 技术经济与管理研究, 2018 (01): 24 - 30.

[29] 连立帅, 陈超, 米春蕾. 吃一堑会长一智吗? ——基于金融危机与经济刺激政策影响下企业绩效关联性的研究 [J]. 管理世界, 2016 (04).

[30] 梁涵, 姜玲. 区位因素对城市经济增长的影响: 基于交通口岸的视角 [J]. 软科学, 2013, 27 (01): 50 - 55.

[31] 刘晖, 刘轶芳, 乔晗, 胡毅. 我国战略性新兴产业技术创新效率研究 [J]. 系统工程理论与实践, 2015, 35 (09): 2296 - 2303.

[32] 刘建国. 是什么导致了创新失效? ——基于创新价值链障碍的实证检验 [J]. 科研管理, 2016, 37 (11): 52 - 60.

[33] 刘满凤, 李圣宏. 基于三阶段 DEA 模型的我国高新技术开发区创新效率研究 [J]. 管理评论, 2016, 28 (01): 42 - 52.

[34] 刘伟. 中国高新技术产业研发创新效率测算基于三阶段模型 [J]. 数理统计与管理, 2015, 34 (01): 17 - 28.

[35] 刘艳. 中国战略性新兴产业集聚度变动的实证研究 [J]. 上海经济研究, 2013, 25 (02): 40 - 51.

［36］刘志彪．战略性新兴产业的高端化：基于"链"的经济分析［J］．产业经济研究，2012（03）：9-17．

［37］卢小平．区域互补与群体间发展差距累积风险防范——基于四省区的实证分析［J］．中国特色社会主义研究，2020：102-110．

［38］吕明洁，陈瑜，曹莉萍．中国新能源企业创新绩效的影响因素［J］．技术经济，2016，35（01）：43-50．

［39］罗登跃．三阶段 DEA 模型管理无效率估计注记［J］．统计研究，2012，29（04）：104-107．

［40］马江娜，李华，王方．陕西省科技成果转化政策文本分析——基于政策工具与创新价值链双重视角［J］．中国科技论坛，2017（08）：103-111．

［41］孟祥林．极化效应、扩散效应与城市群内中心地间的协同发展对策［J］．唐山师范学院学报，2020，42（02）：81-89．

［42］祁明，林晓丹．基于 TRIZ 论区域创新生态系统的构建［J］．科技管理研究，2009，29（09）：444-446．

［43］芮红霞，郑江淮，杨以文．战略性新兴产业与我国技术进步方式［J］．上海经济研究，2015（11）：3-11．

［44］芮明杰．战略性新兴产业发展的新模式［M］．重庆：重庆出版社，2014．

［45］尚杰，鄂力铁．基于 TRIZ 的中国低碳环保产业发展研究［J］．青岛科技大学学报（社会科学版），2010，26（01）：53-56．

［46］沈小平，李传福．创新型产业集群形成的影响因素与作用机制［J］．科技管理研究，2014（14）：144-148．

［47］苏屹，安晓丽，王心焕，雷家骕．人力资本投入对区域创新绩效的影响研究——基于知识产权保护制度门限回归［J］．科学学研究，2017，35（05）：771-781．

[48] 苏屹，姜雪松，雷家骕等. 区域创新系统协同演进研究 [J]. 中国软科学，2016（03）：44－61.

[49] 田颖，田增瑞，韩阳，吴晓隽. 国家创新型产业集群建立是否促进区域创新 [J]. 科学学研究，2019，37（05）：817－825.

[50] 田泽，程飞. 我国东部沿海地区装备制造业生产效率研究——基于三阶段 DEA 模型 [J]. 工业技术经济，2017（05）：13－20.

[51] 汪娟，肖瑶. 基于 DEA 方法的中国城市技术创新效率研究 [J]. 财经理论与实践，2013，34（02）：109－112.

[52] 汪秀婷，胡树华. 基于"三力模型"的产业技术创新平台集成运行模式 [J]. 科学学与科学技术管理，2009，30（10）：79－84.

[53] 王宏起，杨仲基，武建龙等. 战略性新兴产业核心能力形成机理研究 [J]. 科研管理，2018，39（02）：143－151.

[54] 王菁. TRIZ 理论在管理创新中的应用 [J]. 企业改革与管理，2012（06）：27－28.

[55] 王黎萤，王佳敏，虞微佳. 区域专利密集型产业创新效率评价及提升路径研究——以浙江省为例 [J]. 科研管理，2017，38（03）：29－37.

[56] 王利军，胡树华，解佳龙等. 基于"四三结构"的中国区域创新系统发展阶段识别研究 [J]. 中国科技论坛，2016（06）：11－17.

[57] 王松，胡树华. 国家高新区强弱空间极化的演化分析 [J]. 科研管理，2012，33（03）：121－127.

[58] 王婉娟，危怀安. 协同创新能力评价指标体系构建——基于国家重点实验室的实证研究 [J]. 科学学研究，2016，34（03）：471－480.

[59] 王学军，张文敏. 基于 DEA 视窗和 SFA 的中国区域研发创新效率对比研究 [J]. 商业研究，2015（08）：1－7.

[60] 文家春. 专利授权时滞的延长风险及其效应分析 [J]. 科研管

理, 2012, 33 (05): 139 - 145.

[61] 文竹, 文宗川, 长青. 基于物场分析与 IFR 的小微企业管理改进与创新方法研究 [J]. 科技进步与对策, 2013, 30 (03): 82 - 84.

[62] 吴海民, 张传杨, 吴淑娟. 双转移、对口帮扶与广东区域发展协调度研究——基于 2010 ~ 2018 年广东省地级市层面的证据 [J]. 五邑大学学报 (社会科学版), 2021, 23 (01): 51 - 56 +93.

[63] 吴忠涛, 张丹, 龚艳. 西安高新区战略性新兴产业创新能力评价研究 [J]. 统计与信息论坛, 2014, 29 (11).

[64] 伍健, 田志龙, 龙晓枫等. 战略性新兴产业中政府补贴对企业创新的影响 [J]. 科学学研究, 2018, 36 (01): 158 - 166.

[65] 武建龙, 王宏起. 战略性新兴产业突破性技术创新路径研究——基于模块化视角 [J]. 科学学研究, 2014 (04): 508 - 518.

[66] 项本武, 齐峰. 中国战略性新兴产业技术效率及其影响因素 [J]. 中南财经政法大学学报, 2015 (02): 3 - 11 +158.

[67] 谢志明, 张媛, 贺正楚, 张蜜. 新能源汽车产业专利趋势分析 [J]. 中国软科学, 2015 (09): 127 - 141.

[68] 谢子远. 国家高新区集聚效应实证研究 [J]. 科研管理, 2014, 35 (05): 138 - 144.

[69] 解佳龙, 胡树华. 国家自主创新示范区 "四力" 甄选体系与应用 [J]. 科学学研究, 2013, 31 (09): 1412 - 1421.

[70] 解佳龙, 雷殷. 基于 "三力" 突变级数的中心城市发展质量差异化比较研究 [J]. 中国科技论坛, 2013 (01): 85 - 92.

[71] 徐皓, 赵磊, 朱亮亮. 基于创新价值链视角的我国高技术产业创新效率外溢效应研究 [J]. 上海大学学报 (社会科学版), 2019, 36 (05): 67 - 77.

[72] 严大华, 刘焕鹏. 自主研发与知识积累: 基于金融发展视角的

门限模型研究 [J]. 中国管理科学，2015，23（05）：73-81.

[73] 杨波. 基于 TRIZ 的科技型小微企业管理创新研究 [J]. 科研管理，2014，35（08）：93-100.

[74] 杨雅文，郭新宝. TRIZ 在管理创新应用的制约因素分析 [J]. 创新科技，2013（04）：10-11.

[75] 于明洁，郭鹏，张果. 区域创新网络结构对区域创新效率的影响研究 [J]. 科学学与科学技术管理，2013，34（08）：56-63.

[76] 余泳泽，刘大勇. 我国区域创新效率的空间外溢效应与价值链外溢效应——创新价值链视角下的多维空间面板模型研究 [J]. 管理世界，2013（07）：6-20.

[77] 袁航，朱承亮. 国家高新区推动了中国产业结构转型升级吗？ [J]. 中国工业经济，2018（08）：60-77.

[78] 曾铖，郭兵. 基于两阶段效率视角的城市创新能力测算——来自 20 个典型城市的实证研究 [J]. 科技进步与对策，2014，31（17）：32-39.

[79] 张国兴，高秀林，汪应洛等. 中国节能减排政策的测量、协同与演变：基于 1978~2013 年政策数据的研究 [J]. 中国人口·资源与环境，2014，24（12）：62-73.

[80] 张涵，杨晓昕. 创新环境约束下高技术产业区域创新效率及收敛性研究 [J]. 科技进步与对策，2018，35（03）：43-51.

[81] 张建中，赵子龙，乃哥麦提·伊加提. 综合保税区对腹地区域经济增长的影响："极化效应"还是"涓滴效应"——基于 2011~2016 年 32 个综合保税区数据的实证研究 [J]. 宏观经济研究，2019（09）：153-167.

[82] 张莉，朱光顺，李夏洋，王贤彬. 重点产业政策与地方政府的资源配置 [J]. 中国工业经济，2017（08）：63-80.

［83］张梁，相广平，马永凡．数字金融对区域创新差距的影响机理分析［J］．改革，2021（05）：88－101.

［84］张凌．国家高新区对绿色工艺创新的影响分析［J］．技术与创新管理，2020，41（06）：565－573.

［85］张肃，郭文．基于TW指数的我国创新极化测度及区域比较研究［J］．工业技术经济，2020，39（03）：40－47.

［86］张骁，唐勇，周霞．创新型产业集群社会网络关系特征对创新绩效的影响——基于广州的实证启示［J］．科技管理研究，2016，36（02）：184－188.

［87］张喆，刘学敏．中原城市群核心区域集散效应特征分析［J］．现代商业，2018（05）：108－111.

［88］张治河，潘晶晶，李鹏．战略性新兴产业创新能力评价、演化及规律探索［J］．科研管理，2015，36（03）：1－12.

［89］周欣星，李荣．国家高新区创新能力空间极化及变动趋势研究［J］．科技和产业，2015，15（10）：25－28.

［90］朱雪珍，施盛威，封亚．基于价值链视角的创新效率评价——以江苏省为例［J］．管理评论，2013，25（10）：120－128.

［91］Acemoglu D，P Aghion and F Zilibotti. Distance to Frontier, Selection and Economic Growth ［J］. Journal of the European Economic Association，2006，4（01）：37－74.

［92］Aigner D，Lovell C A K，Schmidt P. Formulation and estimation of stochastic frontier production function models ［J］. Journal of Econometrics，1977，6（01）：21－37.

［93］Carlota Perez. Technological Revolutions and Financial Capital：The Dynamics of Bubbles and Golden Ages ［M］. Edward Elgar Publishing：2002－08－22.

［94］Cowan B, Jonard J, Zimmermann K. Bilateral Collaboration and The Emergence of Innovation Networks ［J］. Management Science, 2007, 53 (07): 1051 – 1106.

［95］Fernández Villaverde Jesús, Mandelman Federico, Yu Yang. The "Matthew Effect" and Market Concentration: Search Complementarities and Monopsony Power ［J］. Journal of Monetary Economics, 2021.

［96］Fried H O, Lovell C A K, Schmidt S S et al. Accounting for Environmental Effects and Statistical Noise in Data Envelopment Analysis ［J］. Journal of Productivity Analysis, 2002, 17 (01): 157 – 174.

［97］Fried H O, Yaisawarng S S S. Incorporating the Operating Environment Into a Nonparametric Measure of Technical Efficiency ［J］. Journal of Productivity Analysis, 1999, 12 (03): 249 – 267.

［98］Gereffi, Korzeniewicz. Commodity Chains and Global Capitalism ［M］. Praeger publishers, 2001.

［99］Jondrow J, Lovell C A K, Materov I S et al. On the estimation of technical inefficiency in the stochastic frontier production function mode ［J］. Journal of Econometrics, 1982, 19 (S2 – 3): 233 – 238.

［100］Kesting S, Hellstem J, Pringle J K. Identifying emerging industries ［M］. Gender and Diversity Research Group, AUT University, 2010.

［101］Klepper S. The origin and growth of industry clusters: The making of Silicon Valley and Detroit ［J］. Journal of Urban Economics, 2010, 67 (01): 15 – 32.

［102］Makkonen, Teemu, Van der Have et al. Benchmarking regional innovative performance: composite measures and direct innovation counts ［J］. Scientometrics, 2013, 94 (01): 247 – 262.

［103］Michael Porter. Competitive advantage: creating and sustaining superior performance [J]. New York: Free Press, 1985.

[104] O'Donnell C. J. Using Information about Technologies, Markets and Firm Behavior to Decompose Proper Productivity Index [J]. Journal of Econometrics, 2016, 190 (02): 328 – 340.

[105] Rothwell R, Zegveld W. Industrial Innovation and Public Policy: Preparing for the 1980s and 1990s [M]. London: Frances Printer, 1981.

[106] Schoenherf, Grif D A, Chandra A. Knowledge management in supply chains: The role of explicit and tacit knowledge [J]. Journal of Business Logisics, 2014, 35 (02): 121 – 135.

[107] Solomon Tadesse. Financial Architecture and Economic Performance: International Evidence [J]. Journal of Financial Intermediation, 2002, 11 (04): 429 – 454.

[108] Wang E C, Huang W. Relative efficiency of R&D activities: Across-country study accounting for environment factors in DEA approach [J]. Research Policy, 2007 (36): 260 – 273.

[109] Xin-xin W. Strategic New Industry Law of Development and Countermeasure Orientation Research [J]. Technoeconmics & Management Research, 2011 (09).

附　　录

附表 1-1 中国 500 强企业行业分类

代码	行业
A	农林渔牧
B	采矿业
C	制造业
D	电力热力
E	建筑业
F	批发和零售业
G	交通运输、仓储和邮政业
H	住宿和餐饮业
I	信息传输、软件和信息技术服务业
J	金融业
K	房地产业
L	租赁和商务服务业

附表 1-2 2016~2020 年中国 500 强分行业数量和营业收入

行业	企业数量（个）					行业收入（千万元）				
	2020 年	2019 年	2018 年	2017 年	2016 年	2020 年	2019 年	2018 年	2017 年	2016 年
A	1	2	2	3	5	1.234	2.463	2.020	2.537	2.729
B	45	41	43	39	43	113.236	107.025	93.148	78.903	78.920
C	208	216	219	214	220	267.374	251.397	235.289	211.397	199.203
D	21	21	20	22	19	22.387	19.09	17.117	18.567	19.168

续表

行业	企业数量（个）					行业收入（千万元）				
	2020 年	2019 年	2018 年	2017 年	2016 年	2020 年	2019 年	2018 年	2017 年	2016 年
E	48	49	46	45	45	83.754	71.598	63.854	63.232	56.396
F	23	19	17	18	18	33.197	24.34	23.316	19.418	18.324
G	23	22	19	23	23	36.313	33.569	26.700	28.536	25.646
H	1	1	1	2	2	0.774	0.758	0.492	1.039	0.723
I	19	18	18	15	11	71.175	65.439	58.033	43.675	39.039
J	35	36	33	36	33	82.047	72.4	63.896	58.689	47.344
K	26	20	25	23	15	33.954	24.59	21.578	17.242	9.666
L	50	55	57	60	66	115.513	119.065	106.404	97.350	97.945

附表 1 - 3　　2016～2020 年中国 500 强企业四大区域数量和营业收入

区域	企业数量（个）					营业收入（千万元）				
	2020 年	2019 年	2018 年	2017 年	2016 年	2020 年	2019 年	2018 年	2017 年	2016 年
东部地区	366	371	372	366	364	731.19	673.97	607.67	535.23	495.43
中部地区	52	52	55	58	59	49.86	48.15	46.49	44.23	45.21
西部地区	72	66	62	62	63	62.23	53.22	44.70	41.27	37.12
东北地区	10	11	11	14	14	15.26	15.64	12.81	18.81	16.63

附表 1 - 4　　2016～2020 年中国 500 强 31 省区市数量和营业收入

省区市	企业数量（个）					营业收入（千万元）				
	2020 年	2019 年	2018 年	2017 年	2016 年	2020 年	2019 年	2018 年	2017 年	2016 年
北京	100	100	100	100	98	389.982	364.197	324.182	278.022	263.630
山东	47	50	51	47	50	42.602	40.743	39.260	33.475	31.858
广东	56	57	51	52	49	97.281	90.562	78.391	64.925	52.959
江苏	46	49	52	47	44	56.818	47.770	44.229	35.286	31.010
浙江	43	43	48	43	43	48.556	41.883	38.381	29.446	26.224
上海	29	31	29	32	28	49.055	48.872	43.737	56.530	51.874

续表

省区市	企业数量（个）					营业收入（千万元）				
	2020 年	2019 年	2018 年	2017 年	2016 年	2020 年	2019 年	2018 年	2017 年	2016 年
河北	22	23	24	23	24	20.385	18.514	17.277	16.080	15.586
天津	6	5	7	14	18	4.299	2.688	7.411	12.511	14.107
福建	17	13	10	8	10	22.207	18.742	14.802	8.964	8.182
安徽	9	10	12	14	14	7.946	8.069	8.129	7.332	6.685
湖北	11	10	10	12	12	11.516	10.771	10.839	11.763	12.003
山西	9	9	9	9	10	12.085	11.641	10.796	10.720	12.428
河南	9	9	10	9	9	6.666	6.908	7.075	5.920	6.294
江西	7	8	7	6	7	6.591	6.728	5.619	4.465	4.353
湖南	7	6	7	8	7	5.053	4.031	4.041	4.031	3.443
四川	15	14	13	15	14	11.400	9.280	7.086	7.436	6.567
重庆	15	14	13	12	12	10.042	7.849	6.159	4.694	4.405
陕西	9	8	7	7	7	12.946	11.328	10.018	8.598	7.727
云南	7	7	7	6	6	6.207	5.423	4.964	3.422	3.595
广西	8	6	6	6	6	6.363	4.828	4.043	3.398	2.954
新疆	4	5	4	2	4	3.271	4.156	3.153	1.957	2.103
内蒙古	4	4	3	4	4	3.192	3.038	2.151	1.996	1.883
甘肃	5	5	5	5	4	5.894	5.368	4.893	4.378	4.186
宁夏	1	1	2	2	2	0.591	0.793	1.265	1.069	0.781
贵州	3	1	1	1	2	1.927	0.772	0.611	0.439	0.730
青海	1	1	1	1	1	0.392	0.383	0.362	0.355	0.330
海南	0	0	0	1	1	0.000	0.000	0.000	3.523	1.857
辽宁	8	9	7	8	8	7.846	8.539	6.301	8.149	6.873
吉林	1	1	2	4	4	6.177	5.940	5.091	9.116	8.161
黑龙江	1	1	2	2	2	1.234	1.160	1.418	1.546	1.592

附表 1－5

全球十国多晶硅、电池组件、装机容量等 13 项指标数据

国家	年份	多晶硅产量（吨）	多晶硅产量同比增长（%）	太阳能电池产量（兆瓦）	太阳能电池产量同比增长（%）	光伏组件产量（兆瓦）	光伏组件产量同比增长（%）	装机容量（兆瓦）	装机容量增速（%）	新增装机容量（兆瓦）	新增装机容量增速（%）	研发投入/GDP	年辐射量（兆焦每平方米）	技术开发量（亿千瓦时）
美国	2007	30 000	65	266	48	1 200	142	814	9	207	38	2.62		
	2009	25 100	－16	1 200	350	3 560	196	1 650	43	477	37	2.72	7 227	1 825
	2011	44 300	43	3 600	200	19 254	440	1 600	－3	1 611	237	2.92		
	2013	59 000	33	4 600	27	32 654	70	4 116	157	3 500	117	2.77		
德国	2007	21 000	23	980	45	962	152	3 811	36	1 100	135	2.53		
	2009	12 300	－41	1 203	22	2 651	175	9 785	443	3 806	153	2.65	6 480	1 500
	2011	32 700	165	2 542	111	16 582	525	24 800	153	7 500	97	2.82		
	2013	46 000	4	4 500	77	26 584	60	35 700	44	4 000	55	2.88		
法国	2007	23	16	36	23	105	15	102	123	45	78	2.11		
	2009	120	421	150	316	135	28	1 062	941	652	1 348	2.19	6 820	98
	2011	1 100	816	230	53	369	173	2 800	250	6 584	909	2.25		
	2013	2 300	109	1 600	595	1 658	349	4 670	16	8 968	36	2.24		
意大利	2007	960	23	65	26	98	56	117	514	50	489	1.09		
	2009	1 200	34	98	50	165	68	1 167	897	711	1 322	1.12	7 200	88
	2011	2 500	250	650	563	985	496	1 650	41	9 300	1 208	1.26		
	2013	5 300	112	3 200	392	2 950	199	2 058	25	12 335	33	1.25		

续表

国家	年份	多晶硅产量（吨）	多晶硅产量同比增长（%）	太阳能电池产量（兆瓦）	太阳能电池产量同比增长（%）	光伏组件产量（兆瓦）	光伏组件产量同比增长（%）	装机容量（兆瓦）	装机容量增速（%）	新增装机容量（兆瓦）	新增装机容量增速（%）	研发投入/GDP	年辐射量（兆焦每平方米）	技术开发量（亿千瓦时）
西班牙	2007	64	54	98	52	68	52	849	348	640	627	1.26		
	2009	120	87	160	63	153	125	3 509	1.7	69	-97	1.35	8 100	1 646
	2011	650	441	230	43	165	7	400	-88	369	434	1.42		
	2013	1 300	100	1 900	726	1 852	102	294	27	1 215	229	1.92		
中国	2007	3 740	233	1 088	148	1 800	142	2 932	82	108	25	1.49		
	2009	19 563	300	4 382	73	4 382	73	7 208	21	245	157	1.59	5 872	1 200
	2011	82 000	87	21 000	100	21 000	100	30 200	72	2 000	224	1.84		
	2013	84 600	30	23 000	9	43 000	105	20 000	34	12 900	167	1.98		
英国	2007	98	30	98	42	106	45	65	155	123	189	1.78		
	2009	153	56	143	45	165	55	260	300	223	576	1.76	6 920	160
	2011	1 200	684	850	494	1 052	537	700	169	158	586	1.76		
	2013	2 300	92	1 400	64	1 495	42	1 470	110	2 654	1 580	1.72		
日本	2007	6 300	72	920	-0.7	1 065	54	1 919	9	230	-23	3.39		
	2009	16 200	157	1 900	106	1 948	82	2 633	6	484	110	3.32	6 820	1 523
	2011	24 100	48	2 800	47	2 659	36	4 725	79	1 185	144	3.26		
	2013	13 000	46	3 200	14	3 158	19	5 670	20	6 800	300	3.39		

续表

国家	年份	多晶硅产量（吨）	多晶硅产量同比增长（%）	太阳能电池产量（兆瓦）	太阳能电池产量同比增长（%）	光伏组件产量（兆瓦）	光伏组件产量同比增长（%）	装机容量（兆瓦）	装机容量增速（%）	新增装机容量（兆瓦）	新增装机容量增速（%）	研发投入/GDP	年辐射量（兆焦每平方米）	技术开发量（亿千瓦时）
韩国	2007	6 300	15	102	52	106	45	78	537	43	450	3.23	6 752	1 200
	2009	8 000	26	1 200	1 076	1 115	951	135	73	1 256	2 820	3.36		
	2011	33 900	323	1 652	37	1 625	45	110	-18	2 326	85	3.74		
	2013	41 000	21	2 950	78	2 859	76	230	109	3 654	57	4.03		
澳大利亚	2007	65	85	130	28	125	48	96	58	68	25	3.46	7 031	680
	2009	130	100	192	47	189	51	190	97	98	44	3.68		
	2011	650	400	1 600	733	1 524	706	1 200	531	700	614	3.89		
	2013	2 300	254	2 948	84	2 895	90	588	51	1 665	138	3.98		

资料来源：由 Mercom Capital，Solarzoom 统计得出。